Iskander · Tschik

Fasil Iskander

Tschik

Geschichten aus dem Kaukasus

C. Bertelsmann Verlag

Aus dem Russischen übersetzt von Alexander Kaempfe

Die russischen Originalausgaben erschienen in folgenden Verlagen und Zeitschriften:
Tschiks Nacht (Notsch Tschika) und Tschiks Tag (Denj Tschika), M. Sowetskij pisatel, 1979
Tiere in der Stadt (Shiwotnyje w gorode), Junost 5/77
Teetrinken und Liebe zum Meer (Tschajepitije i ljubow k morju), M. Sowetskij pisatel, 1977
Tschiks Verteidigung (Sastschita Tschika), Junost 4/78
Die Vergeltung (Wosmesdije), Drushba narodow 7/77

Gesamtherstellung Mohndruck Graphische Betriebe GmbH, Gütersloh
ISBN 3-570-01221-2 · Printed in Germany

Inhaltsverzeichnis

Tschiks Nacht

Sag, Jason«, fragte Tschik, »hast du schon mal einen Menschen getötet?«
Tschik lag auf dem hohen Bett seiner Großmutter und blickte in die andere Ecke des *Saales*: So nannte man in der Familie dies Zimmer. Dort lag Jason: fast völlig im Dunklen. Jason rauchte eine Zigarette. Jedesmal, wenn er an ihr zog, wurden seine eingefallenen Wangen, seine Stupsnase und die dicken Lippen fahl beleuchtet.

Zwischen Tschik und Jason lag auf seinem gewöhnlichen Schlafplatz Tschiks verrückter Onkel Kolja. Die Läden des Mittelfensters waren geöffnet, das Licht der Straßenlaterne fiel auf Onkel Koljas Bett und seinen kahlrasierten Schädel.

Im Eßzimmer schlief Tschiks Tante Natascha. Sonst war niemand im Haus, alle waren zu einer Beerdigung ins Dorf gefahren.

Für gewöhnlich schlief Tschik im Erdgeschoß, in der Wohnung seiner Mutter. Doch die Großmutter hatte angeordnet, daß er heute nacht im ersten Stock schlafen müsse, um dort ein Auge auf Onkel Kolja zu werfen.

Onkel Kolja freilich hätte es vorgezogen, daß kein Auge auf ihn geworfen würde. Jedesmal, wenn Tschik den Onkel beaufsichtigte, nutzte er die Gelegenheit zu Hänseleien.

Momentan war Tschik allerdings in das Gespräch mit Jason vertieft und hatte nicht vor, den Onkel zu ärgern. Jason war nicht irgendwer, er war ein Dieb. Das wußte jedermann. Zumindest wußten es alle Verwandten. Sie wußten auch, daß er gern aufschnitt. Ab und zu kam Jason ins Haus, manchmal blieb er über Nacht und ging früh am Morgen wieder.

Nachdem Tschik die Frage gestellt hatte, horchte er aufmerksam hin, damit ihm kein Wort entgehe, und blickte dabei durchs Mittelfenster auf die Straßenlaterne, die von Motten und Nachtfaltern umschwärmt wurde.

Jason beeilte sich nicht mit der Antwort, dafür ertönte in der nächtlichen Stille Onkel Koljas nie endendes Lied. Solche selbstverfaßten Lieder ohne Worte oder mit Worten eigener Erfindung sang Onkel Kolja meist abends vor dem Schlafengehen, wenn er gutgelaunt war.

Manchmal hielt Onkel Kolja im Gesang inne, hob den Kopf und blickte besorgt zu Tschik hinüber. Mit Hilfe solcher Blicke wollte er Tschiks Hänselpläne rechtzeitig entdecken und im Keim ersticken. Daß Tschik bisher noch nichts dergleichen unternommen hatte, beunruhigte den Onkel. Er wertete das als ein Zeichen von besonderer Hinterhältigkeit.

»Sehe schon, sehe schon«, murmelte Onkel Kolja vor sich hin und versuchte den Eindruck zu erwecken, daß er Tschiks teuflische Pläne längst durchschaut hätte und sie nötigenfalls abwehren und ahnden würde. Onkel Koljas Warnungen verfolgten aber auch den Zweck,

Tschik aus seiner Reserve zu locken. Wenn Tschik ihn ärgern wollte, dann war es am besten, er täte es bald. Der Onkel wehrt den Angriff des Neffen ab, und die beiden sind für eine Weile quitt. Manchmal schaute Onkel Kolja Jason an, um zu ermitteln, wessen Partei dieser unbekannte Mann im Falle eines offenen Konflikts mit Tschik wohl ergreifen würde.

Ursprünglich hatte Tschik die Absicht gehabt, Onkel Kolja mit Hilfe der Katze zu ärgern. Er hatte sie zu sich ins Bett genommen, um sie im richtigen Moment gegen den Onkel einzusetzen. Doch Jasons Erzählungen hatten Tschik so mitgerissen, daß ihm seine Pläne schlicht entfallen waren. Die Katze schlief friedlich auf dem Laken, unter dem Tschik lag.

Onkel Kolja konnte Katzen und Hunde nicht leiden. Er hegte eine unüberwindliche Abneigung gegen diese Tierarten. Übrigens hielt er sie nicht auseinander. Er wendete das Wort Hund auch auf Katzen an.

Nachdem Onkel Kolja Tschik vorgewarnt und ihm zu verstehen gegeben hatte, daß dessen geheime Händelvorbereitungen nicht unbemerkt geblieben waren, beruhigte er sich für eine Weile und stimmte wieder seine Melodie an. Dort wo das Lied keine Worte hatte, machte er irgendwelche Musikinstrumente nach, die Tschik und vielleicht auch der übrigen Menschheit durchaus unbekannt waren.

»Wird er die ganze Nacht so jaulen?« fragte Jason, statt endlich Tschiks Frage zu beantworten.

»Er jault nicht, er singt«, wies ihn Tschik zurecht. »Jetzt wird er noch etwas singen, dann wird er einschlafen.«

»Was mag er sich jetzt vorstellen?« fragte Jason und

zog an seiner Zigarette. Wieder tauchten seine dicken Lippen, die kleine Nase und die tiefeingefallenen Wangen für einen kurzen Moment aus der Dunkelheit auf.

»Der stellt sich jetzt gar nichts vor«, sagte Tschik gereizt. »Sag lieber, ob du schon mal einen Menschen getötet hast.«

»Hab ich, Tschik«, sagte Jason langsam und lustlos. Tschik konnte nicht feststellen, ob Jason Reue empfand oder ob er einfach zu faul zum Erzählen war.

»Dann erzähle«, ermunterte ihn Tschik.

»In jener Nacht«, begann Jason, »hatten wir so was gar nicht im Sinn. Ich kam mit einem Kumpel aus dem Kino . . .«

»Kenn ich diesen Kumpel?« fragte Tschik. »Ist es einer von denen, die ich auf dem Fußballplatz gesehen habe?«

»Nein, das war damals ein Grieche«, sagte Jason, was sich anhörte, als hätte unter den Leuten auf dem Fußballplatz auf keinen Fall ein Grieche sein können.

Voriges Jahr war Jason wegen einer Schlägerei in einem Restaurant ins Gefängnis gekommen. Er hatte dem Sänger im Restaurant Geld gegeben, damit er das Lied *Grüß dich, mein Miezchen* singt. Aus unbekanntem Grund hatte sich der Sänger geweigert, dieses Lied zu singen, war jedoch bereit gewesen, jedes andere Lied zu singen. Daher nahm die Rauferei ihren Ausgang.

Tschik hielt die ganze Geschichte für dumm. Wenn Jason eine unbezähmbare Lust verspürte, das Lied *Grüß dich, mein Miezchen* zu hören, dann hätte er auch zu ihnen ins Haus kommen können, Tschik hätte das Lied für ihn gesungen, überdies gratis.

Es begann also eine Schlägerei, in deren Verlauf einer von Jasons Freunden mit einer leeren Sektflasche nach dem Sänger warf. Die Flasche traf daneben. Sie traf die Trommel, die daraufhin platzte. Wäre die Trommel nicht geplatzt, dann wäre nichts Schlimmes geschehen. So jedoch hielt einer der Gäste den Knall der zerberstenden Trommel für einen Revolverschuß. Er rief die Miliz. Die Miliz kam und nahm die Raufbolde fest. Diese dumme Geschichte brachte Jason für ein halbes Jahr ins Gefängnis.

In Wirklichkeit freilich saß Jason während dieser Zeit nur selten hinter Gittern. Er wurde oft bei Außenarbeiten eingesetzt. Tschik ging ein paarmal zu jener Baustelle, wo Jason und seine Mitgefangenen arbeiteten, und brachte ihm, in einem prall gefüllten Einkaufsnetz, Lebensmittel. Die Lebensmittel besorgte die Großmutter, was vor der Familie, Tschik ausgenommen, geheimgehalten wurde. Tschik hatte es nicht allzu weit dorthin. Die Baustelle lag nur zwei Straßenzüge weit entfernt.

Obwohl sie von einem Soldaten bewacht wurden, war es kinderleicht, von der Rückseite her bis zu den Arbeitenden vorzudringen. Der die Baustelle umgrenzende Holzzaun hatte dort ein großes, nur schlecht getarntes Loch. Zu einer anderen Zeit hätte man das Loch zugemacht, doch wegen der Bauarbeiten unterließ man das: statt des hölzernen Zauns war sowieso eine Mauer vorgesehen. (In Gassenjungenkreisen kursierten Gerüchte des Inhalts, daß in die Mauerkrone Glasscherben eingemauert werden sollten, um das Übersteigen der Mauer zu verhindern. Glücklicherweise sollten sich diese Gerüchte nicht bewahrheiten.)

Schon gleich beim ersten Mal, als Tschik mit dem schweren Netz herkam, empfand er überhaupt keine Angst vor dem Wachsoldaten. Alles, was er tat, war, den Augenblick abzuwarten, in dem der Soldat ihm den Rücken zukehrte. Im gleichen Moment war Tschik auch schon durch das Loch im Zaun aufs Baugelände geschlüpft. Als die Häftlinge seinen Mut rühmten, widersprach er zwar nicht, war jedoch ein wenig verwundert über die Naivität dieser sonst lebenserfahrenen Burschen. Während Tschik durch das Zaunloch kroch, begriff er mit völliger Deutlichkeit, daß *unser* sowjetischer Wachsoldat nie im Leben auf *unseren* sowjetischen Schüler schießen würde. Schlimmstenfalls würde er ihn davonjagen. Tschik war sich dessen so absolut sicher, daß er seinen Kopf ohne jede Vorsichtsmaßnahme durch das Zaunloch hievte, obwohl Tschiks Kopf, sowohl dem Format nach wie auch infolge der abstehenden Ohren, für Zaunlochklettereien nicht besonders geeignet war.

Die Häftlinge, durchweg junge und gesunde Burschen, machten auf Tschik einen aufgeräumten und sogar lebenslustigen Eindruck. Man konnte unter ihnen vier Gruppen und Tätigkeitsarten unterscheiden. Die einen trugen Tragbretter mit Sand und Kies von einem Ort zum anderen, andere waren damit beschäftigt, in einer Grube Kalk zu löschen. Eine dritte Gruppe schaufelte die Erde an jenen Stellen fort, wo der Grundstein der Umfassungsmauer hinkommen sollte. Dann gab es noch Häftlinge, die gar nichts taten und sich darauf beschränkten, auf Brettern zu sitzen. Tschik begriff intuitiv, daß er Jason in dieser vierten Gruppe suchen mußte. Er tat es und hatte Erfolg damit.

Es war Tschik jedoch etwas peinlich, auf Jason zuzutreten. Er dachte nämlich, daß sich Jason vor ihm, Tschik, schämen würde, weil er ins Gefängnis gekommen war; dazu noch auf eine so dumme und sinnlose Weise. Glücklicherweise schaute Jason gerade weg, und Tschik trat unbemerkt auf ihn zu.

»Ach, du bist das, Tschik!« sagte Jason und lächelte. Er strich freundlich über Tschiks Kopf und nahm ihm das Netz mit den Lebensmitteln ab. Tschik begriff sofort, daß es Jason überhaupt nicht peinlich war, im Gefängnis zu sitzen, dazu auch noch mit kahlrasiertem Häftlingsschädel. Daraufhin verließ ihn das Gefühl der Peinlichkeit. Später fiel ihm auf, daß auch alle anderen Häftlinge meilenweit von einem Gefühl der Scham entfernt waren.

Jason nahm Brot, Käse, Butter, Tomaten und Salzgurken aus dem Netz und legte alles auf die Bretter, auf denen gerade niemand saß. Als zwei Häftlinge, die mit einem mit Kies gefüllten Tragbrett an Jason vorbeigingen, sahen, womit Jason beschäftigt war, blieben sie stehen und ließen, ohne sich vorher verabredet zu haben, beide im gleichen Moment das Tragbrett auf die Erde fallen. »Ist auch was Trinkbares dabei?« fragte einer der beiden Häftlinge, während er sich völlig ungezwungen neben Jason hinsetzte und ohne jeden ersichtlichen Grund ein Bein bis zum Knie aufwärts entblößte.

»Unsere Oma schickt nichts Trinkbares, nur Eßbares«, erwiderte Jason.

»Drüben kannst du trinken«, sagte Tschik und zeigte mit der Hand auf einen Hydranten. Er hatte die Bemerkung des Häftlings zunächst so verstanden, daß die Gefängnisleitung mit dem Trinkwasser knausert. Als alle daraufhin lachten, begriff Tschik, welche Art Flüssigkeit jener Häftling gemeint hatte.

Jasons Kumpel setzten sich um Jason herum auf die dort liegenden Bretter und begannen zu essen. Einer besonderen Beliebtheit erfreuten sich die Salzgurken bei ihnen. Alles andere wurde langsam und nicht ohne eine gewisse Teilnahmslosigkeit verzehrt. Tschik war gekränkt: Seine Hand schmerzte noch immer vom Tragen, und diese Burschen benahmen sich wie Feinschmecker.

»Hungrig seid ihr aber nicht«, bemerkte Tschik wütend. Alle lachten wieder, während der Bursche mit dem entblößten Unterschenkel sich mit der Hand gutgelaunt auf denselben klatschte.

»Immerhin sind wir Ganoven, oder nicht?« sagte er.

Jetzt begannen zwei der auf den Brettern sitzenden Häftlinge, ohne mit dem Kauen aufzuhören und ohne die Körperstellung zu verändern, Karten zu spielen. Tschik kannte dies Kartenspiel nicht. Es war ein sonderbares Spiel. Einer der Spieler nahm einige Karten aus dem Spiel heraus und blickte dabei dreist und unverschämt in die übrigen Karten. Er benötigte zwei, höchstens drei, doch er benutzte die Gelegenheit, um mindestens genauso viele andere Karten umzudrehen und zu beäugen. Der andere Spieler blickte dagegen ununterbrochen in seine Karten, ohne den Blick von ihnen abwenden zu können. Wenigstens beim Nehmen neuer Karten könnte er einmal das Kartenspiel anschauen, dachte Tschik verwundert und erregt. Weit gefehlt: der Mann streckte mechanisch seine Hand aus, blickte aber weiter in die eigenen Karten. Es war nicht zu fassen!

»Der schaut sich alle Karten an«, rief Tschik entsetzt aus.

»Macht doch nichts, wenn es ihm Spaß macht«, sagte jener Spieler, der den Blick von den eigenen Karten nicht abwenden konnte. Er sagte das in einem Tonfall, der Tschik vermuten ließ, daß er alles vorauskalkuliert und es deshalb nicht nötig hatte, darauf zu achten, was der andere Spieler mit dem Kartenspiel anstellte.

Bislang hätte sich Tschik in seinen kühnsten Träumen nicht auszumalen gewagt, daß es ein Kartenspiel gibt, bei dem der eine Spieler sämtliche Karten aufdeckt, während der andere nicht daran denkt, das zu verhindern. Vielleicht, dachte Tschik, nimmt dieser andere Spieler irgendeinen anderen Vorteil wahr, der mit dem bloßen Kiebitzauge nicht zu sehen ist.

Tschik fiel ein Wettlauf ein, den er einmal mit einem anderen Jungen gemacht hatte. Die Bedingungen waren diese: Die beiden Wettläufer starten am gleichen Ort, laufen in verschiedene Richtungen, rennen um vier Straßenquadrate herum und kehren an den Ausgangsort zurück. Tschik legte sich mächtig ins Zeug, denn er wußte, daß der andere ein guter Läufer war.

Sie begegneten sich ungefähr in der Mitte der Parallelstraße. Keuchend rannten sie aneinander vorbei. Als Tschik wieder seine Straße erreicht hatte und sich bereits dem Ort näherte, von dem sie gestartet waren, sah er plötzlich, daß sein Wettkampfgegner aus dem Hof des Nachbarhauses herausgelaufen kam. Das bedeutete, daß der andere Junge gleich nach ihrer Begegnung beschlossen hatte, den Weg abzukürzen.

Der andere Junge bemerkte, daß Tschik ihn sah, und konnte ein verlegenes Lächeln nicht unterdrücken. Trotzdem setzte er den Wettlauf mit stumpfsinnigem Eifer fort, obwohl dieser durch sein regelwidriges Verhalten sinnlos geworden war.

Tschik lief als erster durchs Ziel. Zuerst wäre er vor Ärger und Empörung fast erstickt, doch als er wieder zu sich kam, begriff er, daß der Betrüger (der übrigens weiter verlegen lächelte) doppelt gestraft war. Er war einen kürzeren Weg gelaufen und trotzdem nur Zweiter geworden. Wie sich später herausstellte, hatte er Schwierigkeiten beim Überspringen von Zäunen gehabt, und in einem der Höfe, durch die er absprachewidrig gelaufen war, hatte ihn ein Hund angefallen.

Dieser Vorfall fiel Tschik jetzt wieder ein, als er das sonderbare Kartenspiel verfolgte. Er kam zum Schluß, daß sich Gaunerei gar nicht so bezahlt macht, obwohl viele Leute vom Gegenteil überzeugt sind.

». . . Es war schon so um zwölf herum«, fuhr jetzt Jason in seiner Erzählung fort. »Ich schaue hin und sehe, daß im Haus gegenüber vom Park im ersten Stock die Fenster geöffnet und erleuchtet sind. Ich horche hin: Es ist nichts zu hören. Alles scheint zu schlafen. Und im Zimmer brennt Licht. Die Örtlichkeit ist bequem, der erste Stock ist nicht allzu hoch gelegen. Im Falle eines Falles kannst du mühelos runterspringen und durch den Park türmen. Der Kumpel, den ich dabei hatte, war allerdings ein Feigling, doch das wußte ich damals noch nicht. Auch unter uns Ganoven gibt es Nieten und Versager.

›Hast du im Leben schon mal was geklaut‹, frag ich ihn, ›abgesehen von Tomaten vom Bazar?‹

›Ich bin ein zünftiger Dieb, da kannst du jeden fragen‹, erwidert er.

Er sagt das mit griechischem Akzent. Unter den Griechen gibt es viele Klasseburschen, doch dieser eine Grieche war nun einmal eine Niete.

›Dann kann es also losgehn‹, sage ich.

Doch mein Kumpel will nicht, ich seh ihm das an. ›Warten wir noch‹, sagt er, ›es ist noch zu früh.‹

›Wenn es dir zu früh ist‹, sage ich, ›dann gehen wir vorher auf dem Boulevard spazieren.‹

Wir schlendern also durch die Stadt, wir gehen den Boulevard entlang. Meinem Kumpel steht der Schiß auf dem Gesicht geschrieben. Könnte nicht schaden, denke ich, wenn er sich Mut antrinkt. Beim Nachtwächter eines Verkaufspavillons kaufe ich Wodka und Wurst. Wir setzen uns ans Meer und legen einen Imbiß ein. Mein Kumpel wirkt daraufhin etwas munterer.

›Ist dein Schiß vorbei?‹ frage ich.

›Ich hab doch keinen Schiß gehabt vorhin‹, sagt er. ›Nachher steig ich ins Haus ein, und du stehst Schmiere.‹

Ich werfe die Wodkaflasche ins Meer. Ich sehe: Sie schwimmt.

›Wer die Flasche zum Sinken bringt‹, sage ich, ›der steht nachher Schmiere.‹

Ich hab den ersten Stein noch nicht aufgehoben, da hat er schon drei Steine geworfen. Ich hab ihn machen lassen, dann sind wir los. Ich hätte ihn auf keinen Fall ins Haus gelassen, mit vollen Hosen kannst du nämlich keinen Einbruch machen. Unterwegs bin ich in einen Hof gegangen, habe eine Wäscheleine abgeschnitten und sie in die Jackentasche gesteckt. Wir kommen also hin, und da sehe ich, daß die Fenster immer noch geöffnet sind, und auch das Licht im Zimmer brennt noch.«

»Ist es bei Licht nicht zu gefährlich?« fragte Tschik.

»Im Gegenteil, das ist sogar besser«, erklärte Jason lebhaft, »obwohl es unter uns Ganoven Leute gibt, die das nicht gelten lassen wollen. Wenn Licht brennt, dann siehst du gleich alles: wo was steht und wohin du türmen kannst. Ohne Licht hat der andere einen Vorteil.«

»Welcher andere?« fragte Tschik.

»Der, den du beklauen willst«, erläuterte Jason. »Der Mann, dem das Haus gehört. Der weiß auch ohne Licht, wo was bei ihm steht. Du aber weißt es nicht, und es kann dir blühen, daß du über einen Stuhl stolperst und im Knast landest.«

Plum plum pilum pilum
plumplumplumplumplum

ertönte es plötzlich. Onkel Kolja hatte in seinem Gesang den Moment erreicht, wo er von den selbsterfundenen Worten zur Instrumentalmusik überging. Das Instrument, dessen er sich jetzt in seiner Vorstellung bediente, klang energisch und freudig bewegt.

»Ist er jetzt endgültig verrückt geworden?« fragte Jason.

»Quatsch, das macht er immer so. Erst Worte, dann ein Musikinstrument.«

»Wenn du mich fragst, war er früher nicht so irre wie jetzt«, widersprach Jason.

»Du hast noch nie mit ihm zusammen geschlafen«, erwiderte Tschik. »Vor dem Einschlafen singt er immer so, besonders wenn er gut gelaunt ist.«

»Ich frage mich, wo er seine gute Laune hernimmt«,

murmelte Jason. »Er hat noch nie ein Weib aus der Nähe gesehen, noch nie im Restaurant richtig gefeiert.«

»Schon gut, das ist nicht deine Sorge«, fiel ihm Tschik ins Wort. Er hatte es nicht gern, wenn in diesem Ton über Onkel Kolja gesprochen wurde.

»Unter uns Ganoven gibt es Leute, die behaupten«, fuhr Jason in seiner Erzählung fort, »daß einer bei Licht nicht fest schlafen kann. Dabei stimmt das gar nicht. Wenn jemand bei Licht eingeschlafen ist, dann schläft er genauso fest wie ohne Licht.«

»Übers Licht hast du genug erzählt«, unterbrach ihn wieder Tschik.

»Also gut«, sagte Jason, »ich hab den Kumpel Schmiere stehen lassen und bin selber ins Haus rein.«

»Wie hast du das gemacht?« fragte Tschik, der Wert darauf legte, daß Jason keine Details ausließ. »Das ist gar nicht so einfach: in den ersten Stock zu steigen.«

»Dort war es einfach«, sagte Jason. »Über der Haustür war ein Dachschirm angebracht. Erst bin ich auf den Dachschirm, von dort auf das Gesims und am Gesims entlang bis zum Fenster.«

»Bei uns am Haus ist auch so ein Dachschirm«, sagte Tschik und schaute auf die geschlossenen Fensterläden auf der Höhe seines Bettes. Das Fenster war geöffnet. Mit einem Messer oder Draht hätte man den Haken, mit dem die Läden verschlossen waren, ohne Mühe lockern können.

Hoffentlich steigt Jason nicht beim Reichen Schneider ein, dachte Tschik. Die Wohnung des Reichen Schneiders war nebenan. Ein Dieb wäre über den Dachschirm leicht auf das Gesims gelangt und von dort auf den Balkon des Reichen Schneiders.

»Dort am Haus war auch so ein Dachschirm wie bei euch«, bestätigte Jason und fügte, als hätte er Tschiks Gedanken erraten, hinzu: »Mit eurem Reichen Schneider würd ich gern ein Hühnchen rupfen . . .«

»Du wirst kein Hühnchen mit ihm rupfen!« rief Tschik zornig aus. »Schließlich ist sein Sohn mein Freund!«

»Ich hab doch nur Spaß gemacht«, sagte Jason.

»In solchen Dingen kenne ich keinen Spaß«, sagte Tschik.

»Ehrlich gesagt, Tschik, du gefällst mir«, sagte Jason, »du bist nicht so wie diese Kolchosbäuerin . . . Also, ich steige durchs beleuchtete Fenster. Bleibe stehen und schaue ins Zimmer rein. Sehe ein Bett und auf dem Bett einen leise schnarchenden Mann. Schlaf nur schön weiter, denke ich. Das Zimmer gefällt mir gut. Kein Luxus, aber alles sehr gediegen. An der Wand hängt ein Teppich, über dem Teppich hängt ein Dolch. Häng nur schön weiter, sage ich zum Dolch, du wirst mich bestimmt nicht stechen. Daneben steht eine Chiffonière. Die gefällt mir weniger. Gegen diese Schränkchen habe ich was, besonders wenn sie in Zimmern stehen, in denen jemand schläft.«

»Du magst sie nicht, weil sie so knarzen?« erriet Tschik.

»Sie knarzen wie Ochsenkarren, Koffer sind mir viel lieber. Du nimmst den Koffer am Griff und trägst ihn davon, und keiner sieht dir an, daß du ein ehrlicher Ganove bist. Das ist auch der Grund, weshalb ich gern in Zügen arbeite. Noch nie hab ich in einem Zug eine Chiffonière gesehen . . . Also, ich bücke mich, schaue unters Bett und sehe zwei Koffer. Der eine ist braun, der andere schwarz. Ich bücke mich wieder und versuche, den schwarzen Koffer unter dem Bett hervorzuziehen . . .«

»Hund! Hund! Hund!« begann plötzlich Onkel Kolja zu brüllen, während er sich aus dem Bett hängen ließ und unter dasselbe schaute. Die auf Tschiks Bettlaken schlafende Katze zuckte zusammen und versuchte, auf den Fußboden zu springen, doch Tschik packte sie noch rechtzeitig und hielt sie fest.

»Nein, Tschik, der wird immer verrückter«, rief Jason und fuhr im Bett hoch. Onkel Kolja starrte unterdessen Tschik mit großen Augen an.

»Quatsch, hier gibt es keine Hunde!« rief Tschik und begleitete seine Worte zum Zweck der Verdeutlichung mit einer weitausholenden verneinenden Geste.

»Wirklich wahr?« fragte Onkel Kolja mißtrauisch.

»Wirklich und echt wahr, hier gibt es keine Hunde«, erwiderte Tschik mit Nachdruck. In solchen Situationen kam es darauf an, sich möglichst einfach und bestimmt auszudrücken, um Onkel Kolja jede Möglichkeit einer Fehldeutung zu nehmen.

»Hahahaha«, lachte Onkel Kolja los, »und ich gedacht Hund, und ich gedacht Hund . . .«

Seine Stimme klang jetzt entschuldigend. Er schämte sich, falschen Alarm geschlagen zu haben. Nachdem er sich beruhigt hatte, nahm er den Gesang wieder auf.

»Was will der Verrückte, was soll das bedeuten?« fragte Jason mißmutig.

»Er hat geglaubt, daß unter seinem Bett eine Katze ist«, sagte Tschik. Ihm begann aufzugehen, daß man auch mit Jason einfach und bestimmt reden mußte.

»Du willst mich wohl auf den Arm nehmen, Tschik?« erwiderte Jason gereizt. »Er sprach von Hunden, nicht von Katzen.«

»Das bleibt sich bei ihm gleich«, erklärte Tschik geduldig. »Er wendet das Wort Hund auch auf Katzen an.«

»Woher weißt du dann, daß er sich vor einer Katze und nicht vor einem Hund gefürchtet hat?« bohrte Jason.

»Unser Hund, die Belka, kommt fast nie ins Haus, wie soll sich da der Onkel vor ihr fürchten?« erklärte Tschik. »Ist auch egal, erzähl endlich weiter.«

»Lieber übernachte ich in der Untersuchungszelle als im gleichen Zimmer mit einem Verrückten«, sagte Jason.

»Wenn du ihm nichts tust, tut er dir auch nichts«, sagte Tschik.

»Wer garantiert mir das?« erwiderte Jason und fügte hinzu: »Hoffentlich bekommt er nicht mit, was ich erzähle?«

»Er bekommt nichts mit«, sagte Tschik, »er ist nicht nur verrückt, sondern auch schwerhörig.«

»Meinst du, daß die Kolchosbäuerin schläft?« fragte Jason. So nannte er Tante Natascha. Das Wort *Kolchosbäuerin* klang in seinem Mund verächtlich. Tschik mochte Tante Natascha sehr gern und war gekränkt, wenn Jason sie so nannte.

»Tante Natascha schläft«, sagte Tschik.

»Und du sollst auch schlafen, Tschik, halt deinen Mund«, sagte Jason und fügte nach einer kurzen Pause hinzu: »Es ist zwar schon sehr lange her, aber wer weiß . . .«

Tschik erwiderte nichts.

Onkel Kolja sang aus voller Brust. Tschik fühlte, daß der Onkel bald wieder jenen Augenblick erreichen würde, da er sich nicht mehr auf die Macht seiner selbsterfundenen Worte verläßt und die ihn erfüllende Inspiration mit Hilfe gleichfalls selbsterfundener Musikinstrumente auszudrücken versucht.

»Der zwitschert bestimmt die ganze Nacht hindurch«, sagte Jason. Seine Vermutung war nicht weit von der Wahrheit entfernt, doch Tschik beschloß, Jason zu widersprechen. Er wollte ihm einen Anreiz zum Weitererzählen bieten.

»Der hört bestimmt auf«, sagte Tschik. »Wenn du weitererzählst, schläft er gleich ein.«

»Hoffentlich versagen mir nicht schon vorher die Nerven«, sagte Jason. »Sie sind nämlich hauchdünn wie Zigarettenpapier. Und wenn ich durchdrehe, dann gibt es was zu sehen.«

»Warum hast du so dünne Nerven?« fragte Tschik.

»Das kommt daher, daß ich so viel in Fernzügen arbeite«, erklärte Jason. »Dort gibt es zwar keine Chiffonieren, aber du mußt ständig bei voller Fahrt abspringen. Das halten die stärksten Nerven nicht aus.«

Wieder war es soweit. Onkel Kolja trat in eine instrumentale Phase seines Musikvortrags ein. Diesmal hörte sich das so an:

Türlifuk türlifuk türlifuk türlifuk

Es klang fast wie Flötenspiel.

»Dein Onkel Kolja ist die reinste Nachtigall«, sagte Jason und fügte gereizt hinzu: »Und die Kolchosbäuerin schläft wie ein Murmeltier . . . Die kümmert sich um solche Kleinigkeiten nicht . . .«

Tschik erwiderte nichts. Er hätte Tante Natascha gern verteidigt, aber er fürchtete, daß das böse ausgehen könnte. Am Ende waren Jasons Nerven wirklich hauchdünn?

Tante Natascha machte kein Hehl daraus, daß sie Jason verachtete, und er zahlte ihr mit gleicher Münze heim. Er behauptete, sie hätte von der ganzen weiten Welt nichts gesehen außer jener Scheune in ihrem Heimatdorf Otschemtschiri, wo sie in ihren jungen Jahren Tabak aufgefädelt hatte. Dagegen sei er, Jason, dank seiner beruflichen Tätigkeit in Fernzügen, viel im Land herumgekommen. Jason hegte sogar Zweifel daran, daß Tante Natascha in ihrem Leben jemals einen Eisenbahnzug gesehen hatte.

»Ich habe noch nie einen Zug gesehen und will auch keinen sehen: genausowenig wie dich«, pflegte Tante Natascha kaltblütig zu erwidern. Tschik hielt diese Position für allzu extrem. Gegen Eisenbahnzüge war im Grunde nichts einzuwenden: dies umso mehr, als Abchasien bald ans Eisenbahnnetz angeschlossen werden sollte. Einen Tunnel hatte man bereits gebaut.

Tante Natascha war nicht der einzige Mensch, der auf Jason schimpfte. Das taten alle Erwachsenen, wenn auch nicht sehr häufig, denn Jason kam nur selten ins Haus. Am hartnäckigsten tadelte ihn die Großmutter, sie ließ nicht locker, bis sie ihn zum Haus hinausgetadelt hatte. Dabei empfand gerade sie Mitleid mit Jason: war er doch der Sohn ihres Bruders. Die anderen stellten ihm anheim, endlich ein Mensch zu werden. Im Klartext: so zu werden wie sie selbst. Er war jedoch nicht geneigt, diesen Rat zu befolgen, denn er war sich sicher, bereits jetzt ein Mensch zu sein, und zwar ein höher gearteter als jene, die ihm Ratschläge erteilten.

Beide Seiten hatten Wartestellung bezogen. Früher oder später würde es sich aufklären, wessen Lebensweise die bessere und vorteilhaftere war. Vermutlich war das der Grund, weshalb man Jason, wenn auch unter Beachtung einiger Vorsichtsmaßregeln, dann und wann ins Haus ließ, und weshalb Jason die ewigen Vorhaltungen der Verwandtschaft, ohne zu murren, über sich ergehen ließ . . .

»Du hast also versucht, den Koffer unterm Bett hervorzuziehen«, rekapitulierte Tschik, »und dann ist plötzlich was passiert.«

»Genau . . . Ich merke: Er hat aufgehört zu schnarchen. Da hab ich Schiß bekommen wie mein Kumpel und bin unters Bett. Wenn er von selber aufgewacht ist, denke ich, bemerkt er nichts. Ich lag gute zwanzig Minuten unterm Bett. Dann habe ich gespürt, daß er wieder eingeschlafen ist.«

»Hat er wieder zu schnarchen angefangen?« fragte Tschik.

»Nein, er hat nicht geschnarcht, ich hab es am Atem gemerkt. Mit Hilfe des Atmens kann ich besser als jeder Arzt feststellen, ob jemand schläft oder nur so tut.«

»Wenn einer schläft, atmet er gleichmäßig«, sagte Tschik.

»Nein, das ist es nicht«, widersprach Jason, »gleichmäßiges Atmen kannst du nachmachen. Doch es gibt ein anderes unfehlbares Zeichen . . .«

»Welches Zeichen?« fragte Tschik.

»Das ist schwer zu erklären«, erwiderte Jason. »Wenn du ein paarmal bei der Arbeit richtig Schiß gehabt hast, dann hast du es gelernt, den echten vom vorgetäuschten Schlaf zu unterscheiden. Du, Tschik, brauchst es außerdem gar nicht zu wissen, oder willst du die Ganovenlaufbahn einschlagen? . . . Kurz und gut, ich merke: der Mann schläft. Ich ziehe langsam den Koffer unter dem Bett hervor und trete auf das Fenster zu. Ich schaue zum Fenster hinaus und kann meinen Kumpel nirgends entdecken. Erst nach einer ganzen Weile bemerke ich, daß er im Park in einem Strauch sitzt, ganz vorzüglich getarnt. So was nennt der Bursche Schmiere stehen! Ich halte meinen Kopf hin, und er versteckt seinen im Gebüsch. Ich gebe ihm ein Zeichen, daß er herkommen soll. Er kommt. Ich gebe ihm ein Zeichen, daß er etwas in Empfang nehmen soll. Ich binde die Wäscheleine um den Koffer herum und lasse den Koffer langsam auf die Erde gleiten. Ich gebe ihm ein Zeichen, daß noch was nachfolgt. Er bindet den Koffer los, nimmt den Koffer, geht mit dem Koffer über die Straße, klettert übers Parkgitter und stellt sich wieder ins Gebüsch . . . Tschik, weißt du, wie die stinkenden Blüten im Park heißen . . .?«

»Du meinst wohl die Oleanderbüsche?« sagte Tschik. »Die haben stinkende Blüten . . .«

»Mein Kumpel steht also in so einem Strauch drin«, erzählte Jason, »die Oleanderblüten stinken zum Himmel, mein Kumpel stinkt mit Erfolg gegen sie an. Unterdessen ziehe ich die Leine hoch und lege sie aufs Fensterbrett. Ich drehe mich um. Im gleichen Moment geht die Tür ins andere Zimmer auf, und in der Tür steht eine Frau.«

»Sie sieht dich aber nicht, nicht wahr?« fragte Tschik, dem diese Wendung den Atem verschlug. Tschik machte sogar einen Hopser im Bett, was der Katze mißfiel. Doch auf Katzen konnte er jetzt keine Rücksicht nehmen.

»Du bist gut! Und ob die mich sieht! Sie schaut mir direkt ins Gesicht, diese Frau!« erwiderte Jason hingerissen.

»Und was sagt die Frau?«

»Sie sagt nichts. Sie steht da und lacht.«

»Sie lacht?!«

»Das sage ich dir doch: Sie lacht!«

»Aber warum lacht sie denn?«

»Weiß ich nicht. Vielleicht aus Angst oder vor Scham. Sie ist praktisch nackt.«

»Und das Lachen der Frau weckt den Mann, war das so?« fragte Tschik, der jetzt deutlich spürte, wie ihm die Haare zu Berge stehen: zwar nicht die auf dem Kopf, wohl aber die im Nacken.

»Nein, eben nicht! Die Frau lacht überhaupt nicht laut, sondern ganz leise. Sie lacht leise vor sich hin und zittert am ganzen Körper.«

»Weißt du, was ich nicht verstehe, Jason«, sagte Tschik. »Warum ist die Frau mitten in der Nacht ins Zimmer des Mannes gegangen? Hast du vielleicht Lärm gemacht?«

Tschik malte sich das Schreckensbild lebhaft aus. Die Frau steht in der Tür zum anderen Zimmer, lacht ganz leise vor sich hin und zittert am ganzen Leib. Tschik malte sich aus, daß die zitternde Haut der Frau schneeweiß war und obendrein mit einer Gänsehaut bedeckt. Das mit der Gänsehaut erschien ihm jedoch selber ungereimt. Wo soll eine Gänsehaut herkommen, wenn draußen eine warme Sommernacht ist und die Oleanderbüsche stinken? Wenn der Körper der Frau braungebrannt wäre, fühlte Tschik, wäre das Schreckensbild bei weitem nicht so schrecklich.

»Nein, Tschik, ich habe keinen Lärm gemacht«, lachte Jason.

»Ich hab es erraten!« rief Tschik erfreut. »Die Frau war schlicht und einfach mondsüchtig. Sie hat einen Ausgang zum Mond gesucht!«

»Nein, Tschik, die Frau war nicht mondsüchtig«, widersprach Jason. »Sonst wäre sie nämlich aufs Dach geklettert, statt einen ehrlichen Ganoven bei der Arbeit zu stören. Vom Dach ist es näher zum Mond!«

»Und du hast ihn . . . getötet?« fragte Tschik und erschauerte, obwohl er längst wußte, daß Jason diesen Mann und keinen anderen getötet hatte. Er versuchte, sich auszumalen, was geschehen wäre, wenn der Mann nicht wieder eingeschlafen wäre. Aber diesmal brachte er kein Schreckensbild zustande. Alles was er sich vorzustellen vermochte, war dies: Der Mann liegt mit offenen Augen reglos da und schaut gelangweilt zur Zimmerdecke hinauf, als wollte er sich im Status eines Leichnams einüben.

»Jawohl, das habe ich«, sagte Jason und fügte etwas unerwartet hinzu: »Du, Tschik, mir sind die Zigaretten ausgegangen. Weißt du, wo die Kolchosbäuerin ihre Zigarettenvorräte versteckt?«

»Ich weiß, wo Tante Nataschas Zigaretten liegen«, erwiderte Tschik, »gleich steh ich auf und hol sie.«

»Raucht sie *Riza*-Zigaretten?« fragte Jason.

»Ja«, sagte Tschik, stand vom Bett auf und ging aus dem Zimmer. Er ging lautlos durch das Eßzimmer, in dem Tante Natascha schlief. Der Fußboden im Eßzimmer war mit Ölfarbe angestrichen, das war der Grund, weshalb er schneller abkühlte. Es war angenehm, barfuß über ihn zu gehen. Tschik betrat die Veranda und fand tastend eine angebrochene Packung *Riza*-Zigaretten. Sie lag auf dem Tisch, wo der Samowar stand.

Tschik rannte oft ins Geschäft, um *Riza*-Zigaretten für die Tante zu kaufen. Das war eine Auszeichnung, derer Tschiks älterer Bruder nicht für würdig befunden wurde. Dem Bruder von Tschik war es zuzutrauen, daß er eine Packung öffnete, eine oder zwei Zigaretten herausnahm und die Packung wieder verschloß. Anfangs hatte die Tante, als sie bemerkte, daß in einer Packung Zigaretten fehlten, alles auf die Zigarettenfabrik geschoben. Mit einer sonderbaren Befriedigung erzählte sie ihren Bekannten, sie sei von der Zigarettenfabrik übers Ohr gehauen worden. Eines Tages aber wurde festgestellt, daß die Fabrik völlig unschuldig und der Schuldige Tschiks älterer Bruder war. Tschik erwartete, Tante Natascha würde sich berichtigen, sich sozusagen bei der Fabrik, wenn auch in deren Abwesenheit, entschuldigen. Doch das geschah nicht. Die Fabrik wurde fortan nicht mehr erwähnt, stattdessen erzählte die Tante, nicht minder lustvoll, Tschiks älterer Bruder würde bereits rauchen und manchmal Zigaretten bei ihr stehlen. In den Köpfen einiger Bekannter konnte die irrige Meinung entstehen, daß die Tante jetzt doppelt bestohlen wurde: erst von der Zigarettenfabrik und dann auch noch von Tschiks älterem Bruder.

Auf der Veranda, die den ganzen Tag von der Sonne beschienen wurde, war es stickig. Auch draußen war es immer noch recht warm. Es leuchteten die Sterne, doch es war kein Mond am Himmel. Ganz vorne, wo der

Himmel aufhörte, war ein fahles Leuchten. Dort war der Hafen.

Direkt neben der Veranda schimmerte das verzinkte Dach des Nachbarhauses. Seit einigen Monaten schon lag in der Dachrinne ein Tennisball von erster Qualität. Er war aus einem der umliegenden Höfe zufällig in die Dachrinne geworfen worden. Tschik fand mit den Augen die Stelle und vermerkte befriedigt, daß der Tennisball weiter dort lag. Das Erklettern des Nachbarhausdaches war technisch unmöglich, aber Tschik wußte, daß sich der Ball zwar nur sehr langsam, aber sicher in der Dachrinne aufs Regenabflußrohr zubewegte. Nach jedem starken Regenguß war er dem Abflußrohr wieder ein kleines Stück näher gekommen.

Nach Tschiks Berechnungen bedurfte es nurmehr einiger Wolkenbrüche, um dem Tennisball endgültig den Weg ins Regenabflußrohr zu öffnen. Und wäre er erst einmal im Abflußrohr, dann wäre er eine Sekunde später im Regenwasserbottich, der unter dem Abflußrohr aufgestellt war. Diesen erhebenden Augenblick durfte Tschik auf keinen Fall versäumen. In den letzten Tagen war es sehr schwül gewesen, jeden Moment konnte sich ein Gewitter über der Stadt entladen. Einstweilen war es noch nicht ganz soweit. Noch war der Himmel klar und wolkenlos.

Tschik öffnete jetzt wieder die Tür ins Eßzimmer, wo Tante Natascha schlief, machte sie dann wieder zu und ging auf Zehenspitzen durchs Zimmer. Als er die Tür in den *Saal* öffnete, blieb er einen Augenblick lang stehen. Er horchte auf Tante Nataschas Atem hin, um zu ermitteln, ob sie schlief oder wach war. Es war zwar kaum daran zu zweifeln, daß sie schlief, doch Tschik fand Gefallen daran, dem Atem der Tante zu lauschen. Obwohl er nicht die Absicht hatte, die Ganovenlaufbahn einzuschlagen, konnte es gewiß nicht schaden, sich über die Eigenart des Atems bei Schlafenden am praktischen Beispiel zu informieren.

Doch so aufmerksam Tschik auch hinhorchte, er vermochte den Atem der Tante trotzdem nicht zu erlauschen. Im Horchen betrachtete er den mächtigen Stamm einer Zypresse, der draußen vor dem Fenster grau schimmerte. Nach einiger Zeit brach Tschik die Horchaktion ab und ging in den *Saal* hinüber. Er ging an Onkel Kolja vorbei, trat an Jasons Bett und reichte ihm die Packung mit den Zigaretten.

»Der Opernsänger ist inzwischen eingeschlafen«, sagte Jason und entnahm der Packung eine Zigarette.

»Ich habe das vorausgesagt«, sagte Tschik und ging zu seinem Bett hinüber. Im Vorbeigehen bemerkte er, daß Onkel Kolja mit geöffnetem Mund in der Tat fest schlief.

»Erzähl weiter, Jason«, bat Tschik, während er unters Bettlaken kroch. Er tastete nach der Katze und streichelte sie. Die Katze erwiderte Tschiks Liebkosung mit einem verschlafenen Schnurren.

»Und wenn der Opernsänger aufwacht?« fragte Jason.

»Der wacht heute nicht mehr auf«, sagte Tschik. »Höchstens Tante Natascha kann aufwachen.«

»Das ist der Kolchosbäuerin zuzutrauen«, sagte Jason, fuhr jedoch in seiner Erzählung fort: »Ich stehe also am Fenster, die Frau steht in der Zimmertür. Sie blickt mich an, zittert am ganzen Körper und lacht. Ich zeige ihr meine geballte Faust: zum Zeichen, daß sie endlich mit dem Lachen aufhören soll. Ohne sie aus den Augen zu lassen, steige ich zum Fenster hinaus. Mit der einen Hand halte ich mich am Fensterbrett fest, mit der anderen befördere ich die Wäscheleine nach draußen. Plötzlich springt der Mann von seinem Bett auf und rennt auf mich zu.«

»War der Mann auch nackt?« fragte Tschik.

»Das war es eben, daß er das nicht war«, erwiderte Jason. »Wäre er nackt gewesen, wäre nichts passiert. Das gibt es nicht, daß ein nackter Mann einen bekleideten Mann angreift. Nein, er war leider nicht nackt . . . Ich war schon draußen auf dem Sims und wollte gerade runterspringen. Da war der Mann bereits am Fenster und hat mich gepackt. Mit der einen Hand hat er mich gewürgt, mit der anderen hat er mich am Ohr gezogen. Das hat höllisch weh getan, kann ich dir sagen. Entweder erwürgt er mich gleich, hab ich gedacht, oder er reißt mir das Ohr ab. Da hab ich ihm das Messer in den Leib gebohrt, und sofort hat er mich losgelassen. Ich springe runter, hebe die Wäscheleine auf und renne durch den Park davon. Da kreuzt ein Oleanderbusch meinen Weg. Der Busch hat so gestunken, daß ich hingefallen bin. Glücklicherweise bin ich wieder aufgesprungen und weitergelaufen, und auch die Wäscheleine habe ich nicht verloren. Während ich so türme, höre ich bereits, wie hinter mir Fenster geöffnet werden und laute Schreie ertönen.«

»Und was war mit deinem Kumpel?« fragte Tschik.

»Der ist noch vor mir losgerannt, als er im Fenster den Mann sah. Wir hatten ausgemacht, daß wir uns im Falle eines Falles in einem Klo am Meer treffen würden.«

»Warum ausgerechnet in einem Klo?« fragte Tschik.

»Weil du dich auf dem Klo einschließen und in aller Ruhe nachsehen kannst, was du erbeutet hast«, erwiderte Jason. »Ich betrete also die öffentliche Bedürfnisanstalt am Meer und sehe, daß eine der Klotüren verschlossen ist. Das darf doch nicht wahr sein, denke ich. Der Bursche mußte doch den schweren Koffer tragen und mit ihm durch die halbe Stadt rennen. Und trotzdem war er schneller da als ich? Ich hab es erst nicht glauben wollen. Doch der Mann hinter der Klotür war wirklich mein Kumpel.

›Bist du das, Jason?‹ fragt er hinter der Klotür hervor.

›Komm, mach schon auf‹, sage ich, ›ich bin so froh, daß du nicht gleich bis nach Griechenland gelaufen bist.‹

Wir haben uns also im Klo eingeschlossen und den Koffer aufgemacht. Es war fast nichts Gescheites drin. Ein Stück Mantelstoff und zwei Hemden. Alles andere war nicht der Rede wert. Den Stoff haben wir für gutes Geld an einen Schneider verkauft . . . Dabei fällt mir ein, daß ich eurem Reichen Schneider auch mal was verscheuern konnte . . .«

»Der Vater meines Freundes Onik kauft keine Diebesware, das kannst du dir merken«, erwiderte Tschik.

»Weißt du wenigstens, wo der Reiche Schneider sein Geld aufbewahrt?« fragte Jason.

»Ich höre wohl nicht recht«, sagte Tschik, der nicht wußte, ob Jason im Spaß oder im Ernst so redete. »Ich bin mit seinem Sohn befreundet und damit basta. Erzähl lieber, wie es dann weiterging.«

»Es gibt nicht mehr viel zu erzählen«, sagte Jason. »Mit Ausnahme des Stoffes hab ich alles ins Klo geworfen. Vorher gab es noch Streit mit meinem Kumpel, dem es um die Hemden ging. Er hat gesagt, daß er sie seiner Schwester gibt und von ihr umfärben läßt. Aber ich habe ihm die Hemden nicht gegeben.«

»Es war also kein Gold im Koffer drin?« fragte Tschik.

»Woher soll Gold in so 'nen Koffer kommen«, erwiderte Jason gereizt und schläfrig.

Jason begann einzuschlafen. Tschik fühlte sich unbefriedigt. Er hatte etwas anderes erwartet: etwas Geheimnisvolles und Atemberaubendes. Das war im Grunde simpel und banal gewesen. Lächerlich simpel und ekelhaft.

Besonders widerlich fand Tschik den Vorschlag des Kumpels von Jason, die Hemden des Getöteten umzufärben und zu tragen.

»Sag, Jason«, fragte Tschik, »vielleicht hast du den Mann gar nicht getötet, sondern bloß verletzt?«

»Nein, Tschik, ich habe ihn getötet«, erwiderte Jason, nurmehr mit Mühe gegen den Schlaf ankämpfend.

Tschik verstummte. Rings um die Straßenlaterne tummelten sich weiterhin zahlreiche Motten. Die Sinnlosigkeit ihres Tuns vermochte ihren Eifer nicht zu mindern. Unterdessen hatte sich ihnen ein großer Nachtfalter zugesellt, dessen Bewegungen etwas schlaffer waren.

Tschik stellte sich wieder vor, wie die Frau in der Zimmertür Jason anstarrt und dabei leise lacht, wie sich Jason zum Fenster zurückzieht und der Frau seine geballte Faust zeigt, wie der Mann vom Bett aufspringt und bekleidet, aber unbewaffnet auf Jason zurennt.

»Wenn der Mann doch wenigstens den Dolch von

der Wand genommen hätte!« sagte Tschik. Aber Jason erwiderte nichts. Er schnarchte bereits.

Wie sonderbar sich alles wenden kann, dachte Tschik. Wenn jener Mann nicht eingeschlafen wäre, dann wäre nichts passiert. Wenn er Jason im Fenster gesehen hätte, hätte er zu schreien angefangen. Jason wäre auf die Erde gesprungen und davongerannt. Das Leben steckt voller Zufälle, dachte Tschik, und irgend so ein lumpiger Zufall entscheidet darüber, ob ein Mensch getötet wird oder am Leben bleibt.

Die morschen Läden an dem Fenster neben Tschiks Bett knarzten, vom Gebirge her wehte der Nachtwind. Wenn ein Dieb auf den Gedanken käme, hier im Haus einzusteigen, dachte Tschik, dann würde er durch dieses Fenster steigen, weil es von hier aus näher zu dem eisernen Schirmdach über dem Hauseingang ist.

Wie vorhin auf den Atem der Tante, horchte Tschik jetzt auf das Geräusch der Fensterläden. Jedesmal wenn die Läden knarzten, erstarrte er und lauschte mit verdoppelter Aufmerksamkeit. Manchmal war ihm, als stünde jemand auf dem Gesims und versuchte, vorsichtig den Haken am Fensterladen zu lockern. Der Haken quietschte kaum hörbar. Tschik begriff, daß das Quietschen des Hakens mit dem Knarzen des Ladens zusammenhing, und beides mit dem aus dem Gebirge wehenden Nachtwind. Er wußte, daß im Sommer jede Nacht der Wind aus dem Gebirge weht. Trotzdem hörte sich das leise Quietschen des Hakens unangenehm und bedrohlich an.

Tschik lag auf dem Rücken im Bett und starrte gegen die Zimmerdecke, die von der Straßenlaterne schwach beleuchtet war. Dann und wann huschten geheimnisvolle Schatten über die Decke. Um seine unangenehmen Gedanken zu verscheuchen, begann Tschik, auf die Bewegungen der Schatten zu achten. Diese Schatten waren ihm schon früher aufgefallen, doch er hatte sich niemals erklären können, woher sie kamen. Gerade waren wieder zwei Schatten vorbeigehuscht, ihnen war ein ganzes Rudel von Schatten gefolgt, das sich direkt über Tschiks Kopf in nichts auflöste. Manche Schatten hielten in der Mitte der Decke an und kehrten unschlüssig wieder um: als hätten sie daheim etwas vergessen. Bisweilen bekam man den Eindruck, daß sie nicht aus freien Stücken umkehrten, sondern daß irgend jemand sie zurückrief. Tschik glaubte sogar, den Inhalt dieser Botschaft zu erraten: Halt, stehenbleiben und nicht weiterhuschen, ihr seid jetzt noch nicht an der Reihe! Es kam auch vor, daß der gleiche Schatten, den man an seinen Umrissen genau erkennen konnte, einige Zeit später ein zweites Mal herangehuscht kam. Diesmal wurde er nicht wieder zurückdirigiert, sondern konnte seinen Weg unbehindert weitergehen.

Tschik begriff mit dem Verstand, daß die Schatten an der Decke in irgendeinem Zusammenhang mit dem standen, was draußen auf der Straße vorging. Eigenartig war nur, daß auf der Straße überhaupt nichts vorging. Wenn draußen ein Auto oder ein Pferdewagen vorbeigefahren wäre, wenn im Nachbarhaus jemand ein beleuchtetes Fenster geöffnet oder wenn wenigstens ein Baum sich im Wind bewegt hätte, dann wäre das alles schon eher verständlich gewesen.

Tschik glaubte, daß die Schatten etwas mit dem vergangenen Tag, vielleicht sogar mit längst vergangenen Tagen, zu tun hatten. Vielleicht waren es Schatten von

Menschen, oder auch die Schatten von Tagesereignissen. Irgendwas war nicht so gelaufen, wie man es sich erhofft hatte, und die Schatten hatten den Rahmen der ihnen zugemessenen Zeit übersprungen und huschten jetzt so herum, suchten nach irgend etwas, machten klägliche Versuche, etwas auszurichten. Tschik empfand Mitleid mit diesen traurigen Gestalten. Er gab ihnen wenig Chancen, mitten in der Nacht das nachzuholen und zu vollbringen, was ihnen am hellichten Tage mißlungen war.

Tschik konnte sich in die Lage so eines Nachtschattens versetzen. In der Schule kam es manchmal vor, daß er aus der Klasse gewiesen wurde. Er irrte dann über den Schulhof und wußte nicht, was er anstellen sollte. Wenn du dir bei der vor dem Schuleingang stehenden Straßenhändlerin Sonnenblumenkerne kaufst, dann schmecken sie nach nichts. Wenn du aufs Reck steigst, hängst du am Reck, bist eine traurige Gestalt und hast zu gar nichts Lust. Du kannst das Klingeln der Pausenglocke nicht erwarten, du sehnst dich nach der Wiedervereinigung mit den Klassenkameraden. Du bist überzeugt, daß du glücklich sein wirst, wenn du erst wieder mit den anderen zusammen bist. Hat die Pausenglocke dann geläutet, befindest du dich wieder im gewohnten und vertrauten Kreis, dann verspürst du freilich gar keine Freude und wunderst dich, daß es dich vorhin so sehr zu den Klassenkameraden hingezogen hat.

Tschik seufzte tief und drehte sich zur Wand. Er war jetzt fest entschlossen einzuschlafen. Man muß an angenehme Dinge denken, dachte Tschik, zum Beispiel an den morgigen Tag. Entscheidend ist, daß dieser morgige Tag bestimmt anbrechen wird. Alles was jetzt Unruhe verbreitet, wird dann verschwunden und vergessen sein, und wenn du dich trotzdem erinnerst, erscheint es dir dumm und lächerlich.

Die Wonne des bevorstehenden Tages bestand vor allem in seiner Klarheit und Unzweideutigkeit. Tschik hatte sich beruhigt und dachte im Einschlafen sogar, daß eigentlich auch die Nacht ihr Gutes hat. Gut an der Nacht ist, daß ihre Finsternis die Wonnen des bevorstehenden Tages besonders deutlich und beglückend spüren läßt. Tschik war schon fast eingeschlafen, als Jason plötzlich im Schlaf ganz schnell etwas vor sich hinzumurmeln begann. Tschik war sofort wieder hellwach. Voller Angst horchte er auf Jasons Gemurmel, das wie eine Klage und zugleich wie eine Beleidigung klang. Das Murmeln hörte genauso jäh auf, wie es begonnen hatte, jedoch die wieder eingetretene Stille machte Tschiks Angst nur noch größer, als hätte sie die bedrohliche Bedeutung des Gemurmels in sich aufgenommen.

Tschik reckte sich auf seinem Bett empor und schaute in Jasons Richtung. Dort war nichts. Nur die Umrisse des Bettes, auf dem Jason schlief, hoben sich vage gegen die Dunkelheit ab. Tschik ließ seinen furchtsam prüfenden Blick zu Onkel Kolja hinüberschweifen, aber hier fiel ihm erst recht nichts auf. Onkel Kolja schlief wie gewöhnlich mit leicht zurückgeworfenem Kopf und offenem Mund. Die wohlvertraute Schlafpose des verrückten Onkels beruhigte Tschik ein wenig.

Onkel Kolja hatte stets einen gesunden und ruhigen Schlaf, von ihm waren weder Gemurmel noch Drohungen zu hören. Seltsam, dachte Tschik, der Verrückte schläft wie ein normaler Mensch, und der Normale schläft wie ein Verrückter.

Aber vielleicht schläft Jason gar nicht, dachte Tschik plötzlich, vielleicht stellt er sich nur schlafend und wartet darauf, daß ich einschlafe? Vielleicht tut es ihm jetzt leid, die Geschichte erzählt zu haben, wie er einen Menschen getötet hat? Vielleicht denkt er, daß ich morgen aufs Revier gehe und ihn wegen Mord und Totschlags anzeige? Ich hätte Jason klipp und klar sagen müssen, dachte Tschik, daß ich wie ein Grab schweigen kann. Warum bloß habe ich ihm das nicht gesagt? Tschik konnte sich nicht erklären, wie er vorhin so leichtsinnig hatte sein können.

Dabei wußte Tschik recht gut, warum er sich nicht deutlich geäußert hatte. Natürlich nicht deshalb, weil er die Absicht hegte, Jason bei der Miliz anzuzeigen. Tschik begriff, daß das eine Gemeinheit gewesen wäre. Jason hatte sich ihm anvertraut, das schloß die Möglichkeit einer Anzeige aus. Wenn Tschik wie Sherlock Holmes Jasons Verbrechen von sich aus aufgedeckt hätte, dann hätte sich eine ganz andere Lage ergeben. So wie die Dinge jetzt lagen, war eine Anzeige, moralisch gesehen, ein Ding der Unmöglichkeit.

Aber warum hatte sich dann Tschik vorhin zurückgehalten und es versäumt, das Tüpfelchen aufs *i* zu setzen? Einfach deshalb, weil er spürte, daß man einem Missetäter wie Jason keine Gelegenheit geben darf, sich ganz und gar in Sicherheit zu wiegen. Deswegen hatte er vorhin geschwiegen. Und jetzt bedauerte er es, weil ihn Angst ergriffen hatte.

Tschik versuchte wieder einzuschlafen, doch auch diesmal gelang ihm das nicht. Jetzt glaubte er, daß die

Katze schuld daran sei. Sie lag direkt vor seinem Gesicht und atmete ihn im Schlaf an. Tschik schob die Katze ein Stück weg, etwa auf die Höhe seines Bauches. Tschik war der Meinung, daß der Platz an seinem Bauch bequem genug und einer Hauskatze als Schlafplatz durchaus zuzumuten war. Jedoch die Katze schien Tschiks Meinung nicht zu teilen. Nachdem sie es etwa eine Minute lang am neuen Platz ausgehalten hatte, unternahm sie den Versuch, sich an ihr altes, gesichtsnahes Plätzchen zurückzuschleien, offenbar in der irrtümlichen Meinung, Tschik sei unterdessen eingeschlafen. Tschik mißfiel das Verhalten der Katze. Er schob sie wieder, diesmal etwas unsanfter, an den ihr vorhin zugewiesenen Platz am Bauch zurück. Die Katze traf daraufhin keine neuerlichen Anstalten zur Zurückeroberung ihres Stammplatzes. Aber Tschik konnte trotzdem nicht einschlafen.

Von Zeit zu Zeit wurde Tschiks Kopfkissen heiß und klebrig. Tschik drehte das Kissen jedesmal um und versenkte seine Wange in die beruhigende Kühle der unberührten Seite. Jedoch einige Minuten später waren Hitze und Klebrigkeit wieder unerträglich geworden.

»Kumpels, laßt uns mal das Ding besprechen!« rief plötzlich Jason und setzte sich aufrecht im Bett hin.

Auch Tschik sprang im Bett auf, er war auf das Schlimmste gefaßt. Aber Jason sagte nichts mehr. Sein Bett knarzte unter ihm auf. Vermutlich hatte er sich, ohne aufzuwachen, wieder im Bett ausgestreckt.

»Du hast etwas gesagt, Jason?« fragte Tschik, nachdem einige Zeit verstrichen war. Seine Stimme klang in seinen eigenen Ohren unangenehm. In der Stille der Nacht konnte er das laute Pochen seines Herzens deutlich hören. Statt Tschiks Frage zu beantworten, begann Jason plötzlich laut zu schnarchen. Er stellt sich schlafend, dachte Tschik, und es ist auch kein Zufall, daß er mir vorhin nicht sagen wollte, wie man einen echten Schläfer von einem Simulanten unterscheiden kann. Er hat gemerkt, daß ich nicht schlafe, und hat scheinheilig zu schnarchen begonnen: damit ich nichts Böses ahne. Und sobald ich eingeschlafen bin, steht er vom Bett auf und erwürgt mich.

Soll er nur von seinem Bett aufstehen, dachte Tschik. Soll er nur, dann kann er was erleben. Ich werde so laut um Hilfe rufen, daß die ganze Straße aus dem Schlaf erwacht. Onkel Kolja ist viel stärker als Jason, der hat ihn im Handumdrehen überwältigt. Und auch Tante Natascha fürchtet sich kein bißchen vor Jason.

Langsam beruhigte sich Tschik wieder, doch statt der Unruhe überfiel ihn jetzt Traurigkeit. Das Leben erschien ihm unverläßlich und sehr unsicher.

Du lebst so vor dich hin, dachte Tschik, und plötzlich kommt einer und bringt dich mir nichts, dir nichts um. Tschik fühlte, daß Leben und Tod nur durch eine hauchdünne Trennwand voneinander geschieden waren. Darin erblickte er eine bedauernswerte Ungerechtigkeit. Seltsam war, daß er dieses Gefühl niemals am Tag hatte. Am Tag war das Leben durch das Licht der Sonne vor dem Tod geschützt: wie die Apfelsine durch die Apfelsinenschale. Die Nacht reißt die aus Sonnenlicht gewirkte Schale vom Leben fort, und schon stehen Tausende feindlicher Kräfte bereit, um sich auf das nun schutzlose zarte Fruchtfleisch des Lebens zu stürzen und es zu durchbohren. Tschik spürte das mit allen Fibern seines Körpers.

Und es ging nicht nur um Jason und dessen Geheimnis. Schließlich konnte auch ein Skorpion zu Tschik ins Bett kriechen. Obwohl, soweit Tschik wußte, noch nie ein Mensch an einem Skorpionstich gestorben war, war es trotzdem etwas ganz Entsetzliches, von einem Skorpion gestochen zu werden. Lieber hundert Hundebisse als ein Skorpionstich, dachte Tschik mit mathematischer Präzision.

Tschik richtete sich im Bett gerade auf und begann, mit den Augen die Wand zu prüfen, um sicherzugehen, daß sich kein Skorpion in der Nähe befand. Von der Wand war an vielen Stellen der Putz abgebröckelt, dazu kamen die Flecken von der Feuchtigkeit. Tschik kannte sich in der Topographie der Zimmerwand genau aus, aber jetzt in der Dunkelheit kam ihm ein Fleck verdächtig vor, und er hielt den Atem an und wartete darauf, daß sich der Fleck zu bewegen beginnt. Doch der Fleck bewegte sich nicht. Es war also kein Skorpion.

Das Haus, in dem Tschik wohnte, war alt und feucht, und es gab hier wirklich Skorpione. Tschik hatte schon mehrmals welche entdeckt. Jedesmal holte er eine Schere und nagelte den Skorpion damit an der Wand fest. Der Skorpion wand sich eine Zeitlang wild und ekelhaft, bis er endlich begriff, daß sein letztes Stündlein geschlagen hatte und es für ihn kein Entrinnen mehr gab. Dann zückte er seinen widerwärtigen Stachel und stach sich in den eigenen Nacken.

Der tote Skorpion wurde gewöhnlich in eine Flasche mit Sonnenblumenöl gelegt. Kenner der Materie behaupten, der bereits tote Skorpion würde sein Gift ins Sonnenblumenöl abgeben, und wenn jemand von einem Skorpion gestochen wird, dann muß man die

Wunde mit dieser aus Sonnenblumenöl und Skorpiongift gemischten Essenz behandeln. Die Flasche stand in einem der Verandafenster in der Sonne. Sie stand dort seit ewigen Zeiten. Und obwohl sich die Skorpione in Tschiks Haus bisher friedlich verhalten und noch nie einen Hausinsassen gestochen hatten, wurde jeder neue getötete Skorpion vorsorglich in diese Flasche gelegt, um dort im Dienst der Medizin ein Nachleben zu führen.

Die Skorpione in Tschiks Haus hatten sich bisher wirklich zurückgehalten, das mußte man ihnen lassen. Doch Tschik fielen andere Fälle von Skorpionstichen ein. In irgendeinem anderen Haus war ein Skorpion eines Nachts in einen Filzpantoffel gekrochen, während dessen Besitzer schlief. Als der Mann am Morgen erwachte und seinen Fuß in den Pantoffel steckte, stach der Skorpion zu. Ein anderer Mann war ebenfalls morgens erwacht und hatte unters Kopfkissen gegriffen, wo normalerweise seine Uhr lag. Er wollte ermitteln, ob er gleich aufstehen mußte oder sich noch ein wenig im Bett rekeln konnte. Der Mann greift unters Kissen, und dort erwartet ihn bereits ein Skorpion.

Plötzlich bemerkte Tschik, daß sich die Uhrzeiger in Skorpionscheren verwandelt hatten. Es war im nachhinein jetzt nicht mehr festzustellen, ob es jemals eine Uhr gegeben hatte, oder ob statt der Uhr schon immer ein als Uhr getarnter Skorpion unter dem Kissen gelegen hatte. Die infame Ungeklärtheit dieses Umstands machte Tschik wieder unruhig. Die Metamorphose rückte weitere Verwandlungen in den Bereich des Möglichen, verglichen mit denen die erste ein Kinderspiel war. Beispielsweise die Verwandlung eines Freundes in einen Feind, der Mutter in eine Stiefmutter oder des Bürgerkriegshelden in einen gut getarnten faschistischen Spion.

Tschik fühlte jetzt mit voller Deutlichkeit: Damit diese drohenden Verwandlungen nicht Wirklichkeit werden, muß er, koste es, was es wolle, herausfinden, wie und warum sich die Uhr in einen Skorpion verwandelt hat. Tschik nahm seine ganze Willenskraft zusammen, um diesen Fall aufzuklären. Er strengte seinen Willen so sehr an, daß er davon aufwachte.

Natürlich hatte die Uhr jenes Mannes nie aufgehört, unter dem Kopfkissen zu liegen, und der Skorpion war ganz von selber und ohne sich mit der Uhr abgesprochen zu haben, unters Kissen gekrochen. Jedoch Tschiks eigenes Kissen war schon wieder heiß und klebrig vom Schweiß. Tschik beschloß, das Kissen umzudrehen. Wenn er unter dem Kissen einen Skorpion entdeckte, dann schlüge er gleich mit dem Kissen auf ihn ein, spränge aus dem Bett und machte Licht. Wenn sich dann herausstellte, daß der Skorpion noch lebte, müßte sich Tschik alles weitere einfallen lassen.

Tschik hob das Kopfkissen in die Höhe und stellte fest, daß kein Skorpion darunterlag, zumindest vorläufig nicht. Tschik vergegenwärtigte sich die strategische Lage. Ein Skorpioneinfall war am ehesten von der Wand her zu erwarten. Tschik schob das Bettlaken von der Wand weg, er achtete peinlich darauf, daß sich Bettlaken und Wand nirgends berührten. Dabei ließ es sich nicht umgehen, die Nachtruhe der Katze zu stören. Die Katze wollte sich nicht schon wieder umsiedeln lassen, sie lag wie ein schwerer Klotz an ihrem Platz. Bei der Gelegenheit fiel Tschik ein, daß auch Katzen ziemlich gefährliche Lebewesen sind. Tschik hatte einmal von einer Katze gehört, die ein kleines krankes Mädchen erwürgt oder, Tschik wußte das nicht mehr genau, ihr die Augen ausgekratzt hatte.

Es wird besser sein, die Katze zu verjagen, dachte Tschik. Ihm fiel jetzt auch ein, daß die Katze vorhin bei der ersten Umsiedlung beharrlich darauf bestanden hatte, in der Nähe seines Gesichts, und das hieß also: seiner Augen, zu liegen. Und als die Katze meinte, er sei eingeschlafen, hatte sie sich wie ein Spion wieder an ihn herangeschlichen. Solche Gedanken konnten Tschiks Mitgefühl mit der Katze nicht auslöschen, aber er gab sich einen Ruck und setzte sich über seine Hemmungen hinweg. Die Katze wurde auf den Fußboden befördert.

Tschik streckte sich wieder im Bett aus, aber er fühlte, daß noch irgend etwas zu tun war, damit wieder völlige Sicherheit herrschte. Ach ja, er mußte morgen früh die Sandalen inspizieren, bevor er sie anzog. Sonst lauerte ihm am Ende dort womöglich noch ein Skorpion auf. Hoffentlich vergesse ich das morgen früh nicht, dachte Tschik. Er stand, um ganz sicherzugehen, vom Bett auf, suchte und fand im Dunkeln seine Sandalen, drehte sie um, damit sie mit den Schuhsohlen nach oben lagen, und drückte sie gegen den Fußboden: damit kein Skorpion ein Schlupfloch finden konnte.

Kaum hatte sich Tschik wieder hingelegt, als ihm die Geschichte von einem Riesenskorpion einfiel. Der im Nachbarhof wohnende alte Gabunia hatte die Geschichte erzählt. Er hatte eines Tages auf dem Dach seines Hauses dieses Riesenvieh von Skorpion entdeckt. Der Skorpion hatte die Größe einer Schildkröte.

Das war allerdings noch in der Zarenzeit gewesen, während der Regierungszeit Zar Nikolaus des Zweiten. In jenen fernen Zeiten gab es in Abchasien noch Riesenskorpione. Als jener zaristische Skorpion über das Dach des Hauses des alten Gabunia kroch, knirschten die Dachziegel. Sie taten es zumindest in Gabunias Erzählung.

Es gab Leute, die dieses Detail anführten, um die ganze Geschichte vom Riesenskorpion in den Bereich der Tierfabel zu verweisen. Doch Tschik sah das anders, und zwar genau umgekehrt. Der alte Gabunia war nicht gerade mit Geistesgaben gesegnet, und es war ihm nicht zuzutrauen, ein so plastisches Detail zu erfinden. Das Detail wiederum verbürgte die Authentizität der Geschichte.

Gabunia wollte den Skorpion auf dem Dach mit dem Gewehr erschießen. Doch während er ins Haus ging, um das Gewehr zu holen, suchte der offenbar nicht nur riesengroße, sondern auch hellseherisch begabte Skorpion Schutz unter einem Dachziegel. Er ließ sich nie wieder auf dem Dach blicken: weder vor noch nach der Revolution. Der alte Gabunia wollte erst vor, dann nach der Revolution das Dach zerlegen, um den Skorpion dingfest zu machen, doch er gab diesen Plan wieder auf. Das Dach tat ihm leid. Gabunia lebte weiter wie bisher in seinem Haus, und über seinem Kopf lebte unsichtbar der Riesenskorpion.

Aber Tschik war nicht der alte Gabunia. Nie und nimmer hätte er in einem Haus leben können, in dem außer ihm auch noch ein Skorpion von der Größe einer Schildkröte lebt.

Eigentlich, dachte Tschik, ist es ganz praktisch, wenn

man nicht mit Geistesgaben gesegnet ist. Er beneidete den alten Gabunia. Vielleicht spaziert der Riesenskorpion jetzt gerade wieder über Gabunias Dach, daß die Dachziegel knirschen, aber der alte Gabunia läßt sich dadurch nicht um den Schlaf bringen.

Tschik war sich nicht ganz sicher, ob er schlief oder wachte, als ihm plötzlich etwas Weiches auf den Bauch fiel.

Ein Riesenskorpion! dachte Tschik, dem der Schreck mächtig in die Knochen fuhr. Immerhin besaß er Kaltblütigkeit genug, um den Weg des Untiers zu rekonstruieren. Der Skorpion war offenbar die Zimmerdecke entlanggekrochen und unter der Last seines Riesenkörpers von der Decke aufs Bett herabgefallen. Einen Moment lang stand Tschik Todesängste aus, doch dann kam ihm der befreiende Gedanke, daß es wahrscheinlich doch kein Skorpion, sondern die Katze war.

Tschik seufzte erleichtert auf und beschloß sogleich, die Katze aus dem Zimmer zu entfernen, damit sie keinen Anlaß zu solchen Verwechslungen geben konnte. Er stand auf, packte die Katze und schlug den Weg zur Veranda ein, wo er sie absetzen wollte. Als er durch das Zimmer ging, wo seine Tante Natascha schlief, horchte er einen Moment lang auf ihren Atem hin, aber auch diesmal hörte er nichts: Die Tante schlief ganz leise.

Tschik ging weiter. In diesen Räumen fühlte er sich sicherer und geborgener als in dem Zimmer, in dem Jason und Onkel Kolja schliefen. Wenn ich mich hier schlafengelegt hätte, dachte Tschik, dann wäre ich längst eingeschlafen. Er wäre liebend gern ins Eßzimmer übergewechselt, aber dort stand nur eine Couch, und auf der schlief Tante Natascha.

Tschik betrat die Veranda und ließ die Katze frei. Draußen vor den Fenstern war das leise Gezwitscher der in der Zypresse schlafenden Vögel zu hören. Es waren Sperlinge. Die Zypresse wuchs auf der Höhe des Fensters, an dem Tante Natascha schlief.

Mit der Zypresse verband Tschik ein großes Geheimnis. Aus ihrem Stamm ragte auf Fensterhöhe ein eingetrockneter Ast heraus. Der Ast war zwar trocken, aber immer noch fest. Tschik kannte sich in Ästen aus, er war in seinem Leben oft auf Bäume geklettert. Der trockene Zypressenast vor dem Fenster war zum Klettern durchaus geeignet. Schon einige Male war Tschik beinahe soweit gewesen, durchs Fenster auf den Ast zu springen, doch jedesmal verließ ihn im letzten Moment der Mut. Vom Fenster bis zum Ast waren es höchstens zwei Meter. Tschik stellte sich vor, wie er sich aufs Fensterbrett stellt, den Körper leicht vorneigt, den Ast mit den Händen ergreift, sich daran festhält und zur Erde hinabklettert. Nach einem gezielten Sprung den Stamm der Zypresse zu umklammern, war nämlich ein Ding der Unmöglichkeit, dazu war der Stamm viel zu glatt und zu dick.

Bisher hatte Tschik jedesmal der Mut verlassen, wenn er sich anschickte, vom Fensterbrett zu springen und den Ast mit den Händen zu packen. Und nachdem ihm das einige Male so gegangen war, hatte Tschik begriffen, daß vorläufig gar kein Anlaß bestand, der dieses riskante Unternehmen gerechtfertigt hätte. Sollte der Anlaß eines Tages eintreten, wird er den Sprung wagen, ohne auch nur mit der Wimper zu zucken. Tschik wußte das mit absoluter Sicherheit.

Er begriff endlich auch, was der Anlaß sein würde:

der Krieg mit den Faschisten. Wenn die Faschisten unsere Stadt besetzen (natürlich nur vorübergehend!), wird die große Stunde endlich anbrechen.

Die Faschisten würden ihren Stab im Haus einrichten, sie würden alle Ein- und Ausgänge strengstens bewachen. Doch auf den Gedanken, daß man das Haus auf dem Weg über den Zypressenast verlassen kann, käme bestimmt kein Faschist. Dann würde Tschik sein Heldenstückchen vollbringen. Er würde auf den Ast und von dort aus auf die Erde springen und sich zu seinen Linien durchschlagen, alle Taschen voll mit gegnerischen Geheimdokumenten.

Das war Tschiks großes Geheimnis. Er gab sich jetzt seinen Gedanken daran hin und hatte schon fast seine nächtlichen Ängste vergessen. Als er lange genug über sein großes Geheimnis nachgedacht und Trost und Kraft daraus geschöpft hatte, lenkte er den Gang seiner Gedanken auf Tante Natascha, mit der ihn ebenfalls ein Geheimnis verband. Es war allerdings nicht so groß und heldisch, doch dafür war es ziemlich angenehm.

Tante Natascha gefiel ihm schon lange. Schon so lange, daß er sich gar nicht mehr erinnern konnte, wann sie angefangen hatte, ihm zu gefallen. Tschik gefielen ihr schneller Schritt, die langen Zöpfe und der kleine Kopf. Seine Euphorie erreichte den Höhepunkt, wenn Tante Natascha ihn küßte.

Sonst konnte es Tschik nicht leiden, wenn ihn ein Verwandter oder Bekannter der Familie abzuküssen versuchte.

Das Unglück wollte, daß die Küßwut dieser Leute übergroß war, und da Tschik der Jüngste im Haus war, wurde er zum ausgesuchten Opfer. Und wenn er sich weigerte, sich abküssen zu lassen, waren die Leute tödlich gekränkt.

Höchst unangenehm war es, von betrunkenen und dazu noch unrasierten Männern geküßt zu werden. Doch den Vogel schossen Tante Nataschas Freundinnen ab, die mit geschminkten Lippen über ihn herfielen. Sie gingen dabei so energisch vor, daß man meinen konnte, sie wollten sich an Tschik dafür rächen, daß sie bei anderen Gelegenheiten nicht zum Küssen kamen.

Für Tschik war die Küsserei eine Art Frondienst, und er war deshalb baß erstaunt, daß Tante Nataschas Küsse völlig andere Empfindungen in ihm hervorriefen. Bei ihr machte das Geküßtwerden richtig Spaß. Tschik schrieb das dem Umstand zu, daß von Tante Natascha immer herzhafte Gerüche ausgingen. Sie roch nach Bauernküche, genauer: nach geräuchertem Käse und geröstetem Mais.

Sonderbar, dachte Tschik: Meine beiden Geheimnisse befinden sich dicht beieinander. Jenseits des Fensters die Zypresse, diesseits des Fensters Tante Natascha. Was mag das wohl bedeuten, dachte Tschik. Am Ende steckt darin ein drittes Geheimnis?

Tschik bekam Durst. Er drehte den Wasserhahn auf. Da er es nicht eilig hatte, ließ er das Wasser eine Weile laufen, damit zunächst die Brühe abfloß, die in dem über der Erde befindlichen Teil des Wasserrohrs gewesen war. Mit den Fingern spürte Tschik, daß endlich das kühle unterirdische Wasser zu fließen begann. Er löschte seinen Durst, wischte sich mit der Hand den Mund ab und betrat leise, damit die Fußbodenbretter nicht aufknarzten, das Eßzimmer. Diesmal wollte er dicht an der Couch vorbeigehen, auf der Tante Natascha schlief.

Ganz leise trat er auf die Couch zu und blieb mit angehaltenem Atem stehen. Tante Natascha schlief, in ihr Bettlaken gewickelt. Ihr Gesicht war der Wand zugekehrt. Das Fenster war geöffnet, der Stamm der Zypresse wirkte jetzt noch dicker, als er in Wirklichkeit war. Er stand zum Greifen nahe da: auch dies eine durch die Dunkelheit der Nacht erzeugte Illusion.

Das leise Gezwitscher der im Laub der Zypresse schlafenden Sperlinge war hier viel deutlicher zu hören als auf der Veranda. Sonderbar erregt lauschte Tschik dem Vogelgezwitscher und blickte dabei in Tante Nataschas seltsam abwesendes Gesicht. Die Tante schien einem Traum zuzuschauen, wie man sich im Kino einen Film ansieht.

»Tante Natascha!« sagte Tschik mit leiser Stimme. Er hatte die Empfindung, nicht so lange am Bett der Tante stehen zu dürfen, ohne etwas zu sagen. Er rechnete nicht damit, daß seine hingehauchten Worte sie wekken würden. Aber Tante Natascha wachte sofort auf.

»Wer ist da?« rief sie mit bäuerischer Grobschlächtigkeit, erriet aber gleich, wer an ihrem Bett stand, und sagte: »Bist du das, Tschik?«

»Ja, ich bin es«, erwiderte Tschik.

»Warum schläfst du nicht?« fragte Tante Natascha verwundert und zugleich sanft und hob ein wenig ihren Kopf.

»Ich weiß es nicht«, sagte Tschik, »mir schwant immerzu was . . .«

»Ich hab dir doch gesagt, du sollt nicht auf den Dummkopf hören«, flüsterte Tante Natascha, zog ihre

Arme unter dem Bettlaken hervor und schlang sie um Tschiks schmale Schultern. »Der Kerl hat immer nur seine Schauergeschichten im Kopf. Dabei ist alles, was er sagt, erstunken und erlogen . . .«

Sie küßte ihn überallhin: auf die Stirn, auf die Wangen, auf die Augen. Tschik wäre gern bereit gewesen, eine ganze Ewigkeit lang so dazustehen und sich von Tante Natascha küssen zu lassen. Er spürte die Berührung ihrer rauhen Handflächen und der festen trockenen Lippen, er sog den berauschenden Duft nach Räucherkäse und geröstetem Mais in sich ein. Aber noch während die Tante ihn küßte, schob sie ihn auch schon fort, und Tschik begriff, daß das Küssen gleich ein Ende nehmen mußte, und er löste sich aus Tante Nataschas Umarmung und ging in sein Zimmer zurück.

Er kletterte aufs Bett der Großmutter und streckte sich aus. In seinen Nasenflügeln war immer noch der erregende und zugleich beruhigende Geruch nach geräuchertem Käse und Röstmais. Tschik nahm an, daß Tante Nataschas Hände den Geruch auf seine Schultern übertragen hatten. Er roch an seiner Schulter und stellte verwundert fest, daß die Schulter keine kulinarischen Düfte verströmte. Doch der Wohlgeruch wich nicht aus seiner Nase, und ihm schwante nichts mehr, und als er sich absichtlich Schauergeschichten ins Gedächtnis rief, erschreckten sie ihn nicht. Das liegt bestimmt an diesen Wohlgerüchen, dachte Tschik und spürte Tante Nataschas Atem auf seinem Gesicht. Dann spülte eine Woge des Vergessens über ihn hinweg und zog ihn mit sich fort. So erging es Tschik oft beim Baden im Meer, wenn ihn plötzlich eine Welle von hinten anfiel, bis zum Scheitel zudeckte und mit sich riß. Du zuckst im ersten Augenblick zusammen, doch dann gibst du dich freudevoll der mächtigen Bewegung der Wassermassen hin.

. . . Als Tschik am Morgen aufwachte, war außer ihm niemand im Zimmer.

Das Sonnenlicht drang in schräg einfallenden goldenen Säulen ins Zimmer, und viele Tausende von Staubkörnern tanzten in seinen Fluten. Am Ungestüm des Sonnenlichts merkte Tschik, daß der Morgen schon lange begonnen hatte.

Die Läden am mittleren Fenster waren geschlossen, genau wie an den anderen Fenstern. Tschik begriff, daß die Tante sie zugemacht hatte. Da wurde auch schon die von der Veranda ins Eßzimmer führende Tür aufgestoßen und Tschik hörte die schnellen Schritte Tante Nataschas. Sie ging auf die Anrichte zu, deren Tür aufknarzte. Gleich darauf ertönte das Klirren von Gläsern.

Von der Veranda her erschallte Onkel Koljas Gesang. Der Onkel klopfte mit dem Löffel gegen den Boden des eisernen Kruges, aus dem er seinen Tee zu trinken pflegte und den außer der Großmutter niemand in die Hand nehmen durfte, und sang das munterste seiner Lieder, das seine fröhlichen Empfindungen vor der Morgenmahlzeit ausdrückte.

Tschik wußte, daß der Frühstückstisch bereits gedeckt war. Der Zucker war in kleine Stücke geschlagen, der Samowar kochte. Onkel Kolja und Tante Natascha saßen am Frühstückstisch und warteten, daß Tschik auf die Veranda käme und das Zeichen zum Beginn des Morgenmahles gäbe. Dieser Gedanke erfüllte Tschik mit Freude und Kraft. Er war dem anbrechenden Tag im voraus dankbar und hätte selber am liebsten ein Morgenlied angestimmt: im Sängerwettstreit mit seinem verrückten Onkel.

»Hund, Hund, fort, fort!« rief plötzlich, den Gesang unterbrechend, Onkel Kolja aus. Diesmal meinte er tatsächlich einen Hund und keine Katze: Tschik hörte deutlich Belkas Tippeln. Er hätte gern nach ihr gerufen, doch er beschloß, sich lieber vorher anzuziehen. Der Tag ist lang, und Belka ist nicht weit.

Ganz beiläufig fielen Tschik die Schreckensvisionen der Nacht ein, doch sie kamen ihm jetzt überhaupt nicht mehr schrecklich vor. Gewisse Einzelheiten hatte er rundweg vergessen. So konnte er zum Beispiel, während er sich anzog, nicht begreifen, wer wohl im Lauf der Nacht seine Sandalen mit den Schuhsohlen nach oben gelegt hatte.

Tschiks Tag

Tschik saß im Hof auf einem dicken Weinrebenast, der sich spiralenförmig an einem Maulbeerbaum hochrankte. Er hielt mit beiden Händen Belka fest, die ihre Vorderpfoten und den Kopf gegen seine Knie stemmte. Ab und zu strich er dem Hund über den Rücken oder puhlte trockene Grashalme, stachlige Klettenkugeln oder Zecken aus dem Hundefell.

Die trockenen Grashalme warf er weg, die Klettenkugeln schnipste er mit dem Zeigefinger in alle vier Winde, während er die Zecken behutsam auf die Erde legte, um sie mit der Sandale zu zertreten.

Wenn Tschik mit der Hand über den Kopf und Rükken des Hundes strich, versuchte Belka, ihre Schnauze an seiner Handfläche zu reiben, um Wohlbehagen anzudeuten. Wenn sich eine Zecke oder eine Klettenkugel nicht gleich aus ihrem Fell lösen ließ, winselte Belka leise, versuchte aber nicht davonzuspringen. Das Winseln sollte Tschik zu größerer Sanftheit ermahnen.

Wenn Tschik eine Zecke auf die Erde legte, blickte Belka sie voller Neugier an und konnte sich nicht genug darüber wundern, daß diese Spottgeburt ihr solche Juckbeschwerden bereitet hatte. Wenn Tschik die Zecke mit der Sandale zertrat, pflegte Belka befreit aufzuschnaufen, womit sie zu erkennen gab, daß sie nicht das geringste Mitleid mit diesem Ungeziefer verspürte.

Ein paar Meter von Tschik entfernt war das Mädchen Nike mit einem Springseil beschäftigt. Ihre langen Beine tänzelten in einem gleichförmigen Rhythmus, die weißen Turnschuhe blinkten auf, der gelbe Sarafan des Mädchens wogte und blähte sich und bekam so eine entfernte Ähnlichkeit mit einem Fallschirm kurz nach der Landung.

Mürrisch wie ein in mancherlei Lüsten geübter orientalischer Despot verfolgte Tschik die Bewegungen des Mädchens. Auch Belka musterte das hüpfende Menschenkind mit aufmerksamem Hundeblick. Jedesmal wenn das Springseil die Erde berührte, kniff sie einen Moment lang die Augen zusammen. Der dabei entstehende Laut ging dem Hund auf die Nerven.

Auch in Tschik weckte das Hüpfen des Mädchens keine angenehmen Gedanken. Er hatte seine Spielkameraden unlängst wissen lassen, daß er mit ihnen heute auf Tour gehen wollte. Ziel dieser Tour sollte die Gewinnung von Mastix sein. Die angemessene Reaktion wäre gewesen, Aufbruchvorbereitungen zu treffen oder bescheiden an Tschiks Seite zu sitzen, in der kaum verhohlenen Furcht, bei Tschik aus irgendeinem Grund plötzlich in Ungnade zu fallen und von der Mastixtourteilnehmerliste gestrichen zu werden. Doch das Mädchen Nike tat nichts dergleichen. Sie hüpfte dem mürrisch blickenden Tschik etwas vor und gab zu erkennen, daß sie die Ehre, mit ihm auf Fahrt zu gehen, zwar als groß, aber nicht als unvorstellbar groß ansah.

Nichts auf der Welt war Tschik so zuwider wie diese Verhaltensweise, die er bei einigen Jungen und bei fast allen Mädchen sehr oft beobachten konnte. Tschik war noch nie einem Mädchen begegnet, das der gemeinsamen Sache von Herzen zugetan gewesen wäre. Eine lachhafte Lappalie genügte, um ein Mädchen von der gemeinsamen Sache abzulenken und dieselbe dadurch zu besudeln. Nehmen wir den Fall, Tschik befindet sich auf einer Wiese, um ihn herum seine Kameraden. Tschik macht den Vorschlag, Libellen zu fangen, der Vorschlag wird, scheinbar begeistert, aufgegriffen. Nun kannst du sichergehen, daß eines der Mädchen statt der Libellen plötzlich Schmetterlinge zu fangen oder Blumen zu pflücken beginnt. Oder sie fängt einen Marienkäfer und redet stundenlang auf ihn ein, er möge doch bitte das warme Plätzchen auf ihrer Hand verlassen und sich wieder in die Lüfte erheben.

Tschik war bisher noch kein Mittel gegen diese sträfliche Unart eingefallen. Schmerzlich empfand er das jetzt wieder, während er der privatistisch hüpfenden Nike mürrisch zusah.

Aber weiß der geneigte Leser auch, was Mastix ist? Mastix ist eine Art Kaugummi, der aus Kienharz gewonnen wird. Das Harz wird gekocht und durch ein sauberes Stück Tuch gedrückt. Am besten eignet sich dafür ein Schnupftuch, jedoch nur eines, das noch nie benutzt wurde.

Mastix zu kauen, Mastixblasen mit den Lippen zu erzeugen, ist eine angenehme und prestigefördernde Beschäftigung. Ohne Mastix kannst du dich in Gassenjungenkreisen niemals durchsetzen.

Wenn du wochenlang mit leerem Mund herumläufst, oder, was noch schlimmer ist, andere um Mastix anbettelst, wenn du beim Betrachten von Mastixkauern den Mund öffnest und die unbeschäftigte Zunge heraushängen läßt, dann ist es um dein Ansehen geschehen, und du wirst keines Blickes mehr gewürdigt.

Deine verachtungsvoll auf dich herabschauenden Exkameraden ziehen den Schluß, daß du unfähig bist, auf Mastixtour zu gehen, daß die Technologie der Mastixgewinnung für dich ein Buch mit sieben Siegeln ist. Oder sie denken gar, daß deine Eltern dir die Mastixgewinnung verboten haben und daß du Schiß davor hast, ohne elterliche Erlaubnis auf Mastixtour zu gehen. Wehe dem, dessen Mund des Mastixkauens entwöhnt ist. Auf ihn wird hämisch mit Fingern gezeigt.

Tschik hielt sich für die wichtigste Person unter den Kindern im Hof. Er vermied es zwar, das direkt auszusprechen, doch er zweifelte nicht an der Tatsache. Die Konstellation im Hof schien das zu bestätigen, und außerdem war er drei Monate älter als der Zweitälteste, nämlich Onik.

Oniks Mutter pflegte zu sagen, Tschik sei um drei Monate älter und um drei Jahre schlauer als Onik. Sie sagte das allen, die das hören oder nicht hören wollten.

Tschik fühlte, daß die Frau des Reichen Schneiders die Wahrheit sprach, aber er fühlte auch, daß diese Wahrheit nicht schön klang. Tschik hätte, wenn er wollte, eine bessere Formel zur Bezeichnung des Unterschieds zwischen ihm und Onik gefunden. Doch er schwieg lieber, denn er hielt es für deplaziert, dieser nicht übermäßig intelligenten Frau etwas beweisen zu wollen.

Tschik hatte es nicht gern, wenn die Erwachsenen von seiner Schlauheit redeten. Er war sich zwar bewußt, ein Schlitzohr zu sein, doch wenn ihn die Erwachsenen schlau nannten, dann taten sie es nur, um sich an ihm dafür zu rächen, daß er seit jeher und regelmäßig hinter ihre eigenen Schlaumeiereien kam.

Tschik war es längst aufgefallen, daß die Erwachsenen, wenn sie mit Kindern oder mit ihresgleichen redeten, oft das eine sagten und etwas völlig anderes dabei dachten. Und obwohl Tschik sie nie daran zu hindern versuchte, dieses völlig Andere zu denken, hegten die Erwachsenen dennoch eine gelinde Wut auf ihn: nur weil er ihre Denkweise durchschaute. Dabei war es wirklich kinderleicht, die Erwachsenen beim Denken des völlig Anderen zu ertappen.

Das Nichtübereinstimmen des Redens und Denkens bei Erwachsenen war Tschik bereits aufgefallen, als er noch ein ganz kleiner Junge war. Damals glaubte er, das sei ein Spiel. In dieser Vermutung bestärkte ihn die Beobachtung, daß auch der andere Erwachsene bei so einem Zwiegespräch etwas völlig anderes dachte. Die zwei Erwachsenen waren folglich quitt, keiner betrog den anderen. Tschik begriff freilich nicht, warum die Erwachsenen bei Beendigung des Gesprächs ihre Karten nicht offen auf den Tisch legten, um von Herzen über ihr prächtiges Spiel zu lachen.

Wenn sich viele Erwachsene in Tschiks Haus versammelten, kam es zuweilen vor, daß einer vergaß, dieses Spiel zu spielen und etwas Interessantes und Spannendes zu erzählen begann, ohne sich etwas völlig anderes dabei zu denken. Tschik pflegte dem ohne Hintergedanken Erzählenden hingerissen zu lauschen. Wenn er seine Erzählung für einen Moment unterbrach, um etwas Unaufrichtiges einzuflechten, ließ ihm Tschik diese kleine Schlaumeierei durchgehen. Er stellte das auf die gleiche Stufe wie das Kippen eines Gläschens Schnaps oder das Rauchen einer Zigarette. Eine kurze bedauerliche Unterbrechung, nicht mehr.

Seine Kameraden teilte Tschik in zwei Kategorien ein. Er unterschied die Kinder, die, genau wie er selbst, begriffen, daß die Erwachsenen etwas sagen und dabei etwas völlig anderes denken, von jenen, die außerstande waren, das zu merken. Die Kinder der zweiten Kategorie waren dickfelliger und gewiß auch glücklicher als die tschikoiden Kinder. Tschik spürte, daß das Nichtwissen die Kinder der zweiten Kategorie sorgloser und fröhlicher machte, während die Wissenden verletzlicher waren und zur Schwermut neigten.

Seinen Freund Onik, den Sohn des Reichen Schneiders, zählte Tschik zur zweiten Kategorie. Onik nahm alle Sprüche der Erwachsenen für bare Münze, er glaubte ihnen aufs Wort und wäre sehr verwundert gewesen, wenn man ihm erklärt hätte, daß die Erwachsenen beim Sprechen ihrer Worte etwas völlig anderes denken.

Tschik ahnte, daß Oniks Naivität die Würde einer Tugend hatte. Onik verblieb in einem Zustand der Unschuld, welchem Tschik längst entwachsen war. Tschik liebte Onik auch wegen seiner Naivität, und er beneidete ihn bisweilen darum.

Seine Liebe zu Onik hinderte Tschik jedoch nicht daran, ihm gegenüber manchmal kleine Ungerechtigkeiten zu begehen. Tschik hielt das für zulässig, als der Sohn des Reichen Schneiders führte Onik schließlich ein ziemlich leichtes Leben.

Als Tschik die Strategie der Mastixtour ausarbeitete, betraute er Onik mit dem schwierigsten Part. Onik sollte ein noch unbenutztes Schnupftuch aus dem elterlichen Wäscheschrank nehmen und aus der Wohnung schmuggeln. Das für die Mastixgewinnung unentbehrliche Schnupftuch würde durch die Zweckentfremdung allerdings für immer die Eigenschaften eines rechtschaffenen Schnupftuchs verlieren. Man müßte es anschließend fortwerfen. Tschik meinte jedoch, daß der Familie des Reichen Schneiders der überdies vermutlich unbemerkte Verlust eines Schnupftuchs zuzumuten wäre.

Zur Teilnahme an der Mastixexpedition waren außer Tschik und Onik noch die beiden Mädchen Nike und Sonjka vorgesehen. Das fünfte Rad am Wagen, und dieser Ausdruck war nur zu berechtigt, sollte Ljossik sein. Mit Ljossik würde es vermutlich noch mehr Ärger geben als mit den zwei Mädchen.

Ljossik, so erzählte man im Hof und auf der Straße, war mit einer Krankheit zur Welt gekommen, die ihn beim Gehen wie beim Reden behinderte. Er hinkte und stotterte und das verblüffend synchron. Aber Ljossik war trotzdem ein prima Typ. Tschik schätzte ihn sehr und wäre sich wie ein Verräter vorgekommen, wenn er Ljossik von der Teilnahme an der Mastixtour ausgeschlossen hätte.

Weil Ljossik zum Hinken und auch dazu neigte, auf offener Straße und ebener Erde bisweilen einfach umzukippen, ließen ihn seine Eltern nur ungern aus dem Haus und Hof. Den Schulgang erlaubten sie ihm gerade noch, der war behördlich vorgeschrieben und außerdem sehr kurz. Für sein Leben gern wäre Ljossik, wie die anderen Kinder, ab und zu ans Meer gegangen oder auf einen Berg gestiegen. Doch die Mutter achtete streng darauf, daß er derlei Touren unterließ. Das Hoftor war die Grenze des ihm von seinen Eltern zugebilligten Freiraums.

Unlängst aber war das Glück Ljossik hold gewesen, seine Mutter hatte Zwillingen das Leben geschenkt. Jetzt war sie vollauf damit beschäftigt, sich um das leibliche Wohl der beiden neuen Sprößlinge zu kümmern, und hatte keine Zeit mehr, ihr wachsames Auge auf Ljossik zu werfen.

Ljossiks Eltern hatten den Beschluß, sich ein zweites Kind zuzulegen, gefaßt, um die Probe aufs Exempel zu machen, sie wollten sehen, ob das zweite Kind kerngesund oder aber mit den gleichen Mängeln wie Ljossik behaftet zur Welt käme. Die Folge dieser Familienplanung aus Wißbegier war, daß gleich zwei neue Kinder auf einmal das Licht der Welt erblickten, und beide waren kerngesund und munter. In ihrem Doppelkinderwagen boxten sie mit ihren noch kleinen, aber bereits kräftigen Beinen aufeinander ein und brüllten wie am Spieß, ohne ins Stottern zu geraten.

Ljossiks Vater war trotzdem unzufrieden. Er war der Meinung, daß ein einziges gesundes Kind genügt hätte. Die Doppelung mißfiel ihm sehr.

Tschik war schon früher aufgefallen, daß manchen Männern alles gegen den Strich geht, was ihre Frau tut oder läßt. Aber es gab auch Frauen, die ständig an ihren Ehemännern herummäkelten. Ljossiks Vater gehörte zur Kategorie der ewig unzufriedenen Ehemänner. Tschik war sich sicher, daß Ljossiks Vater auch über die Geburt eines einzigen Sprößlings unglücklich gewesen wäre. Wenn du dich schon dazu durchgerungen hast, gesunde Kinder zur Welt zu bringen, hätte er dann vermutlich zu seiner Frau gesagt, dann hättest du auch gleich zwei gesunde Kinder auf einen Schlag gebären können, damit es sich wenigstens lohnt.

Aber unabhängig davon, was Ljossiks Vater zu Ljossiks Mutter vermutlich gesagt hätte, wenn diese statt zweien nur einem Sprößling das Leben geschenkt hätte, hatte Ljossiks Mutter, da sie nun in der Tat zwei Kinder in die Welt gesetzt hatte, alle Hände voll damit zu tun, die beiden kerngesunden Säuglinge zu versorgen, was sie zu Ljossiks Glück daran hinderte, seine Freizügigkeit so wie bisher einzuschränken. Tschik berücksichtigte diesen neuen erfreulichen Umstand bei der Ausarbeitung seiner Mastixgewinnungstourstrategie. Er beschloß, Ljossik mitzunehmen.

Sonjka war jetzt damit beschäftigt, eine leere Konservenbüchse unter dem Wasserhahn auszuwaschen. Sie war die Tochter der Armen Schneiderin: So nannte man ihre Mutter, um sie gebührend von Oniks Vater, dem Reichen Schneider, abzuheben. Sonjkas Mutter und Sonjka lebten ziemlich ärmlich, sie bewohnten eines der schlechtesten Zimmer, das auf den Hof hinausging. Im Bazar kaufte Sonjkas Mutter immer die billigsten Waren. Sie ging immer erst kurz vor Toresschluß hin. Zu diesem Zeitpunkt hatten die meisten Bauern die Hoffnung begraben, ihre Ware an den Mann zu bringen. Sie verkauften sie zu Schleuderpreisen. Preisbewußte Käuferinnen wie Sonjkas Mutter machten sich das zunutze.

Tschik ging gern zum Bazar. Das viele Gemüse und besonders das viele Obst stimmte ihn heiter und sangesfroh. Weniger gern hatte er die Fleischer, obwohl er sich nicht zu den Vegetariern zählte. Die rüde Offenherzigkeit der ausgeweideten und an Fleischerhaken aufgehängten Schlachttiere, die sich durch keinerlei Kuhschwanzgewedel mehr von den dichtgedrängt auf ihnen klebenden Schmeißfliegen retten konnten, die Vielzahl von Schlachtbänken, Schlächterbeilen und Henkerschürzen bereitete Tschik Unbehagen. Vor den glotzäugigen Fleischern hatte er direkt Angst. Tschik war sich sicher, daß der Umgang mit dem rohen Fleisch der geschlachteten Tiere in ihnen böse Instinkte weckte. Einmal wurde Tschik Zeuge, wie Sonjkas Mutter, Tante Faina, mit einem Fleischer in Streit geriet. Sie konnten sich über den Preis nicht einig werden. Tschik war darauf gefaßt, daß der Fleischer sich auf Tante Faina stürzen und mit dem Beil in der Hand hinter der Fliehenden herjagen würde. Die Lage wurde dadurch kompliziert, daß Tschiks verrückter Onkel Kolja dabei war. Onkel Kolja war unsterblich in Tante Faina verliebt, und es war ihm zuzutrauen, daß er vehement für sie eintreten würde.

Auch Onkel Kolja hatte die Lage begriffen und verfolgte die Vorgänge mit Interesse, einstweilen noch im Stand der bewaffneten Neutralität. Er beschränkte sich vorerst darauf, seinen starren Blick auf den schimpfenden Fleischer zu richten, wodurch er gemeinhin seine Bereitschaft andeutete, im Falle der Zuspitzung des Konflikts in denselben einzugreifen.

Glücklicherweise einigte sich Sonjkas Mutter noch rechtzeitig mit dem Mann. Der warf ein großes Stück Rindfleisch in ihren Einkaufskorb, Sonjkas Mutter lachte kurz und siegestrunken auf und rannte weiter. Alle fühlten sich erleichtert, nicht zuletzt Tschik, der mit dem Schlimmsten gerechnet hatte.

»Dummkopf macht Lärm!« sagte Onkel Kolja bereits wieder gutgelaunt und zeigte lachend auf den durch Sonjkas Mutter endlich zum Nachgeben gezwungenen Fleischer.

Zugleich warf er Tschik einen stummen Blick zu, mit dem er ihn bat, daheim nichts davon zu erzählen, daß er drauf und dran gewesen war, in den Konflikt an Tante Fainas Seite einzugreifen. Wie viele große Liebende schämte sich Onkel Kolja ein wenig seiner Leidenschaft, dies um so mehr, als man ihn schon oft deswegen ausgelacht hatte.

Diese Frau hatte also eine Tochter namens Sonjka, und Sonjka hing sehr an Tschik. Tschik vermutete bisweilen, daß es auf der Welt so etwas wie ein Gesetz der ausgleichenden Emotion gab. Wenn sich der Onkel nach der Mutter verzehrt, dann muß die Tochter für den Neffen ähnliche Gefühle hegen. Der Ausgleich ging soweit, daß Tschik Sonjkas Empfindungen nicht erwidern konnte: genausowenig wie Tante Faina jene Onkel Koljas. Indessen wußte Tschik Sonjkas Anhänglichkeit zu schätzen, was auch in seinen mastixtourstrategischen Plänen Ausdruck und Niederschlag gefunden hatte.

Jetzt noch ein paar Worte über Nike. Sie war mit ihrer Mutter in diesem Frühjahr in den Hof gezogen. Tschik hatte Informationen über Nikes Familie, die er einem seiner zahlreichen Onkel, nämlich Onkel Sandro, verdankte. Onkel Sandro hatte Tschik erzählt, Nike sei die Tochter des berühmten Tänzers Pata Pataraja. Onkel Sandro hatte nämlich einst in Patarajas Tanzensemble mitgetanzt. Er erzählte, Pataraja sei ein Tanzgenie gewesen. Zum Beweis führte er das Detail an, daß Pata Pataraja sogar auf einem umgestülpten Schnapsglas tanzen konnte.

Tschik versuchte sich auszumalen, wie man wohl auf einem umgestülpten Schnapsglas tanzt. Er stellte sich vor, daß sich Nikes Vater dabei des einen großen Zehs bediente, während sein anderer Fuß in der Luft schwebte. Tschik orientierte sich an einer Abbildung in der *Geschichte des Bürgerkriegs,* in der er manchmal die Bilder betrachtete. Abgebildet war ein Bauer aus der Zarenzeit, der mit einem Fuß auf dem ihm gehörenden Fußbreit Erde stand, während er den anderen Fuß in Ermangelung eines zweiten in seinem Besitz befindlichen Fußbreits Erde wohl oder übel in der Luft schweben lassen mußte. Der landarme Bauer aus der Zarenzeit verhalf Tschik dazu, sich die genialen Tanzkünste Pata Patarajas ausmalen zu können, obwohl der Unterschied zwischen einem russischen Bäuerlein und einem abchasischen Tanzvirtuosen soziologisch gesehen beträchtlich war. Tschik dachte indessen auch gar nicht daran, diesen Unterschied einzuebnen. Pata Pataraja trug in Tschiks Vorstellung kein zerschlissenes Bauernhemd, sondern eine fesche Tscherkessentracht und asiatische Stiefel.

Obwohl die Erwachsenen es vermieden, in seiner Gegenwart davon zu reden, hatte Tschik bald begriffen, daß man Nikes Vater vor einiger Zeit verhaftet hatte. Aus den Gesprächsfetzen, die er aufgriff, ging hervor, daß Pata Pataraja häufig vor einem prominenten Chef getanzt hatte, der sich später als Volksschädling entpuppte.

Tschik konnte sich das schlecht zusammenreimen, er fand das ungerecht. Wer einem Schädling etwas vortanzt, meinte Tschik, muß deshalb nicht selber ein Schädling sein. Ein Tänzer, der auf einem umgestülpten Schnapsglas tanzt, dachte Tschik weiter, muß sich so sehr auf dieses Meisterstückchen konzentrieren, daß er nicht zugleich einen prominenten Chef dabei beobachten und ertappen kann, wie dieser dem Volk Schaden zufügt.

Tschik erriet bald, daß Nike nicht vom Schicksal ihres Vaters wußte. Er beschloß, ihr davon auch nichts zu erzählen. Tschik hatte bemerkt, daß die Nachbarn ebenfalls nicht im Bilde waren.

Das erste, was Tschik auffiel, als Nikes Mutter und Nike in ihren Hof zogen, waren die prächtigen Kleider, die das neue Mädchen im Hof wie eine Erwachsene trug. Dann hörte Tschik Tag für Tag das Piepsen des Mädchens, wenn ihre Mutter ihr die Zöpfe flocht. Mit ihren langen Beinen stelzte sie in kurzen Schritten voran, als wollte sie die Berührung der Fußsohlen mit dem sie besudelnden Boden auf ein Mindestmaß beschränken. Ihr Gesicht war nicht nur bildhübsch, sondern auch stets frischgewaschen. Das war das sicherste Zeichen dafür, daß Nike aus reichem Hause kam. Auch Onik hatte so ein Waschgesicht.

Zunächst hielt sich Tschik Nike gegenüber etwas zurück. Doch seine Neugier war größer als seine Scheu, und reiche Menschen weckten immer seine Neugier.

Tschik begann, auf alle optischen und akustischen Lebensäußerungen der beiden Frauen zu achten. Als er einmal vor den Fenstern von Nikes Wohnung spielte, hörte er, wie Nikes Mutter Nike anwies, ins Geschäft zu gehen und Brot zu kaufen. Tschik war geradezu gerührt, als er das hörte. Auch unter reichen Menschen, dachte Tschik, ist es also üblich, die Tochter zum Einkaufen zu schicken. Kaum hatte Tschik das gedacht, als Nike auch schon ihr entzückendes Köpfchen aus einem der Fenster herausstreckte und folgende Worte an ihn richtete:

»Lieber Tschik, tu mir den Gefallen und geh Brot für mich einkaufen. Ich hab keine Lust, ins Geschäft zu gehen!«

Während sie das sagte, ließ sie auf ihrem bildhübschen Gesicht das gewinnendste Lächeln der Welt oder wenigstens Abchasiens aufstrahlen. Tschik sah sich außerstande, Nikes Bitte abzuschlagen, obwohl er begriff, daß die Bitte strenggenommen eine Unverschämtheit war.

»Gib das Geld her«, sagte er mürrisch, und Nike reichte ihm das Geld durchs Fenster. Mit gekränkter Miene machte sich Tschik auf den Weg.

»Du hast kein Gewissen«, hörte Tschik in seinem Rücken die Stimme von Nikes Mutter sagen und gleich darauf ein kurzes Kichern Nikes.

Warum habe ich nicht nein! gesagt, dachte Tschik auf dem Weg ins Geschäft, konnte jedoch keine Antwort finden. Er faßte den Entschluß, nie wieder vor Nikes Fenster zu spielen.

Später freundeten sich Tschik und Nike an. Nikes Mutter mochte Tschik sehr gern, was daran liegen mochte, daß Tschiks Onkel Sandro mit ihrem Ehemann befreundet gewesen war. Wenn Nikes Mutter zum Bazar ging oder in der Stadt zu tun hatte, bat sie Tschik oft, Nike in ihrer Wohnung Gesellschaft zu leisten. Und Tschik wunderte sich dann immer wieder, wie schnell auf Nikes hübschem Gesicht der Ausdruck der

Lausbüberei und der Unschuld einander abwechselten. Die Wohnung von Nikes Mutter war reich möbliert. Die Anrichte sah wie ein Schlößchen aus mit ihren Gesimsen, ihren Glasfensterchen und Türchen. Außerdem gab es in Nikes Wohnung einen Schreibtisch, ein Grammophon mit vielen Platten und ein riesengroßes Sofa, auf dem man wie auf einem Trampolin hüpfen konnte.

»Habt ihr auch einen Perserteppich?« fragte Tschik, dem aufgefallen war, daß keine Teppiche an den Wänen hingen.

»Früher hatten wir einen«, sagte Nike wie beiläufig, »Mutter hat ihn später verkauft.«

»Wir haben einen Perserteppich«, sagte Tschik. Er sagte es, um ein gewisses Gegengewicht gegen den Luxus dieser Wohnung zu schaffen. Und während er das sagte, hüpfte er auf dem prächtig federnden Sofa auf und nieder und verspürte großes Behagen, ein Gefühl, das nicht nur körperlicher Art war, sondern auch daher rührte, daß er alle diese Wohltaten und Reichtümer gratis in Anspruch nehmen durfte.

Tschik war der Meinung, daß sein Lebensstandard und der seiner Familie auf mittlerer Höhe lag. Wenn in der Schule oder auf der Straße die Rede auf den Lebensstandard kam, pflegte er sich wörtlich so auszudrücken: »Wir leben auf mittlerer Höhe.«

Manchmal stellte Nike das Grammophon an. Am liebsten legte sie Platten auf, die das Geräusch eines hypervirtuosen Tanzes ihres Vaters wiedergaben. Es begann mit einem kaukasischen Lied, das Ensemble kam langsam auf Touren, endlich war der Augenblick erreicht, an dem das Tanzbein der Tänzer nicht länger zu bändigen war. Die eine Hälfte des Ensembles fuhr im Singen und Händeklatschen fort, während die andere zu tanzen begann.

Tschik fand es bemerkenswert, daß Nike aus dem allgemeinen Getrampel jedesmal das Stampfen ihres Vaters heraushörte. Sie zeigte mit dem Zeigefinger auf die Schallplatte und sagte freudestrahlend: »Das ist er, das ist er, mein Papi!«

»Bist du dir sicher?« fragte Tschik etwas skeptisch. »Das kann auch ein anderer Tänzer sein.«

»Nie im Leben, Tschik, nie im Leben«, erwiderte Nike mit einem sehr weiblichen Kopfschütteln. »Mein Papi stampft viel genauer und leichter als die anderen!«

Tschik nahm Nike diese Worte nicht ganz ab, er fand sie übertrieben und affektiert. Doch er verzieh Nike um so bereitwilliger, als sie schließlich noch ein Kind und außerdem ihrem Vater sehr zugetan war. Tschik fand die meisten Erwachsenen sehr geziert, zum Beispiel seine Tante. Es wäre ungerecht gewesen, der noch so jungen Nike ihre Affektiertheit vorzuhalten.

»Dreißig Rubel sind weg, und ich hab nichts dafür eingekauft!« pflegte Tschiks Tante zerknirscht auszurufen, wenn sie vom Bazar heimkam. Das war wirklich affektiert und übertrieben. Erstens brach die Tante unter der Last ihrer Einkäufe zusammen, zweitens schnellten die Bazarpreise zwar in die Höhe, aber bei weitem nicht in dem Tempo, das man vermuten mußte, wenn man sich das Lamento der Tante regelmäßig anhörte. Ihre Worte klangen fast wie eine Beschwörungsformel, wie ein Zauberspruch. Durch das Anrufen der ach so großen Not wollte Tschiks Tante wohl eine noch größere Not von sich und ihrem Haus abhalten.

Wenn Tschik und Nike keine Platten hörten, spielten sie meistens Versteck. Dabei geschah einmal folgendes: Tschik hatte sich hinter dem Schreibtisch versteckt. Da ihn Nike nicht gleich fand, strich er aus Langeweile mit der Hand über die Rückseite des Tisches und entdeckte an dessen Rückseite einige schmale Ritzen. Tschik begriff, daß diese Ritzen den freien Raum zwischen den Schreibtischfächern bildeten. Er hatte so etwas noch nie gesehen und erklärte sich die Existenz dieser Ritzen so, daß eben bei reichen Leuten selbst die Schreibtische anders konstruiert seien als bei gewöhnlichen Sterblichen.

Vorne waren alle Schreibtischfächer verschlossen, von hinten jedoch konnte man mit einigem Geschick durch die Ritzen in die Fächer hineingreifen. Tschik steckte eine Hand in eines der Fächer und berührte eine Schachtel. Mit vorsichtig tastenden Fingern öffnete er eine Pappschachtel und fühlte, daß sie mit kleinen metallischen Gegenständen gefüllt war. Tschik erriet sofort, daß es sich um Zündhütchen handelte. Das erregte ihn so sehr, daß ihm gleich der Schweiß ausbrach. In der Schachtel steckte ein Schatz goldgelber Zündhütchen, die sich wie ein richtiger Pistolenschuß anhören, wenn man mit einem Stein draufschlägt. Leider wurde Tschik in diesem Moment von Nike entdeckt und mußte sein Versteck an der Rückseite des Schreibtisches verlassen. Im weiteren Verlauf des Spiels kroch Tschik noch mehrmals zum gleichen Ort. Es gelang ihm, ein Dutzend fabrikneuer Zündhütchen aus der Pappschachtel und in seine Hosentasche zu befördern.

»Man meint fast, du bist dumm«, sagte endlich Nike. »Warum versteckst du dich immer am gleichen Ort?«

Tschiks Antwort war ein neutrales Schniefeln. Nike sollte ihn ruhig für dumm halten, das war nicht weiter schlimm. Hauptsache war, daß er nicht von seiner Zündhütchenquelle abgeschnitten wurde.

»Was hast du in der Hosentasche?« fragte Nike, der das ganze nicht geheuer war. Entweder war Tschik etwas dümmlich oder er war viel schlauer als sie selbst.

»Nichts. Wieso?« erwiderte Tschik mit einem Unschuldsblick, ohne die Hand aus der Hosentasche zu nehmen.

»Doch, du hast was in der Hosentasche«, sagte Nike. »Zeig her, was du hast.«

»Es ist nichts Besonderes«, sagte Tschik. »Laß uns weiter Versteck spielen.«

»Ich möchte aber wissen, was du in der Hosentasche hast!« rief Nike wutentbrannt, stürzte sich auf Tschik und versuchte, seine Hand aus der Tasche zu zerren.

Tschik ließ sich das nicht gefallen, die beiden fielen engumschlungen auf das Sofa. Tschik leistete keinen heftigen Widerstand, ihm kam es nur darauf an, die Hand in der Hosentasche zu behalten. Nach einem kurzen Kampf lag Nike auf Tschik, preßte ihren Körper gegen seinen Brustkorb, stemmte einen Ellbogen gegen seinen Bauch, während sie mit der anderen Hand versuchte, an Tschiks Hosentasche zu kommen.

Tschik leistete hinhaltenden Widerstand. Er spürte, daß er viel stärker war als Nike. Die versuchte immerzu, ihre Hand in Tschiks Tasche zu schieben, was ihr auch ein wenig gelang. Sie keuchte und hauchte Tschik heiß an. Tschik hatte Nikes Hand abgefangen, sie blieb dort, wo sie war, auf halbem Weg zum unbekannten Hosentaschenobjekt.

Das Spiel, das sie jetzt spielten, erregte Tschiks Wohlgefallen. Wäre nicht Nikes spitzer Ellbogen gewesen, den sie unbarmherzig gegen seine Magengrube stemmte, dann hätte er sogar großes Behagen verspürt. Doch das ließ sich korrigieren: Er rückte seinen Bauch ein kleines Stück zur Seite und entwand sich so der Einwirkung des Ellbogens. Jetzt fühlte er sich richtig wohl. Tschik hatte in seinem bisherigen Leben noch nie etwas Derartiges erlebt und empfunden. Höchstens vor vielen Jahren im Kindergarten, aber das war lange her.

Er bemühte sich jetzt um eine Körperlage, die ihm ein Höchstmaß an angenehmen Empfindungen sicherte. Doch der Gedanke an die in seiner Hosentasche deponierten Zündhütchen verließ ihn nicht für eine Sekunde. Er preßte die Zündhütchen weiter in seiner Faust zusammen und hielt zugleich Nikes Hand fest, um sie an einem weiteren Vordringen zu hindern.

Nike wurde immer heftiger. Je wilder sie es trieb, desto angenehmer fühlte sich Tschik. Er begriff, daß man Nike anspornen mußte, um das Wohlbefinden nicht wieder unter das bereits erreichte Niveau absinken zu lassen. Er tat so, als würde er gleich aufgeben, woraufhin Nike ihren Kampfeifer noch steigerte. Langsam aber sicher erreichten Nikes nervös zappelnde Finger Tschiks Faust. Um seinen Lustpegel noch etwas anzuheben, erlaubte es Tschik dem Mädchen, ihren Finger ein Stück zwischen die fest zusammengepreßten Finger seiner geballten Faust zu schieben. Tschik war sich sicher, daß er Nikes Hand auch diesmal wieder rechtzeitig zum Stehen brächte. Doch das war ein Irrtum. Während sie seine Handfläche mit ihrem Fingernagel kratzte, rief Nike plötzlich triumphierend aus:

»Ich weiß, was du in der Hand hast!«

»Dann sag es!« erwiderte Tschik und preßte Nikes vorwitzigen Finger noch fester zusammen, um ihm den Observationsweg abzuschneiden.

»Mein Papi hat auch solche Dinger«, sagte Nike. »Solche Dinger, die man für Patronen braucht. Papi bewahrt sie im Schreibtisch auf.«

Schwer atmend nickte sie zum Schreibtisch hinüber. Erst hatte Tschik geglaubt, Nike hätte erraten, wo er die Zündhütchen her hatte. Jetzt begriff er, daß sie den Zusammenhang nicht durchschaute.

Er begann wild zu lachen, konnte seinem Lachen kaum Einhalt gebieten. Nike, die immer noch ihre Hand in Tschiks Hosentasche hatte, riß sich los und sprang auf. Ihr Gesicht drückte tiefes Gekränktsein aus. Das machte Tschik verlegen und ratlos. Auch er stand jetzt vom Sofa auf. Er begriff nicht, warum sein Lachen Nike so gekränkt hatte, sie wußte doch gar nicht, daß die Zündhütchen aus dem Schreibtisch ihres Vaters stammten. Tschik ahnte damals noch nicht, daß es Mädchen in solchen Momenten nicht leiden können, wenn gelacht wird. Er wußte nicht, daß auch Nike während ihres Ringkampfs von angenehmen Empfindungen durchrieselt worden war.

»Du glaubst mir wohl nicht«, sagte Nike und maß Tschik mit einem strafenden Blick, »daß mein Papi die Patronentasche, die Patronen und außerdem noch diese Dinger in seinem Schreibtisch eingeschlossen hat?«

Tschik brach wieder in ein wildes Lachen aus. Es war zum Unfallen komisch. Wo er doch diese »Dinger« eigenhändig aus dem sonderbar konstruierten Schreibtisch ihres Papis geklaut hatte!

»Hör endlich mit dem blöden Lachen auf!« rief Nike ungehalten, und Tschik verstummte sofort.

»Doch, doch, ich glaube es dir ja«, sagte Tschik. »Ich gebe dir mein Ehrenwort, daß ich es glaube.«

»Wenn mein Papi von der Dienstreise zurückkommt«, sagte Nike und blickte Tschik tief in die Augen, »werde ich dir diese Dinger im Schreibtisch zeigen.«

Nike starrte Tschik eine Weile an, als wollte sie Tschik anflehen, ihr um alles in der Welt zu glauben. Tschik spürte das und sagte ruhig:

»Einverstanden. Wenn dein Vater von der Reise heimgekehrt ist, rufst du mich und zeigst mir die Zündhütchen.«

Nikes Gesicht strahlte auf, als wäre die Sonne in ihm aufgegangen. Tschik hatte in seinem ganzen Leben noch nie erlebt, daß das Gesicht eines Menschen so jäh vor Freude aufstrahlte.

»Ich werde dir die Dinger nicht nur zeigen«, sagte Nike, »wenn mein Papi erst wieder daheim ist, schenkt er dir so viel von diesen Dingern, wie du willst. Mein Papi ist nämlich der beste und gütigste Papi der Welt!«

»Das sagt auch Onkel Sandro«, bestätigte Tschik. »Aber bist du dir so sicher, daß dein Vater mir die Zündhütchen schenkt?«

»Ich bin mir ganz sicher«, trompetete Nike und klatschte in die Hände, um jeden Zweifel an ihren Worten zu zerstreuen.

»Und wenn dein Vater jetzt hier wäre«, fragte Tschik, »würde er mir dann die Hütchen jetzt schenken?«

»Natürlich, Tschik«, erwiderte Nike. »Mein Papi tut alles, worum ich ihn bitte.«

»Darf man sagen«, fragte Tschik, »daß dein Vater mir die Zündhütchen bereits geschenkt hat?«

»Aber natürlich, Tschik, natürlich«, sagte Nike und setzte sich aufs Sofa. Tschik setzte sich neben sie.

»Sag, warum hast du mir die Dinger nicht gleich gezeigt?« fragte Nike und blickte Tschik sonderbar an. Hatte Nike erraten, daß Tschik vorhin etwas empfunden hatte? Wollte sie ihm ein Bekenntnis entlocken?

»Einfach so«, erwiderte Tschik. »Das ist so ein Spiel.«

»Werden wir es wieder spielen?« fragte Nike.

»Von mir aus gern«, sagte Tschik möglichst unverfänglich.

»Mir gefällt das Spiel nämlich sehr gut«, sagte Nike und blickte Tschik so offenherzig an, daß kein Zweifel an der Aufrichtigkeit ihrer Worte möglich war. Tschik verspürte jedoch keine Lust, jetzt darüber zu reden.

»Das Spiel ist sehr schön«, sagte er.

»Tschik, willst du ein Geheimnis hören?« fragte Nike und blickte ihn vielsagend an. Ihre Augen blickten jetzt schnell nach allen Seiten, als wollte sich Nike nach links und rechts gegen Lauscher absichern.

»Erzähl«, sagte Tschik und fühlte, wie ihm sengende Neugier die Kehle zusammenschnürte. Trotzdem war er entschlossen, sich zu keiner Offenherzigkeit seinerseits provozieren zu lassen.

»Als ich mit meinem Papi im Sanatorium war«, begann Nike aufgekratzt, »traf ich dort einen Jungen, und wir hatten ein Rendezvous. Wir haben uns zweimal geküßt. Stell dir vor, zweimal!«

Nike sprach mit leiser Stimme, ihre Argusaugen auf mutmaßliche Lauscher gerichtet, obwohl sie mit Tschik ganz allein in der Wohnung und die geheime Anwesenheit eines Lauschers oder Lugers praktisch ausgeschlossen war. Bei den beiden Küssen in ihrer Erzählung hob sie zwei Finger wie zum Schwur. Sie leistete gleichsam einen Eid und gab zugleich plastisch die Zahl der damaligen Küsse an.

Tschik war schlichtweg baff. Schamgefühl, dachte er, geht diesen Reichen offensichtlich ab. Er war beeindruckt, fühlte sich aber zugleich abgestoßen, und zwar durch Nikes Geste, die ihm grobschlächtig erschien. In so einer Zeichensprache pflegten die Erwachsenen mit Onkel Kolja zu reden, doch der war im Gegensatz zu Tschik geisteskrank.

»Ich bin nicht taub, du brauchst nicht mit der Hand herumzufuchteln«, sagte Tschik streng.

»Hast du auch schon mal ein Rendezvous gehabt?« fragte Nike, die Tschiks letzte Bemerkung überhört hatte, und schaute wieder nach links und rechts, als hätten die beiden die feste Absicht, jetzt gleich etwas Verbotenes zu tun. Das macht sie, dachte Tschik, weil sie mich zu was ganz Bestimmtem provozieren will!

»Strenggenommen sind das Dummheiten«, sagte Tschik, ohne Nikes Frage direkt zu beantworten. In Tschiks bisherigem Leben hatte es noch nie ein Rendezvous mit einem Mädchen gegeben, doch um dies Eingeständnis hätte er sich gern herumgedrückt.

Nach diesem Vorfall spielten Tschik und Nike noch ein paarmal ihr Spiel. Sie spielten es, bis Tschik das letzte Zündhütchen aus dem Schreibtisch von Nikes Vater geholt hatte.

Als alle Zündhütchen in seinem Besitz waren, faßte Tschik den Entschluß, das Spiel einzustellen. Wenn es fortgesetzt würde, fühlte und dachte Tschik, dann werde ich womöglich noch in irgendein Geheimnis reingezogen. Vielleicht war es aber auch der Instinkt der Freiheit, der Tschik zur Einstellung des Spiels mit Nike trieb. So genau hätte er das nicht zu sagen gewußt. Er begriff jedoch, daß das Geheimnis, in das er sonst reingezogen worden wäre, ihm genug Kummer und Ärger bereitet hätte.

»Sag mal«, fragte Tschik, nachdem das letzte Zündhütchen in seiner Hosentasche verschwunden war, »hätte mir dein Vater auch eine ganze Schachtel Zündhütchen geschenkt?«

»Natürlich, Tschik, natürlich«, erwiderte Nike und machte eine generöse Handbewegung, »mein Papi hat nicht nur Zündhütchen, sondern sogar Pralinen schachtelweise verschenkt!«

Schon vorher war Tschik kaum von Gewissensbissen geplagt worden. Jetzt war er vollends beruhigt.

Tschik saß noch immer auf dem Weinrebenast und streichelte Belka, die ihre Schnauze auf seine Knie gelegt hatte. Ljossik kam angestelzt und setzte sich leise neben Tschik. Er wollte ihm zeigen, wie dankbar er ihm dafür war, daß ihn Tschik auf die Liste der Mastixtourteilnehmer gesetzt hatte. Etwas besorgt war Tschik über das Ausbleiben Oniks, der ja den Auftrag hatte, heimzugehen und ein sauberes Schnupftuch zu besorgen.

Sonjka war mit dem Auswaschen der Konservenbüchse fertig. Sie wischte sich die Wasserspritzer von ihrem sommersprossigen Gesicht und trat mit der Büchse in der Hand auf Tschik zu.

»Ist sie sauber genug?« fragte Sonjka und hielt Tschik die Büchse hin. Tschik nahm die Büchse in die

Hand und roch lange daran. Die Büchse roch immer noch nach Fisch, wahrscheinlich war ihr dieser Geruch auch nicht auszutreiben.

»Könnte besser sein, doch es geht auch so«, sagte Tschik gnädig.

»Darf ich mein Springseil mitnehmen?« fragte jetzt Nike, ohne ihr Springen zu unterbrechen. Tschik war so empört, daß er zunächst nicht antworten konnte. Er beschränkte sich darauf, Nike streng anzublicken, in der Hoffnung, daß sein Blick sie verlegen machte. Doch Nike ließ sich nicht aus der Fassung bringen, sie sprang lustig und munter weiter.

»Nimm doch gleich deine Puppe mit«, sagte Tschik sarkastisch, merkte aber noch im Reden, daß sein Sarkasmus viel zu schwach dosiert war.

Sonjka grinste übers ganze Gesicht, Ljossik lächelte und schnaufte affirmativ, um Tschik seine Loyalität zu bekunden. Nike setzte jedoch ihr Gehüpfe fort, als sei kein einziges markiges Mastixexpeditionsführerwort gefallen. Sie zuckte nur leicht mit den Achseln, zum Zeichen, daß sie Tschiks Bemerkung gar nicht komisch fände.

Endlich erschien Onik wieder auf der Bildfläche.

»Mein Alter hat mich zum Essen dabehalten«, sagte er entschuldigend und reichte Tschik mit einem Blick auf die Fenster der elterlichen Wohnung ein blütenweißes Schnupftuch. Anschließend holte er eine Zehnkopeken- und einen Fünfzehnkopekenmünze aus der Hosentasche.

»Das ist für die Sparbüchse«, sagte Onik und reichte Tschik die Münzen.

»Du bist prima«, sagte Tschik, der Onik dessen Zuspätkommen bereits verziehen hatte. Tschik rannte ins Haus, suchte und fand seine Sparbüchse und legte die zwei Münzen hinein. Das Geld in der Sparbüchse war für den Kauf eines Fußballs bestimmt. Tschiks Familie wußte von der Existenz der Sparbüchse, während sie vor Oniks Eltern geheimgehalten wurde.

Jetzt konnte es endlich losgehen.

»Wir gehen in den Gemüsegarten und bleiben lange«, rief Tschik seiner Mutter zu und rannte die Treppe herab.

Da Oniks Vater wie stets um diese Tageszeit seiner Schneiderarbeit auf dem Balkon seines Hauses nachging, hielt es Tschik für opportun, den Gemüsegartenweg bis zum Flüßchen zu wählen und dann am Flüßchen entlang bis zur Nachbarstraße zu gehen.

Der Gemüsegarten oder einfach *Garten* war ein basketballspielplatzgroßes Grundstück, auf dem ein Datelpflaumenbaum, ein Ingwerbaum, ein Birnbaum, ein Quittenbaum, ein Pfirsichbaum, zwei Rosensträucher sowie ein siecher Johannisbeerstrauch wuchsen, der in diesen südlichen Breiten den Status einer exotischen Pflanze besaß. An den Obstbäumen rankten sich Weinreben hoch. Zwischen den Bäumen wuchsen Zwiebeln, Tomaten, Petersilie und Mais.

Besitzerin des Grundstücks war Tschiks Großmutter. Als einziges der Kinder hatte Tschik die Erlaubnis, den Gemüsegarten unbehindert zu betreten. Allerdings nur theoretisch, die Praxis sah bisweilen völlig anders aus. Wenn Tschiks Großmutter mißgelaunt war oder wenn sie glaubte, daß die Kinder die Beete zertrampelten, schickte sie Onkel Kolja hin mit dem Auftrag, alle Kinder von dort zu vertreiben. Dabei machte Onkel Kolja keinen Unterschied zwischen den anderen Kindern und seinem leiblichen Neffen Tschik. Tschik machte jedesmal die enge Blutsverwandtschaft geltend, um seine Vertreibung aus dem Birnen-Quitten-Ingwer-Paradies zu verhindern. Aber Onkel Kolja, der in anderen Situationen eher die Rolle des Mündels als die des Büttels und Vormunds spielte, ließ sich nicht erweichen.

»Junge fort, Junge fort«, pflegte Onkel Kolja vor sich hinzuleiern mit einer Penetranz und Pedanterie, die in Tschik manchmal den Verdacht weckte, daß Onkel Kolja kein von Irrenarzt Doktor Shdanow begutachteter und geisteskrank geschriebener Verrückter war, sondern ein geistig durchaus normaler Bürokrat von provinziellem Zuschnitt. Onkel Kolja tat, als würde oder wollte er seinen Neffen nicht wiedererkennen. Grimmig und teilnahmslos strahlte er die Botschaft aus: Ich habe den Auftrag, euch von hier zu vertreiben, und wenn einer von euch vorgibt, mein leiblicher Neffe zu sein, dann kann ich darauf nur erwidern, daß Befehl vor Blutsverwandtschaft geht.

Das erregte jedesmal Tschiks Zorn. Hätte sich Onkel Koljas Auftreten und Gehaben etwa in den Satz übersetzen lassen: Lieber Tschik, ich weiß, daß ich dein geisteskranker Onkel Kolja bin, aber deine von uns allen hochgeschätzte Oma ist nun einmal eine herrische Natur, und wenn sie mir den Befehl gibt, euch aus diesem paradiesischen Winkel zu vertreiben, dann muß ich den Befehl, ohne Rücksicht auf sonstige familiäre Bindungen, ausführen — hätte sich Onkel Koljas Auftreten in diese eher wehmütigen als schroffen Worte fassen lassen, dann wäre es Tschik ungleich leichter gefallen, den Anweisungen seines verrückten Onkels Folge zu leisten. Trotzdem versuchte Tschik, Onkel Kolja Gerechtigkeit widerfahren zu lassen. Schließlich konnte man von einem Geistesgestörten nicht verlangen, so feine Nuancen wie den Unterschied von *Neffe* und *Nicht-Neffe* in allen Lebenslagen zu beachten. Tschik war schon oft aufgefallen, daß der Sinn für Nuancen und Feinheiten vor allem bei edlen und scharfsinnigen Gemütern anzutreffen war. Sich selber rechnete er dieser Kategorie zu.

Tschik dachte manchmal über seine geistigen Fähigkeiten nach und kam zu der Einsicht, daß er bestimmte Dinge rasch und vorzüglich begriff, während er in anderen Fällen mit beträchtlichen Schwierigkeiten zu kämpfen hatte. Er kam zu dem Schluß, daß die verschiedenen Abteilungen seines Kopfes ihre Arbeit höchst unterschiedlich verrichteten. In der einen drehten sich die Rädchen schnell und unbehindert, während sie in anderen Partien des Kopfes die knarzende Unregelmäßigkeit von Ochsenkarrenrädern hatten. Die genaue räumliche Verteilung der einen und anderen Rädchen kannte er nicht. Tschik vermutete jedoch, daß die Kapazität seines Kopfes in der Schläfengegend sehr zu wünschen übrig ließ, während man seinem Nacken den Titel eines Musterdenkbetriebs hätte verleihen können.

Außerdem war Tschik noch aufgefallen, daß sich harte Erschütterungen und langwährendes Hin-und-her-Gerenne nachteilig auf die Qualität seiner Kopfarbeit auswirkten. Wenn Tschik vor Schulbeginn Fußball gespielt hatte, war seine Auffassungsgabe wähend der ersten Schulstunde stark reduziert. Offenbar stand es um die interzerebralen Trennwände nicht zum besten, die Rädchen und Schräubchen kamen durcheinander und einander ins Gehege.

Auf eine Fähigkeit seines Kopfes bildete sich Tschik allerhand ein. Die Abteilung, die für den Gerechtigkeitssinn zuständig war, war vorzüglich in Schuß. Von manchen Erwachsenen konnte man das nicht behaupten. Das nächstliegende Beispiel war Tschiks Großmutter. Wenn die Birnen geerntet wurden, pflegte sie sämtlichen Nachbarn einen Teil der Ernte zu schenken. Sie tat das aber nicht immer. Wenn sie mit einem der Nachbarn schmollte, gingen auch alle anderen Nachbarn leer aus.

Tschik fand das falsch, er selber handelte in diesem Punkt ganz anders. Es kam zwar vor, daß er auf einen seiner Kameraden eine Wut hatte, doch er ging niemals so weit, so etwas wie eine Hofsippenhaftung einzuführen und die anderen mitbüßen zu lassen. Wie getrübt oder ungetrübt auch immer sein Verhältnis zum einen oder anderen seiner Freunde war, alle bekamen ihre Obstration, auch der, mit dem Tschik gerade schmollte, wurde nicht übergangen.

Das einzige, was sich Tschik erlaubte, war, eine besonders saftige Ingwerfrucht im eigenen Mund verschwinden zu lassen, bevor die Gesamtmenge brüderlich aufgeteilt wurde. Doch selbst dieser kaum erwähnenswerten Bagatell-Ungerechtigkeit schämte er sich bereits einen Augenblick später. Die Ingwerfrucht wanderte gerade erst durch die Speiseröhre in den Magen, als Tschik auch schon vom Gefühl einer ihn schier verzehrenden Reue ergriffen wurde. Wäre die Reue zwei, drei Sekunden früher gekommen, dachte Tschik in solchen Momenten, dann hätte ich die Frucht gar nicht erst runtergeschluckt. Doch er kam bald dahinter, daß sich dann auch keine Reue eingestellt hätte. Wo soll die

Reue herkommen, wenn keine Leckerei die Speiseröhre abwärts wanderte?

Vor Jahren, als Tschik noch ganz klein und der Reiche Schneider noch nicht so reich war, wurde der Schneider damit beauftragt, auf einen der Birnbäume zu steigen und für den ganzen Hof Birnen zu pflücken. Die Obsternte in jenem Jahr war gut, und die Nachbarn hielten vorsorglich ihre Zunge im Zaum, um nicht den Zorn von Tschiks Großmutter zu wecken. Der tat es um die schönen Birnen etwas leid, und sie versuchte, die eine oder andere Nachbarin zu einer unbedachten Äußerung zu provozieren, doch alle durchschauten diese List und beantworteten jedes provokante Omawort mit einem nichtssagend konformistischen Lächeln.

Der Reiche Schneider saß also oben im Birnbaum und legte die gepflückten Birnen in einen großen Korb, während alle im Hof wohnenden Kinder unter dem Birnbaum standen und dem Reichen Schneider durch Zurufe halfen, durch das Laub verdeckte Birnen zu finden und der allgemeinen Bestimmung zuzuführen. Eine besonders große und reife Birne wollte und wollte der Schneider nicht entdecken, obwohl sie dicht vor seiner Nase hing. Die Kinder gaben ihm minutenlang die Position der Birne an, doch der Reiche Schneider suchte immer am falschen Ort.

Endlich fand er die Birne. Streckte seinen Arm nach ihr aus, umfaßte sie vorsichtig, aber zielstrebig mit seiner Pranke.

»Welch ein Prachtstück von einer Birne«, sagte der Reiche Schneider und fügte hinzu: »Die kommt in meine Tasche . . .«

Er löste die Birne vom Ast und legte sie vorsichtig,

als sei es keine Birne, sondern ein rohes Ei, in seine Jakkentasche. Jetzt bemerkte Tschik, daß alle Jacken- und Hosentaschen des Reichen Schneiders verdächtig weit abstanden. Es war vor allem diese Unverfrorenheit des Reichen Schneiders, die Tschik damals verblüffte und bestürzte.

Der Reiche Schneider versuchte gar nicht erst zu verbergen, daß er sich die kapitalsten Birnen selber aneignete. Er zweifelte nicht daran, daß auch die anderen das für selbstverständlich hielten.

Tschik spürte damals, so klein er auch war, daß ihm der schöne Birnenerntetag vergällt war. Er begriff zwar nicht ganz, wieso eine einzige Birne, und mochte sie noch so groß und goldgelb sein, seine gute Laune verderben konnte. Doch er merkte, daß es zweifellos so war.

Später erinnerte sich Tschik, daß er im gleichen Moment, als der Reiche Schneider nach der Birne griff und sie mit seiner großen Hand umspannte, von einer Angst um diese Birne gepackt worden war. Der Reiche Schneider hatte sich der Birne in einer Weise bemächtigt, als hätte die Birne die Aufschrift *Für den Reichen Schneider reserviert* getragen. Und das hatte Tschik so verstört.

Tschik schlug sich mit der Handfläche gegen die Hosentasche, um nachzuprüfen, ob alle Expeditionsutensilien an Ort und Stelle waren. Er spürte die Zündholzschachtel und das Heft des Federmessers. Alles war in bester Ordnung.

Nike, an der Tschiks sarkastische Worte offenbar doch nicht spurlos vorbeigegangen waren, warf das

Springseil auf die Veranda der mütterlichen Wohnung. Jetzt konnte es losgehen.

Die Kinder schlugen den Weg durch den Garten ein. Als Tschik am Birnbaum vorbeiging, maß er ihn mit einem abschätzenden Blick. Aber noch trug er keine einzige reife Frucht.

Durch eine Lücke im Gartenzaun gelangten die Kinder nach draußen und stiegen zum Flußbett hinunter. Im Sommer war es fast trocken, das Flüßchen war ein dünnes Rinnsal. Die Kinder bemerkten plötzlich, daß Belka ihnen folgte.

»Geh heim, Belka«, sagte Tschik streng, aber wohlwollend. Belka blickte sich um, als hätte Tschik nicht mit ihr, sondern mit einem Hund weiter hinten gesprochen. Doch Tschik kannte sich aus in Belkas Listen. Er legte etwas mehr Strenge in seine Stimme, ließ jedoch weiterhin Wohlwollen erklingen: »Wem sag ich, daß er heimgehen soll?!«

»Ach, du meinst mich, Tschik. Aber ich möchte doch so gern mit euch mit«, erwiderte jetzt Belka, freilich nicht mit Worten, sondern mit Blicken, sie erstarrte mit hängendem Kopf in einer Pose der Demut und Ergebenheit. Belka wußte, daß diese Pose ihre Wirkung bei Tschik selten verfehlte, und wirklich konnte der Junge den Anblick seines stumm devoten Musterhundes kaum ertragen. Fast hätte Belka ihr Ziel erreicht, aber Tschik blieb standhaft. Belka tat ihm aufrichtig leid, doch es war unmöglich, sie auf die Mastixtour mitzunehmen.

In der Stadt war nämlich ein Hundefänger aufgetaucht, der mit einem Käfigwagen durch die Straßen fuhr und Hunde einfing. Über das Schicksal der von ihm gefangenen Hunde kursierten die schrecklichsten Gerüchte. Es hieß, der Mann würde die Hunde töten, ihnen das Fell abziehen, das Hundefleisch zu Seife verarbeiten, die Hundefelle jedoch umfärben lassen und dann verkaufen. Für Tschik waren diese Gerüchte Grund genug, sich noch heftiger als bisher gegen seine Morgenwäsche zu sträuben, obwohl seine Verwandtschaft ihm hoch und heilig schwor, die Seife sei im staatlichen Geschäft und nicht privat beim Hundefänger gekauft.

Es wurde auch von einer Frau erzählt, die im Bazar einen Edelpelz gekauft hatte oder jedenfalls das, was sie dafür hielt. Kurz danach begann der Pelz sich zu entfärben. Zum Vorschein kam das Fell ihres Hundes, der seinerzeit spurlos verschwunden war. Die Frau wusch das Fell, damit auch die letzten Farbreste verschwanden, und bestattete das Hundefell statt des Hundes laut schluchzend und wehklagend in ihrem Garten.

Einmal fuhr der Hundefänger die Straße entlang, in der Tschik lebte. Tschik und Belka standen gerade an der Hoftür. Alle Hunde in der Straße verfolgten den Käfigwagen mit wütendem Gebell, wohlgemerkt an der Innenseite der Zäune. Nicht ein einziger Köter traute sich auf die Straße.

Nur Belka, die eher den kleinen als den großen Hunden zuzurechnen war, beschränkte sich nicht aufs Kläffen, sondern stürzte furchtlos hinaus. Allerdings blickte sie sich manchmal nach Tschik um. Die Schindmähre des Hundefängers schenkte dem Hund keinerlei Beachtung. Wahrscheinlich war sie diese Behandlung gewöhnt. Es kann aber auch sein, daß ihre Passivität die

Folge eines schlechten Gewissens war. Vielleicht schämte sich der Gaul seines Besitzers.

Im Gegensatz zu dem Pferd merkte der Hundefänger auf, als ihn Belka laut anbellte. Er maß den Hund mit einem sonderbaren Blick, obwohl er sah, daß Belka nicht herrenlos war, Hundehalter Tschik stand ja an der Hoftür.

Tschik ballte seine Faust gegen den Hundefänger. Daraufhin sah ihn der Hundefänger mit dem gleichen Blick an, mit dem er gerade Belka gemustert hatte, so daß Tschik zusammenzuckte.

Seit jenem Tag empfand Tschik Belkas wegen Furcht, und er vermied es, sie mitzunehmen, wenn es ans Meer oder den Berg hinauf ging. Und obwohl ihn der Hund jetzt mit den mitleidheischenden Augen eines Waisenkindes anstarrte, wandte sich Tschik mit einem Ruck von ihm weg und ging weiter.

An dieser Stelle war das Flüßchen zwischen Häusern eingezwängt. Sie waren drei Stockwerke hoch, und aus jedem Fenster konnte jeden Moment Unrat oder Spülwasser auf die Köpfe der Kinder herabgestürzt kommen, man mußte höllisch aufpassen, durfte keines der Fenster aus den Augen lassen. Als sich Tschik ein paar Minuten später wieder umblickte, stellte er fest, daß Belka immer noch hinter ihnen herschlich.

»Du willst also nicht hören, Hund!« sagte Tschik drohend und warf Belka einen Zornesblick zu. Belka war stehengeblieben. Es bestand weiter die akute Gefahr, daß aus einem der Fenster Unrat in die Häuserschlucht gekippt würde. Am gefährlichsten war der Müll aus dem obersten Stockwerk, denn die Dachgeschoßbewohner hielten sich schon fast für Himmelsbürger und kippten ihren Unrat wie in einen luftleeren Raum. Andererseits konnte man dem aus dem obersten Stockwerk abwärts fliegenden Unrat und Spülwasser wegen der längeren Flugzeit leichter ausweichen. Wenn die Bewohner der mittleren oder unteren Etage ihren Müll gedankenlos loswerden wollten, war ein Ausweichen praktisch unmöglich. Infolge größerer Erdnähe und Erdverbundenheit nahmen diese Leute jedoch mehr Rücksicht auf andere Erdenkinder und pflegten sich vor dem Ausleeren ihrer Müllbehälter und Spülwassereimer zu vergewissern, ob sich nicht gerade so ein Erdenkind am Flüßchen entlang durch die Schlucht bewegt.

Tschik dachte zwei, drei Momente lang darüber nach, was nun eigentlich die größere Gefahr sei. Das lenkte ihn wieder von Belka ab. Der Hund blickte seinen Herrn an und wartete auf eine gerechte Entscheidung. Als Tschik das bemerkte, ergriff ihn eine Wut auf sich selbst und auf Belka. Auf sich selbst wegen seiner albernen Gewohnheit, über jeden Quatsch nutzlose Betrachtungen anzustellen, und auf Belka, weil sie sich immer noch nicht aus dem Staub gemacht hatte und außerdem wohl noch glaubte, Tschik würde nicht über das Müllproblem nachdenken, sondern darüber, ob er den Hund auf die Tour mitnehmen soll oder nicht.

Tschik bückte sich und tat, als wollte er einen Stein aufheben. Dann richtete er sich wieder gerade auf, machte mit dem rechten Arm eine ausholende Bewegung und erweckte so den Anschein, als hätte er einen Stein auf Belka geschleudert.

Belka blickte ihn ungläubig und treuherzig an und machte eine ungeduldige Kopfbewegung.

»Du glaubst mir also nicht!« rief Tschik und hob jetzt wirklich einen Stein vom Boden auf. Er wählte einen ziemlich kleinen und warf ihn. Der Stein fiel in Belkas Nähe auf die Erde und sprang ein paarmal auf und nieder. Belka hob den Kopf, ihre Ohren zitterten bei jedem Aufprallen des Steinchens.

»Also steinigen laß ich mich nicht . . .«, meinte Tschik jetzt deutlich zu hören, als Belka mit eingezogenem Schwanz und Trübsinnsmiene kehrtmachte und heimschlich.

Tschiks Hundehalterherz krampfte sich zusammen, doch er hatte seine Pflicht getan. Die Gefahr, daß der Hundefänger Belka finge und schlachtete, war viel zu groß.

»Tschik, wir müssen schnell machen, sonst kippen sie uns noch den Unrat auf die Köpfe«, sagte Sonjka. Tschik erwiderte nichts, die Kinder gingen weiter.

Sie passierten eine Brücke und blieben stehen. Dahinter lag offenes Gelände. Hier konnte man sie von ihrer Straße aus sehen, besonders vom Balkon des Reichen Schneiders aus, und da der Reiche Schneider meistens auf dem Balkon schneiderte und bügelte, war die Gefahr zumindest für Onik beträchtlich.

Tschik lugte vorsichtig hinter der Brücke hervor und sah, daß sich der Reiche Schneider wirklich auf seinem Balkon aufhielt. In seiner Hand war ein Bügeleisen, in seinem Mund war Wasser. Er war dabei, etwas zu bügeln.

Tschik hatte die Abfolge der Arbeitsvorgänge beim Reichen Schneider minutiös studiert und außerdem festgestellt, daß der Reiche Schneider gemeinhin diese Reihenfolge einhielt. Erst prustet er Wasser aus dem

Mund auf einen Lappen, dann blickt er aufmerksam auf die Straße, dann greift er wieder zum Bügeleisen.

Die Lage war während des Prustens gefahrlos und dann wieder einige Momente nach der Wiederaufnahme des Bügelns. Tschik passierte das einsehbare Gelände, ohne vom Reichen Schneider bemerkt zu werden. Onik stand noch unter der Brücke und starrte Tschik erschrocken an. Er hatte Furcht davor, von seinem Vater bemerkt und zur Heimkehr gezwungen zu werden. Er hatte so große Furcht, daß er sich lieber nicht auf sein eigenes Gehör verließ.

»Prustet er oder prustet er nicht?« flüsterte Onik zu Tschik hinüber.

»Gleich wird er losprusten«, erwiderte Tschik und horchte zum Balkon hin. Und wirklich kam von dort gleich das erwartete Geräusch. Tschik gab Onik ein Zeichen. Mit mehreren Sätzen brachte der das gefährliche Gelände hinter sich. Nike wartete keine Zeichen oder Signale ab, sie setzte sich aus eigener Initiative gemächlich in Bewegung. Offenbar wollte sie zeigen, daß sie nichts auf der Welt fürchtete.

Tschik gab im stillen zu, daß er die vom Reichen Schneider ausgehende Gefahr stark überschätzte. Doch Nikes Unabhängigkeit mißfiel ihm trotzdem. Dafür benahm sich Sonjka ganz im tschikschen Sinne. Sie wartete, bis Tschik ihr ein Zeichen gab und rannte dann auf ihn zu. So gab sie zu verstehen, daß sie im Gegensatz zu einigen Zeigenossinnen Tschiks Führungsqualitäten und seine Einschätzung der Lage wohl zu schätzen wußte.

Tschik wäre es noch lieber gewesen, wenn Sonjka nicht nur so getan hätte, als würde sie Tschiks Lagebeurteilung voll unterschreiben können, sondern wenn sie wirklich Angst gehabt hätte. Doch er hielt Sonjkas Opportunismus gegenüber Nikes Unabhängigkeitsdrang für das kleinere Übel.

Den armen Ljossik hatten die Erregung und das Bewußtsein seiner Gebrechlichkeit so verunsichert, daß er unterwegs in den Fluß fiel und mit Armen und Beinen zu zappeln begann. Tschik rannte auf ihn zu, um ihm zu helfen. Während er versuchte, Ljossik wieder auf die Beine zu stellen, tauchte plötzlich Belka oben am Steilufer auf. Sie bellte und jaulte euphorisch, wohl in der irrtümlichen Meinung, Tschik und Ljossik hätten sich absichtlich ins Wasser begeben, um dort zu strampeln und zu planschen. Tschik maß den Hund mit einem grimmigen Blick, doch der Hund folgerte offenbar, daß auch der grimmige Blick zu den Wasserspielen gehörte. Sein Bellen tönte jetzt noch lustvoller.

Tschik begriff, daß ihnen nunmehr keine eingebildete, sondern eine reale Gefahr drohte. Wenn der Reiche Schneider jetzt den Kopf höbe, sähe er die Kinder und erriete, daß Onik unter ihnen ist.

Tschik bückte sich, packte Ljossiks Hemd und begann, ihn durchs Wasser zu ziehen. Als Belka das sah, geriet sie vollends aus dem Häuschen. Sie steigerte sich in ein wildes fröhliches Gebell hinein und versuchte, das Steilufer hinabzutippeln. Tschik nahm einen großen Pflasterstein, setzte die grimmigste seiner Mienen auf und schwang den Stein drohend in der Luft.

»Was gibt es dort Interessantes, Belka?« fragte der Reiche Schneider und hob den Kopf. Belkas wildes Bellen hatte seine Aufmerksamkeit erregt. Tschik beeilte sich, aus dem Blickfeld des Mannes zu kommen.

Er bildete jetzt mit dem von ihm gestützten Ljossik die Nachhut der Mastixexpedition. Das Flüßchen machte hier eine Biegung, hinter der die Kinder endgültig außer Sichtweite ihrer Familien waren. Sie selber sahen nur noch ein Stück Steilhang, auf dem die trübsinnig blickende Belka stand.

Da sie nun in Sicherheit waren, wurden alle Kinder plötzlich von Lachen geschüttelt. Nur der pitschnasse Ljossik beschränkte sich auf ein verlegenes Schnaufen.

Oben auf dem Hang waren jetzt statt der dreistöckigen Häuser Obst- und Gemüsegärten. Der Pfad war ganz passabel, und selbst Ljossik kam ohne Mühe mit den anderen mit.

Die Kinder wollten die Schlucht dort verlassen, wo die nächste Straße begann. Just an dieser Stelle sahen sie einen Hund. Diesmal war es aber nicht Belka.

Der Hund saß oberhalb des Pfads und nagte an einem großen Knochen. Auch er selber war groß und ofenbar herrenlos. Daß er herrenlos war, sah man an seinem filzigen Fell und an der bloßen Tatsache, daß der Hund zum Abnagen des Knochens gerade diesen Ort gewählt hatte.

Tschik wußte, daß ein Haushund sich nie an einem solchen Ort niederlassen würde. Wenn ein Haushund einen lohnenden Knochen findet, schleppt er ihn heim und macht sich erst dort über ihn her.

Diese Begegnung barg Gefahren. Die Reaktion des Hundes beim Anblick der Kinder war nicht vorauszusehen.

Die Kinder blieben stehen und starrten den Hund an. Der Hund hielt im Abnagen des Knochens inne und hob den Kopf. Auch er gab keinen Laut von sich, schon deshalb nicht, weil er den Knochen im Maul behielt.

Tschik fiel ein, daß der Hund mit dem Knochen große Ähnlichkeit mit einem pfeiferauchenden Schiffskapitän hatte. Über den Schiffskapitän hatte Tschik ein Buch gelesen, an dessen Titel er sich jetzt nicht mehr erinnern konnte. Entscheidend war, daß dort ein Schiffskapitän vorkam und daß der Schiffskapitän zwar grimmig blickte, jedoch ein gütiges Herz besaß. Tschik fiel noch ein, daß er auch in anderen Büchern grimmigen pfeifenrauchenden Schiffskapitänen begegnet war und daß sich jeder dieser Kapitäne schließlich als eine Seele von Mensch entpuppt hatte. Falls man von jenen Schiffskapitänen auf den herrenlosen, an seinem Knochen nagenden Hund schließen durfte, verband auch dieser eine harte Schale mit einem weichen Kern. Tschik hätte sich gern auf die Analogie verlassen. Die Sache war nur die, daß der Hund nichts davon ahnte, daß er einem grimmig schauenden pfeifenrauchenden Schiffskapitän verblüffend ähnelte.

So starrten Kinder und Hund einander einige Ewigkeiten lang an. Über das psychische Befinden des Hundes während dieser Zeit läßt sich nichts Verläßliches aussagen, die Kinder jedoch wurden von einem sich schnell steigernden Gefühl der Furcht und Bangigkeit ergriffen.

»Tschik«, sagte Sonjka endlich ganz leise, »ich glaub, ich hab den Köter schon mal gesehen . . .«

»Ich glaub, er hat die Tollwut«, sagte Onik.

Tschik hatte diese Möglichkeit miteinberechnet, doch er hielt es für opportun, Oniks Vermutung öffentlich anzuzweifeln, damit seine Mannschaft nicht von

Panik ergriffen würde. »Dann müßte sein Speichel rot sein, das ist er aber nicht«, sagte er so gelassen und nüchtern wie möglich.

»Tollwütige Hunde suchen die Nähe des Wassers«, sagte Onik, »und der Köter sitzt direkt am Wasser.«

»Quatsch nicht dämlich«, sagte Tschik und setzte sich, vor Angst fast vergehend, in Bewegung. Wäre Tschik allein diesem stumm an seinem Knochen nagenden herrenlosen Hund begegnet, dann hätte er trotz aller Schiffskapitänsanalogien raschen, wiewohl um den Hund nicht zu reizen, ruhigen Schrittes kehrtgemacht. Doch als Anführer einer Mastixexpedition konnte er das nicht tun.

»Tschik, ich habe Angst um dich«, flüsterte in seinem Rücken Sonjka. Tschik überquerte langsam und so statuarisch wie möglich das gefährliche Gelände. Er blickte den Hund nicht direkt an, behielt ihn aber stets im Auge. Ihm war, als würde das Hundemaul mit jeder Sekunde größer werden, um endlich gigantische Ausmaße anzunehmen. Tschik sah die kräftigen Zähne des Hundes und den roten Streifen des Hunderachens. Im Gehen zwang er sich dazu, an den pfeiferauchenden Schiffskapitän zu denken.

Nach dem Verlassen der Gefahrenzone ging Tschik sicherheitshalber noch zehn Schritte weiter. Dann blieb er stehen und atmete tief. Zwischen ihm und den anderen Kindern lag jetzt die Gefahrenzone. Tschik spürte über die Entfernung hinweg, wie sehr ihn die anderen darum beneideten, daß er diese Zone bereits hinter sich gebracht hatte.

Tschik gab Onik ein Zeichen, daß er losgehen solle, doch Onik rührte sich nicht vom Fleck.

»Tschik, der Köter guckt immer noch«, sagte Sonjka.

»Soll er gucken«, sagte Tschik und fügte zu Onik gewendet hinzu: »Also, beweg dich jetzt!«

Onik blickte Tschik ängstlich verlegen an und dachte nicht daran, sich zu bewegen. Statt dessen geschah etwas Unerwartetes. Ljossik gab sich einen Ruck und humpelte verlegen lächelnd los.

»Fall nicht hin, Ljossik, fall um Himmels willen nicht hin!« rief ihm Sonjka zu.

Ljossik humpelte mannhaft am Hund vorbei und auf Tschik zu.

»Bist ein Pfundskerl«, sagte Tschik und umarmte den dankbar schnaufenden Ljossik.

Dann ging Nike los. Sie schritt stolz erhobenen Hauptes einher und strahlte die Gewißheit aus, daß sich irgend so ein herrenloser Köter nie und nimmer an sie heranwagen würde. Tschik bewunderte Nikes Mut, schrieb ihn jedoch ihrer Reiche-Leute-Arroganz zu und war im Endeffekt eher befremdet als erfreut.

Jetzt ergriff Sonjka Oniks Hand und zog ihn mit sich fort. So passierten auch die letzten Kinder die Gefahrenzone.

Im nächsten Moment drehte der Hund den Kopf nach den Kindern um und blickte sie erstaunt an.

Froh über das glückliche Passieren des gefährlichen Geländes zogen die Kinder weiter.

»Ich weiß, wo ich den Hund schon mal gesehen hab«, sagte Sonjka, »ich habe ihn im Bazar gesehen.«

»Vielleicht versteckt er sich hier vor dem Hundefänger«, meinte Onik.

»Schon möglich«, erwiderte Tschik, wieder mißmutig. Die bloße Erwähnung des Hundefängers hatte seine Laune gleich wieder verdorben. Außerdem hatte sich Onik nicht gerade wie ein Held benommen. Das verdiente Bestrafung.

»Nimm Sonjka die Konservenbüchse ab und trag sie«, sagte Tschik zu Onik.

»Aber weshalb denn ich?« fragte Onik gekränkt.

Tschik erwiderte nichts, er beschränkte sich darauf, Onik vielsagend anzublicken. Onik verstand die Anspielung, ließ aber nicht erkennen, ob er mit Tschiks Argumentation einverstanden war.

Tschik kam nie aus dem Staunen darüber heraus, daß Onik Ehrenangelegenheiten auf die leichte Schulter nahm. Alle anderen Kinder gaben sich Mühe, tapferer zu wirken, als sie in Wirklichkeit waren. Tschik mußte sich bisweilen mächtig ins Zeug legen, um seinem sich heftig sperrenden Mannesmut die Sporen zu geben. Für Onik gab es diese Probleme praktisch nicht. Jetzt blickte er Tschik gekränkt an und wollte nicht einsehen, daß seine Feigheit vor dem Hund eine exemplarische Ahndung verdiente.

»Ich hab das Schnupftuch besorgt«, sagte Onik und blickte nun seinerseits Tschik in die Augen, um in ihm die Erinnerung an die beiden Sparmünzen wachzurufen.

»Laß gut sein, Tschik, ich trag die Büchse«, sagte Sonjka, wie stets bewies sie auch hier ihre Fähigkeit zur Moderation.

»Von mir aus«, sagte Tschik konziliant.

Die Kinder erreichten die Straße. Auf den Berg, wo die Mastixkiefern wuchsen, konnte man geradewegs gelangen, man konnte aber auch einen Umweg machen. Der gerade Weg führte zwar schneller ans Ziel, doch er führte durch die Siedlung, und dort hielten sich ständig die *roten Wölfe* auf.

Die roten Wölfe lebten in einer der zwei Tropfsteinhöhlen am Berghang. Sie lebten dort mit ihren Eltern und einem Maulesel. Den Maulesel benutzte der rotbärtige Vater der roten Wölfe als Reittier, wenn er in die Stadt mußte. Er arbeitete dort als Wahrsager.

Die roten Wölfe betrachteten den Berg als ihr Eigentum. Sie sahen es ungern, wenn andere Kinder auf den Berg stiegen. Und die Stadtkinder zogen es vor, den roten Wölfen nicht über den Weg zu laufen. Das war jedesmal mit Ärger verbunden.

Du sitzt, sagen wir mal, auf einer Kiefer, kratzt mit einem Messer oder Eisennagel Harz vom Baumstamm und atmest den Geruch von Kiefernnadeln ein. Du fühlst dich pudelwohl wie ein Goldsucher, der auf eine ergiebige Goldader gestoßen ist.

Plötzlich merkst du, daß sich deine Laune verdunkelt. Den Grund vermagst du noch nicht zu erkennen, doch etwas beunruhigt dich. Du blickst um dich und stellst fest, daß dich aus der Krone des Nachbarbaumes einer der roten Wölfe beobachtet. Eure Blicke kreuzen sich. Der rote Wolf ballt die Faust gegen dich oder, was noch schlimmer ist, er fährt fort, dich zu observieren, als seist du ein Tier oder ein unbeseelter Gegenstand.

Wenn du nun dem roten Wolf keine Beachtung schenkst und in der Harzgewinnung fortfährst, kann es dir passieren, daß du unten deine Schuhe nicht mehr findest. Der rote Wolf steht ein Stück weit weg und hält die Schuhe in der Hand. Er ist bereit, sie herauszurükken, aber nur, wenn du Mastix bei ihm kaufst. Aber du bist ja nicht zum Einkauf auf den Berg gestiegen, du wolltest Mastix nicht kaufen, sondern selber gewinnen. Dir bleibt jedoch keine andere Wahl, wenn du nicht barfuß heimgehen willst. Hast du aber kein Bargeld dabei, dann müssen Sachwerte herhalten. Der rote Wolf nimmt dir dein Federmesser oder eine Fünfkopekenmünze aus der Zarenzeit oder ein zur Herstellung eines Senkbleis geeignetes Stück Blei oder sonst irgendwas weg.

Hast du aber weder Bargeld noch Sachwerte bei dir, dann kann es dir passieren, daß der rote Wolf deine Schuhe ins Dickicht wirft. Dort kannst du lange nach ihnen suchen. Du hast jedoch keine andere Wahl, denn die roten Wölfe betrachten den Berg, wie gesagt, als ihr Eigentum und führen sich entsprechend auf. Die vom Standpunkt der Mastixgewinnung ergiebigsten Kiefern haben sie sich sowieso reserviert. Die Stadtkinder wagen es gar nicht erst, sich solchen Bäumen zu nähern.

Der älteste der roten Wölfe, ein Bursche von etwa vierzehn Jahren, machte sich bisweilen einen Jux daraus, zusammen mit seinen zahlreichen Brüdern eine Gruppe von Stadtkindern auf dem Berg einzukesseln. Der Bursche wählte sich eines der Stadtkinder aus und zwang es, gegen einen seiner jüngeren Brüder zu kämpfen. Die Rauferei endete regelmäßig mit einer Niederlage der Stadtjungen, weil die roten Wölfe auf diesem Berg, den sie als ihr Eigentum betrachteten, viel sicherer und selbstbewußter auftraten als die schon durch den bloßen Anblick der zahlreichen Wolfsbrüder eingeschüchterten Stadtkinder. In diesem Frühjahr war Tschik mit einem der Wolfsbrüder aneinandergeraten. Die Sache war so unangenehm verlaufen, daß sich Tschik nur höchst ungern daran erinnerte.

Er beschloß daher, den Umweg zu wählen. Auch dort gab es ein Hindernis, nämlich den Wolfshundwelpen. Doch im Vergleich mit den roten Wölfen war der Wolfshundwelpe das kleinere Übel.

Die Kinder überquerten die Straße, bogen am Waisenhaus in eine steil bergan führende Vorstadtstraße ein und erreichten eine Wiese, die von einer langen Mauer begrenzt wurde. Die Mauer reichte fast zu dem Gipfel des Berges, das heißt bis zu der Stelle, wo die Mastixkiefern wuchsen. Um dorthin zu gelangen, mußten die Kinder auf die Mauer steigen und sich auf der Mauerkrone bergaufwärts bewegen.

Auf der Wiese war ein Fußballspiel im Gange. Die Spieler waren Jungen aus der Nachbarstraße. Tschik bemerkte unter ihnen Botscho, was bei ihm Bruststechen hervorrief.

Zwischen Tschik und Botscho war nämlich eine Rauferei fällig, und lange ließ sie sich nicht mehr hinausschieben.

Tschik hätte es indessen vorgezogen, nicht an diesem, sondern an einem anderen Ort mit Botscho zu raufen. Am günstigsten wäre Tschiks Straße gewesen oder ein Ort in der Nähe der Schule. Die Wiese war für Tschik denkbar ungünstig, hier wimmelte es von Freunden und Kumpels von Botscho. Das war nicht nur ungünstig, das war einfach ungerecht. Deswegen hätte Tschik jetzt vorgezogen, sich möglichst unbemerkt an den Fußballspielern vorbeizuschleichen.

»Tschik, da drüben ist der Botscho«, rief Onik.

»Laß das meine Sorge sein«, erwiderte Tschik unwirsch. Onik wußte, daß eine Rauferei auf der Tagesordnung stand, doch in seiner Herzenseinfalt bemerkte er nicht, daß der Zeitpunkt für Tschik denkbar ungünstig war.

Sie hatten die Wiese schon fast überquert, als Schurik, der nervöse Sohn der Schulputzfrau, plötzlich rief: »Willst du dich nicht mit Botscho raufen, Tschik?«

Tschik tat, als hätte er Schuriks Zuruf überhört. Doch der widerliche Schurik ließ nicht locker, er wandte sich jetzt an Botscho, der als Torwart spielte, und fragte ihn: »Drüben ist Tschik, willst du nicht mit ihm raufen?«

»Wenn's weiter nichts ist«, erwiderte Botscho mit seiner heiseren Stimme. Auch Botscho verstand nur zu gut, daß die Umstände hier für ihn günstiger waren.

Jetzt war es unmöglich, länger zu schweigen. Tschik blieb stehen. Die anderen Kinder folgten seinem Beispiel. »Wir sind auf Mastixtour«, sagte Tschik möglichst deutlich und beiläufig. »Auf dem Rückweg bin ich gern zu einer Rauferei bereit . . .«

»Rauft jetzt, die Mastix läuft euch nicht davon«, sagte Schurik.

Auch Schurik wußte natürlich genau, daß die Umstände für eine Niederlage Tschiks sprachen. Er wäre gern Zeuge dieser Niederlage geworden. Tschik wußte, daß Schurik dann darauf bestehen würde, selber mit Tschik zu raufen, um die noch ungelöste Frage, wer von den beiden der stärkere war, zu seinen Gunsten zu entscheiden. Das war der Grund, weshalb ihm so daran lag, das Duell Botscho—Tschik nicht später, sondern jetzt und hier über die Bühne laufen zu lassen.

Die Fußballer hielten im Spiel inne und warteten den weiteren Verlauf der Dinge ab.

»Tschik ist ein Schlitzohr«, sagte Schurik. »Was machen wir, wenn er einen anderen Rückweg wählt?«

»Ein Mann, ein Wort«, erwiderte Tschik. »Was ich versprochen habe, halte ich.«

»Entweder wird gerauft oder weitergespielt«, sagte der Besitzer des Fußballs und hob den Ball von der Erde auf. Ihm als dem Fußballbesitzer war es nicht recht, daß sich die allgemeine Aufmerksamkeit vom Fußballspiel ab- und einer einstweilen noch in den Sternen stehenden Rauferei zugewendet hatte.

»Weiterspielen, weiterspielen«, riefen die Fußballer und stellten sich auf dem Spielfeld auf.

Das war für Tschik der Moment, den Weitermarsch anzutreten. Die öffentliche Meinung hatte sich klar und deutlich für die Fortsetzung des Spiels und gegen eine Raufeinlage entschieden. Tschik vergab sich nichts, wenn er jetzt mit seinen Leuten weiterzog.

Schurik war mit dieser Wendung unzufrieden. Er machte einen letzten Versuch, eine in seinem Sinn befriedigende Lösung herbeizuführen oder Tschik wenigstens etwas zu ärgern.

»Wer ist eigentlich diese Moskauerin?« fragte er sarkastisch und machte, unter dem Gelächter der Versammelten, Nikes Gehweise nach.

»Die ist nicht aus Moskau, sondern aus der Nachbarstraße zugezogen«, erwiderte Ljossik, der Schuriks Taktik nicht durchschaute.

»Trotzdem ist sie affig wie 'ne Moskauerin«, rief Schurik.

Es war wie mit dem Sack und dem Esel. Schuriks Invektiven richteten sich nur scheinbar gegen Nike, in Wirklichkeit war Tschik gemeint.

Es war in der Tat recht riskant, mit dieser Mannschaft durch die Gegend zu ziehen. Von den zwei Mädchen hatte eines etwas Modepuppenhaftes an sich, von den zwei Jungen stolperte der eine ständig über die eigenen Füße und fiel auf ebenem Gelände auf die Nase, während der andere zwar mit beiden Beinen auf der Erde stand, jedoch dafür kein Verhältnis zu seiner Mannesehre hatte.

Trotzdem hätte irgend so ein Schurik es zu einer anderen Zeit nicht gewagt, Tschik verblümt oder unverblümt zu ärgern. Tschik wertete das als Alarmzeichen. Offenbar hatte sein Ansehen in Gassenjungenkreisen stark gelitten. Tschik begriff, daß die Rauferei nicht länger aufgeschoben werden durfte. Auf dem Rückweg mußte er sich mit Botscho prügeln.

Er erinnerte sich nur ungern an den Tag, als der Verfall seines Prestiges begonnen hatte. An jenem Tag hatte er in der Nähe der Schule mit einem anderen Jungen ein Spiel gespielt, das in ihren Kreisen *Zuschlag* genannt wurde. Das Spiel bestand darin, daß man eine Fünfkopekenmünze aus einer bestimmten Entfernung gegen eine ebenfalls aus Münzen bestehende Säule werfen mußte, wobei der als Sieger galt, der die Säule zum Einsturz brachte.

Um die beiden Spielenden bildete sich ein kleiner Kreis von Gaffern. Unter den Gaffern waren auch Schurik und einer der roten Wölfe.

Hazardspiele regten Tschik immer sehr auf. Diesmal war es besonders schlimm, vielleicht deshalb, weil die Münzsäule höher als gewöhnlich war. Ein paarmal traf er daneben. Jedesmal folgte auf die dem Wurf vorausgegangene gespannte Stille das leise, aber hämische Lachen eines Jungen.

Tschik war jedesmal peinlich berührt, jedoch sein

Stolz sowie die ungeklärte Spielsituation ließen es nicht zu, daß er sich nach dem Lachenden umblickte. Als Tschiks Münze jedoch wieder das Ziel verfehlte und das verächtliche Lachen etwas lauter als zuvor ertönte, hielt er es nicht länger aus. Er drehte sich um und sah einen der roten Wölfe.

Der kauerte in Tschiks Nähe und grinste frech. Tschik holte weit aus und versetzte dem hämischen Bengel einen Schlag gegen dessen kahlrasierten Schädel. Dem Schmerz in seiner Hand nach zu urteilen, mußte Tschik ziemlich stark zugeschlagen haben.

Der rote Wolf faßte sich an den Schädel und begann, sich aus der kauernden Stellung zu vollem Wuchs zu erheben. Dabei starrte er Tschik haßerfüllt an. Tschik spürte, daß etwas Ungutes heraufzog, und machte sich sicherheitshalber kampfbereit.

Eigentlich hatte Tschik gar nicht die Absicht, sich mit dem Wolfsjüngelchen zu prügeln. Jetzt, hochaufgerichtet, war der rote Wolf immer noch einen Kopf kleiner als Tschik, der außerdem älter und stärker war. Das war allen Anwesenden, auch dem roten Wölfchen, völlig klar.

Der rote Wolf hielt mit der Hand weiter seinen Schädel fest und blickte Tschik mit vor Haß glühenden Wolfsaugen an. Dann warf er einen Seitenblick in Richtung auf den Berg, wo er zu Hause war. Vielleicht hoffte er, daß ihm von dorther Kraft zuwachse. Doch der heimatliche Tropfsteinhöhlenberg war zu weit weg, der rote Wolf war hier im Stadtgebiet ganz auf sich selbst gestellt.

Trotzdem stürzte er sich auf Tschik. Der schleuderte ihn einfach fort, und die Leichtigkeit, mit der ihm das gelang, war ein weiterer Beweis, daß er dem Wolfsjüngelchen körperlich weit überlegen war. Doch das Bürschchen stürzte sich noch rasender als beim ersten Angriff auf Tschik, der sich daraufhin wohl oder übel auf eine Rauferei einlassen mußte.

Während dieser Rauferei verließ Tschik nicht einen Moment lang ein Gefühl der Verlegenheit. Die Kräfte waren zu ungleich verteilt. Und dieses Gefühl führte dazu, daß Tschik sich linkischer anstellte, als er das bei Raufereien gemeinhin tat. Er dachte ständig an die Zuschauer und gab ihnen durch die Art seines Raufens zu verstehen, daß er in Anbetracht der Minderjährigkeit und Kleinwüchsigkeit seines Gegners nicht mit voller, sondern nur mit halber Kraft raufte.

Der Wolfsjunge schien dies jedoch nicht zu bemerken. Er begriff nur, daß der andere kein Sieger war. Daraus schloß er, daß er selber siegen mußte. Keuchend und blutrünstig knurrend fiel er immer wieder über Tschik her und glotzte ihn mit seinen gelben haßerfüllten Raubtieraugen an.

Die Rauferei dauerte schon eine Weile, Tschik fühlte sich immer unwohler. Zur Verlegenheit kam jetzt die Furcht hinzu, vorzeitig zu ermüden und sich eine Blöße zu geben. Er hatte dem Wolfsjungen nicht rechtzeitig und deutlich genug Einhalt geboten, das hatte dessen wölfische Rauflust und Blutgier geweckt. Tschik mußte höllisch achtgeben, die Sache wurde immer schwieriger und grotesker.

Plötzlich kam ein älterer Bursche angelaufen, umklammerte den Körper des roten Wölfleins und hob ihn in die Luft. Der rote Wolf zappelte und strampelte in den Armen des Burschen und versuchte, sich loszureißen. Der Bursche hielt ihn fest im Griff und stemmte ihn lachend empor. Tschik stand daneben und wußte nicht, was er tun sollte.

»Hau ab, Tschik«, sagte der Bursche, dem es wohl peinlich war, daß auch er dieses Jüngelchen nur mit Mühe bezwang.

Tschik wendete sich ab und trottete davon. Er war noch keine zehn Schritte weit weg, als er in seinem Rücken laute Schreie hörte. Tschik drehte sich um, weil er annahm, daß sich der rote Wolf losgerissen hatte und auf ihn zulief. Der rote Wolf hatte sich auch wirklich losgerissen, doch er rannte in die entgegengesetzte Richtung. Hinter ihm her lief der Bursche, der ihn festgehalten hatte. Es stellte sich heraus, daß der rote Wolf den Burschen gebissen hatte und davongerannt war.

Seit jenem Tag war Tschiks Autorität ins Wanken geraten. Bereits einen Tag später machte in der Schule das Gerücht die Runde, einer der roten Wölfe, und zwar nicht der älteste und auch nicht der zweitälteste, sondern einer der jüngeren, hätte den um einen Kopf größeren Tschik gestern im Park verprügelt und anschließend einen älteren Burschen gebissen, der Tschik zu Hilfe geeilt war. Der älteste Wolfsjunge stellte sein Brüderlein in der großen Pause förmlich zur Schau. Er strich ihm sanft über den kahlen Schädel, zeigte auf Tschik und begann den um ihn herum stehenden Kindern etwas zu erzählen, das Tschik zwar nicht hören, das er sich jedoch leicht ausmalen konnte. Der kleinere der roten Wölfe glotzte Tschik an und nickte ab und zu mit dem Kopf, offenbar zur Bestätigung der von seinem großen Bruder in Umlauf gesetzten, tschikfeindlichen Version der gestrigen Ereignisse.

Mit mürrischer Miene und gespielter Unabhängigkeit streunte Tschik durch den Schulhof. Es war unter seiner Würde, den anderen Kindern zu beweisen, daß das Wolfsjüngelchen ihn, von den Kräfteverhältnissen her betrachtet, gar nicht hatte besiegen können. Er wollte auch keine Augenzeugen zu seinen Gunsten aussagen lassen.

Die Version vom Sieg des roten Wölfchens über Tschik kam manchen Kindern sehr gelegen, den Gegenbeweis anzutreten, wäre verlorene Liebesmüh gewesen. Offenbar war auch der kleine rote Wolf inzwischen fest davon überzeugt, Tschik im Kampf besiegt zu haben. Das sah man seinen Augen an.

Schüler verschiedener Schulklassen eilten herbei, um sich den von einem kleinen Jungen besiegten Tschik aus der Nähe anzusehen. Einer dieser Schüler ging soweit, den größten Jungen aus Tschiks Klasse für Tschik zu halten. Hier war nun wirklich der Wunsch der Vater des Gedankens. Der Größenunterschied zwischen dem vermeintlichen Sieger und dem vermeintlichen Besiegten sollte so groß wie nur möglich sein.

Tschik wurde Zeuge, wie ein Mythos aufgebaut wurde, und er war zugleich das Opfer dieser Mythenbildung. Das Wort *Mythos* hätte er freilich nicht verwendet, doch der Zusammenhang war ihm klar. Dazu gehörte, daß die mythengläubigen Zeitgenossen in ihrer Mythengläubigkeit nicht beirrt werden wollten.

Wie auch immer man die Lage definierte, in die Tschik geraten war, zunächst und vor allem war sie beschissen. Das Tschikbild der anderen Kinder war ins Wanken geraten, es bahnte sich eine Veränderung aller Werte an. Im Alltag äußerte sich das so, daß Schurik immer frecher wurde und daß Botscho, für den Tschik nichts als Sympathie empfand, jedesmal zweideutig lächelte, wenn er Tschik irgendwo begegnete.

Schurik hatte zwar auch schon früher manchmal wider den Stachel gelöckt, doch Tschik war es stets gelungen, ihn in seine Schranken zu weisen. Schurik war, wie schon erwähnt, der Sohn der Schulputzfrau, Mutter und Sohn lebten im Schulgebäude in einem Zimmer im Kellergeschoß. Ständig hörten sie das Läuten der Schulglocke. Daß Schurik so maßlos nervös war, schrieb Tschik diesem ewigen Läuten zu.

Obwohl sich Schurik nicht durch große Körperkraft auszeichnete, vermieden es die anderen Kinder, sich mit ihm anzulegen. Das lag einmal daran, daß Schurik einen blühenden Handel mit Schulheften, ja sogar mit Glanzpapierheften, trieb. Da es in jenen Jahren oft vorkam, daß Schulhefte plötzlich Mangelware wurden, waren die Mitschüler auf Schurik angewiesen. Es braucht wohl nicht erst erwähnt zu werden, daß Schurik die Hefte zu überhöhten Preisen weiterverkaufte. Er hatte gute Anlagen zu einem Schieber.

Und zum anderen raufte niemand gern mit Schurik. Er war zwar, wie gesagt, nicht besonders stark, aber hypernervös. Für Schuriks Nervenzustand konnte man auch ein drastischeres Wort verwenden. Wenn sich bei Schurik während einer Prügelei ein Schräubchen lokkerte, mußte sich sein Gegner darauf gefaßt machen, daß Schurik irgendeine infame Geheimwaffe gegen ihn einsetzte. Das konnte sogar zu Gesundheitsschäden führen.

Bislang hatte sich Schurik gegenüber Tschik nichts herausgenommen, wohl auch deshalb nicht, weil er wußte, daß Tschik als der Neffe von Onkel Kolja im Umgang mit Übergeschnappten geübt war und deren Tiefschläge vorauszusehen und zu vereiteln wußte. Aber Tschiks Autorität war rapide im Fallen, und es war Schurik zuzutrauen, daß er nächstens die Kampfhandlungen gegen Tschik aufnehmen und in der Wahl der Kampfmittel nicht wählerisch sein würde.

Bei der Eröffnung der Badesaison im Monat Mai, als Tschik mit einer Schar Jungen im Meer badete, geschah dann etwas Unangenehmes und Peinliches. Tschiks Badehose kam abhanden. Da einerseits keine Mädchen in der Nähe waren, und da es andererseits für ein Herumspazieren in einer nassen Badehose noch zu kühl war, hatten sich die Jungen entschieden, nackt im Meer zu baden. Als Tschik danach aus dem Meer stieg, mußte er die Entdeckung machen, daß seine Badehose verschwunden war.

Zunächst hielt Tschik die Sache für einen nicht gerade geistreichen, aber relativ harmlosen Scherz. Das heißt, er rechnete damit, daß kurze Zeit später jemand auf ihn zutreten und ihm seine Badehose zurückgeben würde. Doch niemand kam, die Badehose war und blieb verschwunden.

Nach einiger Zeit begann Tschik zu vermuten, daß jemand seine Badehose im Sand oder im Ufergeröll vergraben hatte. Er buddelte den Strand auf breiter Front auf, fand jedoch nirgends seine Badehose und sah sich genötigt, auch diese zweite Version als nicht zutreffend zu verwerfen.

Tschik war entmutigt und begann sich aufzuregen. Er hatte Schurik in Verdacht, konnte ihm jedoch nichts nachweisen. Schurik, der mit den anderen im Meer gebadet hatte, war anschließend nicht fortgegangen, sondern leistete Tschik am Strand Gesellschaft und äußerte Vermutungen, die alle wenig überzeugend klangen. Selber hatte er, wie er sagte, irgendwelche Rowdys in Verdacht.

Tschik regte sich so auf, daß ihm sogar die Tränen kamen. Er weinte selten, aber hier lag nun wirklich ein triftiger Grund vor. Der Heimweg war ihm abgeschnitten. Gleich würden die letzten Badenden den Strand verlassen und in die Stadt zurückkehren, Tschik jedoch würde nackt und bloß im Angesicht des Meeres am Strand zurückbleiben.

Glücklicherweise war nicht nur Schurik, sondern auch Onik zusammen mit Tschik am Strand geblieben, und jetzt erwies sich, daß Onik zwar kein großer Held, aber ein wahrer Freund war.

»Bleib hier am Strand«, sagte er zu Tschik, »ich lauf schnell heim zu deiner Mutter und laß mir eine andere Badehose geben.«

»Die Idee ist gut«, sagte Tschik, »doch wir müssen das anders machen. Wenn du bei meiner Mutter angerannt kommst, denkt sie, ich sei ertrunken. Gib du mir lieber deine Badehose und laß mich heimlaufen. Ich wechsle schnell die Hose und bring dir deine an den Strand zurück.«

»Und was geschieht, wenn dich mein Vater in meiner Badehose sieht und denkt, daß ich ertrunken bin?« zweifelte Onik.

»Dein Vater sieht mich bestimmt nicht«, sagte Tschik. »Ich geh nicht vorne durch die Hoftür, sondern schleiche mich von hinten durch den Gemüsegarten.«

Onik war einverstanden, und Tschik rannte los. Er

legte ein ziemlich hohes Tempo vor, nicht nur weil er Onik nicht zu lange ohne Badehose am Strand warten lassen wollte, sondern auch, weil es ihm etwas peinlich war, Oniks unmännlich grellbunte Badehose anzuhaben. Er durchquerte die Flußschlucht und den Gemüsegarten, rannte in den Hof und ins Haus hinein, holte aus dem Wäscheschrank seiner Mutter eine neue Badehose, zog sich um und spürte deutlich, wie ihn ein Gefühl des Glücks durchströmte. Er war in Sicherheit, niemand hatte etwas bemerkt. Er klumpte Oniks Badehose zusammen und lief damit auf die Straße hinaus.

»Tschik, hast du Onik gesehen?« rief ihm der Reiche Schneider vom Balkon her zu.

In seiner Euphorie hatte Tschik die Kleinigkeit vergessen, daß sich der Reiche Schneider meistens auf seinem Balkon aufhielt. Er zuckte zusammen und versteckte die Hand mit Oniks Badehose hinter seinem Rücken.

»Was versteckst du hinter deinem Rücken, Tschik?« fragte der Reiche Schneider.

»Nichts versteck ich hinter meinem Rücken«, stotterte Tschik und bekam einen echten Schrecken. Er malte sich den Zornesausbruch des Reichen Schneiders aus, wenn dieser merkte, daß sich in Tschiks Hand Oniks auf mysteriöse Weise von Onik abgetrennte Badehose befindet.

In diesem Moment betrat der Straßenhändler Alichan den Hof und setzte sich auf einen Stuhl vor der Haustür des Reichen Schneiders. Der Reiche Schneider blickte Alichan an. Alichan warf erst einen Blick auf den Reichen Schneider, dann einen Blick auf Tschik. Der Art, wie er blickte, war anzumerken, daß er in seinen

Gedanken keinen Zusammenhang zwischen dem Reichen Schneider und Tschik herstellen konnte.

»Du hast Onik also nicht gesehen?« fragte wieder der Reiche Schneider und sah Tschik prüfend an.

»Nein, hab ich nicht«, erwiderte Tschik möglichst selbstsicher, die Hand mit Oniks Badehose weit hinter seinem Rücken haltend.

»Du verschweigst etwas, doch ich weiß nicht, was«, sagte der Reiche Schneider.

»Nichts verschweig ich, überhaupt nichts«, sagte Tschik.

»Deinen Onik hab ich grad vorhin gesehen«, sagte plötzlich Alichan zum Reichen Schneider.

»Hau ab, Tschik«, sagte daraufhin der Reiche Schneider und tat, als hätte er jedes Interesse an Tschik verloren. Tschik begriff, daß das eine List war. Der Reiche Schneider wollte erreichen, daß sich Tschik umdrehte und er den Gegenstand in seiner Hand sehen könnte. Tschik tat ihm jedoch nicht den Gefallen, sich umzudrehen, auch deshalb nicht, weil er hören wollte, wo Alichan Onik gesehen hatte.

»Wo hast du Onik gesehen?« fragte der Reiche Schneider Alichan, während er den Anschein zu erwekken versuchte, daß ihn Tschik überhaupt nicht mehr beschäftigte.

»Er ist vorhin über den Hof gelaufen«, sagte Alichan.

Tschik drehte sich rasch um, preßte die Hand mit Oniks Badehose gegen seine Brust und rannte los. Seltsam, wie konnte Alichan vorhin den Onik gesehen haben, dachte Tschik im Laufen, wo doch der Onik am Strand ist! Erst als Tschik um die Ecke gebogen war, ging ihm auf, daß Alichan ihn vorhin wegen der Badehose für Onik gehalten hatte. Das gab seiner guten Laune noch mehr Auftrieb. Er fühlte sich jetzt so sauwohl, daß er ein Lied anstimmte, das auch seinem verrückten Onkel Kolja Ehre gemacht hätte.

Der unliebsame Zwischenfall war beigelegt, alles war wieder in bester Ordnung. Tschik war glücklich, daß er einen Freund wie Onik hatte.

Die abhanden gekommene Badehose wurde jedoch nie wiedergefunden, und auch der Verdacht, Schurik hätte seine Hand im Spiel gehabt, ließ sich nicht zerstreuen. Tschik konnte Schurik zwar nichts nachweisen, doch schon der bloße Umstand, daß Tschik diesen Verdacht nicht loswurde, sprach Bände und zeigte die Lage in neuem Licht. Diese Lage war beschissen. Tschiks Autorität war ins Wanken geraten.

Tschik war zu der Einsicht gekommen, daß sich eine Rauferei mit Botscho nicht mehr umgehen ließ. Er hatte noch niemals mit Botscho gerauft. Botscho hatte ihm immer gut gefallen. Er war ein stämmiger gutmütiger glupschäugiger Bursche. Tschik achtete Botscho wegen seiner Stämmigkeit und wegen seiner heiseren Stimme. Botschos Stimme hörte sich dermaßen heiser an, daß viele Leute diese Heiserkeit dem Umstand zuschrieben, daß Botscho nichts und niemanden auf der Welt fürchtete, und zwar deshalb nicht, weil sein großer Bruder der stärkste Bursche in der Stadt war. In Wirklichkeit besaß Botscho gar keinen großen Burder, die heisere Stimme war ein Geschenk der Mutter Natur an ihren Liebling Botscho.

Aber auch an sympathischen Naturburschen pflegen allgemeine Stimmungswechsel nicht spurlos vorüberzugehen. Seit der unglückseligen Keilerei mit dem roten Wolfsjungen und besonders seit dem mysteriösen Verschwinden von Tschiks Badehose blickte Botscho Tschik mit anderen Augen an. Er lächelte zweideutig und geradezu buhlerisch. Das bedeutete jedoch nicht, daß Botscho um Tschiks Gunst buhlte, im Gegenteil. Botschos Lächeln drückte den Wunsch nach einer Rauferei mit Tschik aus. Und diesem Wunsch wollte Tschik jetzt Genüge tun.

Die Kinder erreichten das eiserne Parktor, das immer verschlossen war. Hinter Tor und Mauer war ein großer Obstgarten. Dort wuchsen Apfelbäume, Birnbäume, Mispelbäume und Olivenbäume.

Tschik hatte gehört, daß vor der Revolution ein Fürst hier gelebt hatte. Durch die Revolution hatte der Fürst Macht und Besitz verloren und sich daraufhin aus dem Staub gemacht.

Tschik hatte auch noch gehört, daß die Olivenbäume seit dem Verschwinden des Fürsten keine Früchte mehr trugen. Alle anderen Obstbäume im Park waren auch unter der Sowjetmacht fruchtbar geblieben, nicht jedoch die Olivenbäume.

Tschik hatte eine Aversion gegen Oliven. Sie waren ihm zu bitter und zu salzig. Was sich Frucht nennt, dachte Tschik, hat gefälligst süß und saftig zu sein. Zu diesen kulinarischen kamen politische Überlegungen. Es mißfiel Tschik, daß sich die Olivenbäume der neuen Macht verweigerten und jenem Fürsten die Treue hielten, obwohl sie wiederum nicht so weit gingen, schlicht und einfach zu verdorren. Auch dafür waren sie sich wohl zu schade.

Es muß deutlich gesagt werden, daß die Renitenz der

fürstentreuen Olivenbäume für Tschik ein heikles Thema und ein Ärgernis war. Wahr ist aber auch, daß ihn diese Bäume im Moment herzlich wenig kümmerten.

Momentan war es Tschik völlig egal, wem die Olivenbäume im Park die Treue hielten, ob dem Fürsten oder gar dem Zaren. Tschik dachte jetzt über viel naheliegendere Dinge nach, besonders über die bevorstehende Rauferei mit Botscho.

Nicht weit vom Eingangstor entfernt war in Mauernähe ein kleiner grüner Hügel. Von diesem Hügel aus gelangte man mühelos auf die Mauerkrone. Die Kinder bestiegen also erst einmal den kleinen Hügel.

»Wir ziehen jetzt die Sandalen aus!« kommandierte Tschik und zog seine Sandalen aus. Er legte sie oben auf die Mauerkrone und kletterte auf die Mauer. Die Sonne hatte die Steine erhitzt. Wer barfuß auf sie trat, meinte zunächst, er hätte sich die Sohle verbrannt. Doch man gewöhnte sich daran.

»Onik«, kommandierte Tschik, »du hebst Ljossik von unten auf die Mauer, während ich von oben ziehe.«

Ljossik neigte den Kopf und stemmte seine Brust gegen die Mauer. Er blickte Tschik unter der Stirn hervor mit reuevollen Augen an, als wollte er ihn wegen dieser Schwierigkeiten um Verzeihung bitten. Tschik packte Ljossik am Kragen und stemmte die Beine gegen die Mauerkrone, damit die Fußsohlen die Unebenheiten der Krone deutlicher spürten und Halt an ihnen fänden. Onik hockte unterhalb von Ljossik hin und stemmte den Kopf gegen dessen Hinterpartie. Mit vereinten Kräften expedierten sie den sackschweren Ljossik auf die Mauer und setzten ihn dort ab. Ljossik schnappte kurz nach Luft und erhob sich dann zu vollem Wuchs.

»Wie steht es, Ljossik«, fragte Tschik.

»Ganz gut«, erwiderte Ljossik, »bloß die Fußsohlen brennen arg.«

»Das gibt sich bald«, sagte Tschik.

Onik stemmte seine Arme gegen die Mauerkante und schwang sich im Nu auf die Mauer. Er war sehr geschickt. Tschik schätzte Oniks Geschicklichkeit nicht weniger als seine Freundestreue. Auch die beiden Mädchen waren schnell oben, Nike hielt es nicht einmal für nötig, vorher ihre Turnschuhe auszuziehen. Das Gummi der Turnschuhe war für das Begehen der Mauerkrone ungleich besser geeignet als die Sandalenledersohle. Tschik wußte das. Dennoch ärgerte ihn Nikes Extrawurst. Er vermutete, daß sie nicht aus sachlichen Gründen aus der Reihe tanzte, sondern um sich seinen Befehlen zu widersetzen.

Tschik beschloß, daß er, seitlich voranschreitend, die Spitze der Gruppe bilden und Ljossik an der Hand hinter sich her führen würde. Onik wies er an, kurzen Abstand zu Ljossik zu halten und ihn von rückwärts abzusichern.

»Nike, du trägst Ljossiks Sandalen«, befahl Tschik.

»Ich mag aber nichts tragen«, sagte Nike und rümpfte ihre kleine selbstbewußte Nase, »soll doch Sonjka die Sandalen tragen.«

»Sonjka trägt schon die Konservenbüchse«, sagte Tschik und ertappte sich dabei, daß ihm Nikes Naserümpfen ästhetisch gesehen gefiel. »Übrigens lachen uns alle wegen deiner albernen Gehweise aus.«

»Darüber lachen nur die Dummköpfe«, erwiderte

Nike schnippisch, »meinem Papi gefällt meine Gehweise. Der muß es schließlich wissen, der ist Tänzer von Beruf.«

»Mit deinem Papi kannst du mich gernhaben«, sagte Onik und drehte sich nach Nike um.

Onik wußte nichts über das Schicksal von Nikes Vater. Von allen Kindern wußte nur Tschik darüber Bescheid.

»Und du kannst mich mit deinem Reichen Schneider gernhaben«, konterte Nike.

»Ich hau dir gleich meine Sandale um die Ohren«, drohte Onik. »Du bist schneller wieder unten, als du raufgekommen bist.«

»Versuch es nur, dann kannst du was erleben«, sagte Nike und blickte Onik mit ihren tiefdunkelblauen Augen haßerfüllt an. Tschik schaute strafend, er hatte es nicht gern, wenn sich die Mitglieder seiner Expedition in die Haare gerieten. Aber dann dachte er, sonderbar, die Reichen mögen einander nicht, sie bilden keine Einheitsfront. Das erfüllte ihn mit Genugtuung.

»Hört doch mit dem Streiten auf«, sagte Sonjka und griff nach Ljossiks Sandalen.

»Los, gehen wir«, sagte Tschik, der nun doch froh war, daß sich die Reichen zwar stritten, aber durch ihren Streit die Expedition nicht gefährdeten. Die Kinder begannen, oben auf der Mauer langsam bergan zu steigen. Das war unbequem, und Ljossik zerrte aus Angst oder Ungeschicklichkeit manchmal jäh an Tschiks Hand. Sie waren noch keine zehn Meter weit gekommen, als von der Wiese her Schuriks Stimme ertönte.

»Ljossik, fall mir ja nicht von der Mauer!« rief er hämisch. Ljossik riß so stark an Tschiks Hand, daß die beiden wirklich fast von der Mauerkrone gepurzelt wären.

Die Mastixsammler ließen sich jedoch nicht beirren, sie setzten ihre Besteigung des Mastixbergs fort.

»Vorwärts, ihr Armleuchter«, höhnte Schuriks Stimme. »Oben machen euch die roten Wölfe fertig!«

Das war der Moment, als sich Tschik endgültig und unwiderruflich dazu entschloß, auf dem Rückweg unter allen noch so ungünstigen Umständen mit Botscho zu raufen. Einen anderen Ausweg gab es nicht. Sonst machen sie noch Kleinholz aus mir, dachte Tschik. Die Unwiderruflichkeit seines Entschlusses beruhigte ihn. Jetzt konnte er sich ganz auf die Bedürfnisse der Expedition konzentrieren.

Sich seitwärts voranzubewegen und auch noch einen halben Invaliden hinter sich herzuschleifen, war unbequem. Für den halben Invaliden war es sogar noch unbequemer als für den Invalidenführer. Bald begann Ljossik laut zu schnaufen und blieb stehen.

»Ich versuch es allein«, sagte er und blickte Tschik tief in die Augen, um festzustellen, ob er Tschik durch diesen Entschluß gekränkt hatte.

»Schon gut«, sagte Tschik, »ich werde dich von hinten absichern.«

Tschik und Ljossik wechselten die Plätze. Jetzt schritt, vielmehr humpelte Ljossik allen anderen voran.

»Schau nicht runter«, warnte ihn Tschik, »schau immer vor deine Füße!«

Links war ein steiniger Steilhang, rechts von der Mauer wuchsen Mispelbäume, deren dichtes Laub den Hang fast verdeckte. Die Mispelernte war vorbei, nur da und dort sah man auf einzelnen Zweigen gelbe eingetrocknete Mispelfrüchte, die den Augen der Pflücker vermutlich entgangen waren. Jetzt im Hochsommer waren sie überreif und zuckersüß. Doch sie hingen so hoch in der Luft, daß man nicht an sie herankam.

Plötzlich bemerkte Tschik einen großen Ast, der mit gerade erst reif gewordenen Mispelfrüchten dicht besät war. Auch dieser Ast hing ziemlich hoch, doch Gott sei Dank nicht unerreichbar hoch. Tschik gelang es mit einiger Mühe, den Ast zu packen und nach unten zu drücken. Jetzt konnte sich seine Mannschaft einen lekkeren Imbiß schmecken lassen.

»So, schlagt euch jetzt den Bauch voll, Kinder!« kommandierte Tschik mit der Freigebigkeit eines Magnaten oder eines hochverdienten, in keinerlei Bestechungsaffären verwickelten Bezirksversorgungsleiters und drückte den Mispelast so weit wie nur möglich nach unten. Die beiden anderen Buben ließen sich nicht zweimal an die Tafel bitten, sie fielen gierig über die Früchte her. Sonjka konnte ihrem Beispiel leider nicht gleich folgen, weil sie ihre Hände voll hatte.

»Komm, ich nehme dir die Büchse ab«, sagte Nike.

»Vielen Dank, Nike«, erwiderte Sonjka und übergab Nike die leere Konservenbüchse. Ihre eigenen und Ljossiks Sandalen legte sie zu Nikes Füßen ab.

Auch reichen Leuten schlägt das Gewissen, dachte Tschik sarkastisch und zugleich verblüfft.

Sonjka schloß sich jetzt den beiden Buben an. Sie hielt kräftig mit. Lautes Schmatzen erfüllte die Luft, im Sekundenrhythmus wurden Mispelkerne ausgespuckt. Sie waren kastaniengroß und glatt wie die Kerne der Wassermelone.

Tschik beteiligte sich nicht an der Freßorgie. Damit

sich die anderen an den Früchten gütlich tun konnten, mußte er den schweren hochhängenden Ast mit beiden Händen festhalten. Zu seinen Expeditionsführerpflichten gehörte dieser Mispelservice. Es erstaunte Tschik jedoch, daß sich auch Nike zurückhielt. Sie aß keine einzige Mispelfrucht.

Nike stand in Gedanken versunken da, auf ihrem Gesicht war der Ausdruck, den Frauen haben, die nach rasanter Autofahrt einem Kabriolett entsteigen. Der Kopf war ein wenig zurückgeworfen, die Wimpern zuckten, als müßten sie immer noch den Fahrtwind von den Augen fernhalten. Der Anblick war anmutig und zugleich etwas komisch, denn in der ausgestreckten Hand hielt Nike eine ausgediente Konservenbüchse.

»Was ist mit dir?« fragte Tschik.

Nike zuckte zusammen und blickte ihn an.

»Ich mag keine Mispeln«, sagte sie aufseufzend. Tschik hätte wetten können, daß Nike gerade an ihren Vater gedacht hatte.

Der Mispelast war im Nu ratzekahl leer. Tschik kündigte an, daß er den Ast gleich loslassen würde, und lockerte seinen Griff. Mit den Blättern aufrauschend, schnellte der Mispelast in die Höhe. Tschik spürte in seinen Armen einen durch das Festhalten des Astes verursachten ziehenden Schmerz.

Die Kinder gingen wieder los. Die Sonne war jetzt durch Eichen verdeckt, die Mauerkrone war angenehm kühl. An einer Stelle überspannten Zweige wildwachsender Rosen die Mauer, die wegen der Dornen hier nur bedingt passierbar war. Tschik und Onik taten sich schwer damit, Ljossik über diese Stelle hinwegzulotsen.

Beim Passieren des stachligen Rosenteppichs beugte sich Nike zu den Rosen herab, pflückte eine der hellrosaroten Blumen und steckte sie sich ins Haar. Sie tat das wie beiläufig, ohne stehenzubleiben. Dem Beobachter drängte sich der Eindruck auf, daß Nike der von ihr gepflückten Rose einen Gefallen tun wollte, indem sie sie abriß und ihrem Haar einverleibte. Ihr anderen Rosen müßt entschuldigen, schien Nikes Bewegung zu sagen, ich kann mir euch nicht alle auf einmal ins Haar stecken und begnüge mich deshalb mit dieser einen euerer Schwestern.

Nein, diese Reichen, mußte Tschik wieder denken, sie scheinen zu glauben, daß alle von Menschenhand gemachten oder natürlich gewachsenen Dinge nur das eine im Sinn haben, nämlich den reichen Leuten zu Gefallen zu sein!

Die Mauer reichte bis zu einem oben auf den Berg gebauten kleinen Haus. Hier mußten die Kinder heruntersteigen und einen Hof überqueren. Dahinter verlief der Bergkamm, wo die harzhaltigen Kiefern wuchsen.

Das Haus war aus Holz gebaut, es hatte blitzblanke Fenster, eine offene Veranda und ein Vorgärtchen, wo an hohen Sträuchern rote, weiße und buttergelbe Rosen wuchsen.

Vom Tal her lief eine steinerne Treppe auf den kleinen grünen Hof zu. Die Treppe hatte breite Absätze und steinerne Bänke, auf denen sich früher der Fürst ausgeruht haben soll. Sie war unvorstellbar lang und nahm an jenem stets verschlossenen Eisentor ihren Anfang, wo die Kinder den Maueraufstieg begonnen hatten.

Tschik war an diesem Ort noch nie einem Menschen

begegnet. Man durfte davon ausgehen, daß das Haus ein verwunschenes Haus war. Gegen die Verwunschenheit sprach nur die Existenz eines Wolfshundwelpen, den Tschik hier jedesmal antraf.

Tschik hatte den Umgehungsweg zum Mastixkiefernwald im Frühjahr entdeckt, seither war er fünf-, sechsmal hiergewesen. Jedesmal hatte sich der Wolfshundwelpe auf ihn gestürzt und darauf bestanden, daß Tschik mit ihm spielte.

Wohl weil er selten Gelegenheit hatte, mit einem Menschenkind zu spielen, oder vielleicht weil er immerhin ein Wolfshundwelpe war, kam dieser Jungköter beim Spielen so sehr auf Touren, daß er ziemlich schmerzhaft zubiß. Tschik begriff, daß der Hund nur spielte, doch der begriff leider nicht, daß man mit Menschenkindern behutsamer spielen muß, und wenn Tschik dem Hund zeigen wollte, daß er ihm wegen seiner Rauhbeinigkeit schmollte, biß der Hund noch stärker zu, weil er annahm, Tschik wolle die Spielregeln lockern. Zudem war der Hund seit ihrer ersten Begegnung viel schneller gewachsen als Tschik, doch auch diese Einsicht war dem Tier verwehrt.

Jedesmal hoffte Tschik, den Weg durch den Hof bis zu der in den Kiefernwald führenden Gartentür von dem Hund unbemerkt zurücklegen zu können, doch bisher war ihm das noch nie gelungen. Tschik vermutete sogar, daß sich der Welpe vorsätzlich versteckt hielt, um ein als Spielkamerad geeignetes Menschenkind nicht vor der Zeit zu verschrecken und zur Umkehr zu veranlassen. War das Menschenkind erst einmal von der Mauer in den Hof gesprungen, dann gab es kein Zurück mehr. Der Wolfshund konnte sein Versteck verlassen und über den neuen Spielkameraden herfallen, ohne zu riskieren, daß der Reißaus nahm. Alle Kinder außer Ljossik hatten sich an einem Vogelfeigenbaumast in den Hof gehangelt. Der Wolfshund ließ sich vorläufig nicht blicken. Doch das Ljossik-Problem war noch ungelöst, und seine Lösung war diesmal besonders schwierig. Vogelfeigenbaumäste sind nämlich nicht invalidensicher.

Ljossik stellte sich wieder sehr ungeschickt an. Er ergriff den Ast mit beiden Händen, doch zum Abhangeln war er zu unbegabt. Er hing am Ast und schaukelte. Dabei grinste er übers ganze Gesicht. Tschik versuchte, mit der ausgestreckten Hand Ljossiks Fußsohle zu berühren, um wenigstens der blöden und gefährlichen Schaukelei Einhalt zu gebieten. Dabei mußte er Ljossik gekitzelt haben, jedenfalls purzelte der mit seinem ungelenken und deshalb schweren Körper auf Tschik und Onik herab.

Tschik hatte noch Zeit, die Last des fremden Körpers zu spüren, da rollten sie auch schon zu dritt den Hang hinab. Als die Rollbewegung zum Stillstand kam, hörte Tschik einen Angstschrei der Mädchen und gleichzeitig das laute Freudengeheul des Wolfshundes, der sich auf ihn stürzte. Der Hund packte Tschiks Hose mit den Zähnen und begann, heftig an ihr zu zerren. Tschik war sich nicht schlüssig, ob der Welpe Tschiks Hose von Tschik oder Tschik von Onik und Ljossik herunterziehen wollte. Er war heilfroh, daß er zu diesem Ausflug keine leichte Sporthose, sondern eine feste, wenn auch gleichfalls kurze Hose angezogen hatte. Zur Abrundung des Gesamteindrucks wäre noch zu sagen, daß Ljossik, während der Hund mit Tschiks Hose beschäftigt war, keine Sekunde lang aufhörte, sein verlegenes und etwas blödes Lachen zu lachen. Auch darüber dachte Tschik kurz nach, ob Ljossik wohl auch während des Hinabrollens sein Grinsen behalten hatte.

»Lauft so rasch ihr könnt zur Gartentür!« kommandierte Tschik, während ihn der Wolfshund langsam, aber sicher von den beiden anderen Jungen herunterzog. »Vergeßt die Sandalen nicht!« fügte er in einem Tonfall hinzu, der zwischen dem eines Feldmarschalls und jenem eines Gladiators lag.

Der Hund hatte Tschik auf die Erde gezogen und zerrte ihn jetzt weiter den Hang hinab. Tschik half nach, indem er sich mit den Händen vom Boden abstieß. Ljossik und Onik standen wieder auf ihren Beinen und brauchten nurmehr über den ebenen Hof auf die Gartentür zuzurennen, wo Sonjka und Nike bereits waren.

»Lauft los, ich halte den Köter in Schach!« brüllte Tschik nun schon mit Märtyrertenor, während Onik und Ljossik am Haus vorbeiflitzten und -humpelten. »Und vergeßt die Konservenbüchse nicht!« rief Todeskandidat Tschik hinter ihnen her.

Der Wolfshundwelpe ließ jetzt Tschiks Hose los und nahm seine Knöchel zwischen die Zähne. Tschik hatte das erwartet, er war darauf gefaßt gewesen. Er war froh, daß es ihm gelungen war, durch taktisches Geschick Zeit zu gewinnen. Jetzt ging es darum, den Hund durch zügiges Weiterkämpfen abzulenken und sich langsam, aber sicher Richtung Gartentür zu manövrieren.

Die Zähne vor Schmerz zusammenbeißend, zog Tschik das Bein, das der Wolfshundwelpe im Maul hielt, etwas an. Dem Hund war das nicht recht, er begann, laut zu knurren. Diesen leckeren Knochen wollte er sich nicht wegnehmen lassen. Tschik stand vorsichtig auf, auf seinem Fuß spürte er die warme Last des Hundekopfes.

Ohne im Kämpfen nachzulassen, warf Tschik einen Blick auf den rauflustigen Köter. Der war seit ihrem letzten Gefecht wieder ein Stück gewachsen, er hatte ein großes Maul und schwere Pfoten. Sein Fell war aschgrau.

Tschik bewegte ein wenig das Bein, um das Maß des Widerstands zu prüfen, den er überwinden mußte, wenn er nachher zu rennen beginnen würde. Der Hund reagierte gereizt, er knurrte unwirsch und prüfte, ob Tschiks Knöchel sicher genug in seinem Maul untergebracht war. Gleichzeitig warf er Tschik einen listigfröhlichen Blick zu, mit dem er ihm zu verstehen gab, daß er sein Knurren nicht überbewerten sollte.

Tschik beugte sich zu dem Hund herab und schnipste ihm mit dem Finger gegen sein großes Ohr. Der Wolfshund knurrte etwas grimmiger als vorhin. Tschik versetzte dem Hund einen zweiten und stärkeren Fingerschnipser, woraufhin der Welpe zu kläffen begann und, an Tschik hochspringend, dessen Hand mit dem Maul zu packen versuchte. Tschik gelang es, die Hand wegzureißen.

Er rannte los, den Hang hinauf. Er erreichte den ebenen Rasen des Hofes, da holte ihn der Wolfshund ein.

»Schnell, Tschik, lauf zu uns rüber!« riefen die anderen Kinder wie aus einem Mund und winkten Tschik zu. Sie befanden sich jenseits des Lattenzaunes in Sicherheit: wie die Zuschauer einer Gladiatorenarena.

»Ihr habt gut brüllen auf euren Logenplätzen«, rief

Tschik unwillig zurück, gerade in dem Moment, als ihn der Wolfshundwelpe wieder am Fuß packte. Mit zusammengebissenen Zähnen schleifte Tschik den sich in seinem Fuß festbeißenden Hund ein paar Meter weit, doch der Schmerz war zu stark, er ließ sich auf die Erde fallen.

Unter uns Literaturfreunden darf man feststellen, daß Tschik genausogut auf den Beinen hätte bleiben können, so unerträglich war der Schmerz auch wieder nicht. Doch er glaubte, sich das Anrecht auf eine heroische Pose erkämpft zu haben, von der er sich außerdem eine pädagogische Wirkung auf seine Mannschaft versprach.

Fürs Hinfallen gab es noch einen praktischen Grund. Tschik kalkulierte, daß der Wolfshundwelpe seinen Fuß losläßt und wieder nach der Hose schnappt. Dann könnte sich Tschik völlig schmerzfrei mit dem Hund bis zur Gartentür robben. Doch der Wolfshundwelpe tat Tschik den Gefallen nicht. Um dem Fuß etwas Ruhe und Entlastung zu gönnen, blieb Tschik nichts anderes übrig, als dem Köter seine Hand ins Maul zu stecken.

Was den Kampf endlich entschied, war die überlegene Intelligenz des Menschenkindes Tschik. Im Zubeißen, Knurren und Zerren war der Wolfshundwelpe große Klasse, doch die simple Einsicht, daß sich Tschik kämpfend unabwendbar auf sein Ziel zubewegte, blieb der Kreatur verborgen.

Als Tschik die Gartentür zuwarf und sich plötzlich jenseits des Lattenzauns in unerreichbarer Ferne befand, hatte der Woflshundwelpe buchstäblich das Nachsehen. Er blickte Tschik enttäuscht und wehmütig an und jaulte herzerweichend. Aus einem Rauhbein war im Nu ein Häufchen Unglück geworden. Die Einsicht hatte sich doch noch eingestellt. Jedoch leider — *für den Welpen* leider — viel zu spät.

Der Hund jaulte und wedelte verlegen mit dem Schwanz. Er hätte viel darum gegeben, seinen Spielkameraden wieder auf seiner Seite des Lattenzauns vor oder unter sich zu haben. Es ist klar, daß ihm Tschik den Gefallen einer Rückkehr nicht tat. Er schaute den Welpen nur vorwurfsvoll an und schüttelte den Kopf. Er gab ihm zu verstehen, daß er künftig die Freude gelegentlicher Balgereien mit dem Menschenkind Tschik entbehren müßte, wenn er sich unterstünde, noch einmal so kräftig zuzubeißen wie vorhin.

Endlich wandte sich der Wolfshundwelpe von Tschik ab, lief bis an den Rand des Rasens und blieb dort stehen. Er blickte nicht mehr in Richtung auf die Kinder, sondern in die entgegengesetzte, wo sich eine grandiose Landschaft vor seinen Augen ausbreitete. Er versuchte, bei den Kindern den Anschein zu erwecken, als hätte er gerade eben die Naturschönheiten Abchasiens entdeckt. Tschik war jedoch überzeugt, daß es dem Wolfshundwelpen keineswegs um die von vielen Einheimischen und Fremden mit Recht bewunderte abchasische Landschaft ging, sondern einzig darum, den ungünstigen Eindruck zu verwischen, den seine jähe ruhmlose Niederlage im Kampf mit Gladiator Tschik auf die anderen Kinder gemacht hatte.

Sie betraten den Bergkamm. Kamm und Hang waren mit Kiefern und Zedern bewachsen. Unter ihren Füßen spürten sie die glatten Nadeln vom Vorjahr. Die Kiefernstämme schimmerten zartrot, wie von einem inwendigen Flämmchen beleuchtet. Es duftete nach erhitztem Harz, nach trockenem Erdreich und nach Meer, obwohl das Meer ziemlich weit weg war. Allerdings war es von hier aus gut zu sehen.

Die Kinder sahen den weit geschwungenen Bogen der Bucht, sie sahen die Stadt mit ihren zahllosen rostbraunen Dächern. Sie sahen einen großen Dampfer mit einem roten Streifen am weißen Schornstein. Der Dampfer näherte sich der Schiffsanlegestelle.

»Ein Schiif! Ein Schiif!« rief Onik freudig erregt. Er hatte manchmal mit Sprachschwierigkeiten zu kämpfen, besonders wenn er aufgeregt war.

»Es heißt nicht Schiif, sondern Schiff«, belehrte ihn Tschik, der es nicht gern hatte, wenn Worte, besonders so wichtige Worte wie *Schiff,* falsch ausgesprochen oder gar verballhornt wurden. Tschiks Sprachempfindlichkeit ging soweit, daß er jetzt meinte, der schmucke Dampfer hätte Schlagseite bekommen bloß wegen Oniks ärgerlichem Sprachfehler.

Die Kinder standen vor dem Panorama ihrer Stadt und blickten hingerissen in den Talkessel. Alles lag wie auf einem Tablett vor dem Beschauer ausgebreitet: der grüne Rasen des Fußballplatzes, der Bazar, die Schule und auch ihr Haus und Hof mit der pfeilgerade in den Himmel ragenden Zypresse.

Sonjka war so beeindruckt, daß sie plötzlich behauptete, sie würde den Balkon des Reichen Schneiders deutlich sehen, und nicht nur den Balkon, sondern auch den Reichen Schneider selbst, und nicht nur den Reichen Schneider, sondern auch das Bügeleisen in der Hand des Reichen Schneiders. Die anderen Kinder jedoch, auch der Sohn des Reichen Schneiders Onik, konnten derlei Details nicht erkennen und werteten

Sonjkas Vision als optische Täuschung und Selbstbetrug.

Wenn Tschik aus der Ferne, zum Beispiel von einem Berg aus, seine Heimatstadt betrachtete, wurde er jedesmal von einem sonderbaren Gefühl der Wehmut ergriffen. Der Grund für diese Traurigkeit war ihm unklar, und er machte sich häufig Gedanken darüber.

Nach einiger Zeit war er zu diesem Ergebnis gekommen. Eines Tages würde er seine Heimatstadt für immer verlassen. Und die Art und Weise, wie er seine Stadt jetzt hier aus der Ferne anblickt, gleicht der, in der er einmal an seine Heimatstadt zurückdenken und sie in seinem Gedächtnis heraufbeschwören würde, allerdings mit dem beträchtlichen Unterschied, daß er in jener einstweilen noch hypothetischen Zeit nicht mehr die Möglichkeit hätte, einfach in den Talkessel hinabzusteigen, wenn er wieder Sehnsucht nach der Heimatstadt bekäme.

Hier vom Berg aus sah man nicht nur die Hausdächer, sondern auch die schnurgeraden Straßen der Stadt, und auf den Straßen die schnellen Automobile und die schneckenhaft langsamen Pferdekutschen. Plötzlich glaubte Tschik, auf einer der Straßen den Käfigwagen des Hundefängers entdeckt zu haben. Er spürte ein jähes Stechen in der Brust, seine angenehm wehmütige Stimmung war verflogen. Jetzt empfand er nurmehr Furcht, Furcht um Belka. Hoffentlich hatte der Hund noch rechtzeitig heimgefunden.

Tschik begriff jäh, daß er nie das Gefühl eines ungetrübten Glückes verspüren würde, solange der gräßliche Käfigwagen durch die Straßen der Stadt rollte, solange der Hundefänger die Stadt unsicher machte, solange selbst die biedersten Haushunde ihres Lebens nicht sicher waren.

»Jetzt beginnt der Ernst des Lebens«, sagte Tschik, der sich aus seinem Trübsinn in die Freuden und Mühen der Mastixgewinnung retten wollte.

Man beschloß, daß Tschik und Onik Bäume besteigen, die gewöhnlicheren Sterblichen jedoch unter anderen Bäumen nach Harz suchen sollten. Tschik wies sie an, sich nicht zu weit zu entfernen und vor allem nicht zu laut zu sprechen, um nicht die Aufmerksamkeit der roten Wölfe auf sich zu lenken. Er zeigte ihnen auch jene vier Kiefern, die die roten Wölfe als ihr Privateigentum betrachteten. Um Ärger zu vermeiden, sollten sich Ljossik und die beiden Mädchen von diesen reservierten Kiefern fernhalten.

Tschik streifte herum und musterte Kiefernstämme von der Wurzel bis hinauf zum Wipfel. Er wollte herausfinden, aus welchen Stämmen das meiste Harz floß. Manchmal war es mit bloßem Auge zu sehen, in anderen Fällen ließ sich das Harzvorkommen an einem Streifen erkennen, der als dünnes Rinnsal den Stamm herabgeflossen und dann eingetrocknet war. Wenn dieses Rinnsal relativ frisch aussah, durfte man hoffen, daß die Ausscheidungsstelle des Harzes weiter oben am Baum von Menschenhand noch unberührt war.

Meistens trat das Harz dort hervor, wo der Kiefernstamm einen Riß aufwies oder wo ein Stück Rinde entfernt worden war. Wenn der Baum irgendwo eine Wunde hatte, konnte man sicher sein, daß sich dort Harz ansammelte.

Tschik blieb vor einer Kiefer stehen, die ihm geeignet erschien. Ziemlich weit oben, wo der Stamm sich gabelte, entdeckte er einen eingetrockneten gelblichen Streifen, ähnlich jener Spur, die übergelaufene Milch an der Kochtopfaußenseite hinterläßt.

Hier an dieser Stelle des Waldes wuchs eine Abart von Kiefern, die sich von denen unterschied, die man in Wäldern gemeinhin zu sehen bekam. Die hier wachsenden Bäume waren überreich an Ästen, die bereits wenige Meter über dem Boden begannen. Aber auch diese wenigen Meter wollten überwunden sein, es war gar nicht so einfach, den untersten Ast zu erklimmen.

Tschik entledigte sich wieder seiner Sandalen, die ihn hier, wie vorhin auf der Mauerkrone, nur behindert hätten, und suchte nach einem passenden Versteck für den Fall einer Invasion der roten Wölfe. Büsche und Sträucher gab es in der Nähe dieser Kiefer nicht. Tschik blieb nichts anderes übrig, als die Sandalen möglichst dicht mit Vorjahreslaub zu bedecken. Aus mittlerer Entfernung überzeugte er sich, daß die Tarnung gut gelungen war.

Tschik hielt sich die Hände vors Gesicht und spuckte energisch hinein. Dann umgriff er mit Armen und Beinen den sich schälenden glatten Kiefernstamm und begann hinaufzuklettern. Der Abstand vom Boden bis zum untersten Ast betrug etwa drei Meter, doch bis Tschik diesen Ast erreicht und erklettert hatte, war er in Schweiß gebadet, und alles an ihm brannte: Brust, Bauch, Handflächen, Fußsohlen. Er hatte die Reibungswärme nicht einkalkuliert.

Schwer atmend setzte sich Tschik auf den untersten Kiefernast und schnappte erst einmal nach Luft. Dann nahm er seine Kletterpartie wieder auf. Er erreichte die

Gabelungsstelle und nahm sie in Augenschein. Der Spalt war ziemlich breit, doch der Harzausfluß eher spärlich. Das Harz war gelblich, bedeckte den Boden der Gabelungsstellte und glich, falls es uns gestattet ist, sich noch einmal einer Küchenanalogie zu bedienen, einem Sahnehäutchen, das sich am Boden eines Kochtopfs gebildet hat.

Tschik setzte sich auf einen kräftigen Ast unweit der Gabelungsstelle. Bevor er ans Werk ging, wollte er sich vergewissern, daß die Gesamtlage in Ordnung war. Er blickte sich um und nach unten, sah aber weder Sonjka noch Onik. Dafür sah er Nike. Sie stand in ihrem grellgelben Sarafan neben einem hochroten dicken Kiefernstamm und schabte Harz ab. Es konnte aber auch sein, daß Nike nicht dieser Arbeit nachging, sondern sich der Betrachtung über den Baumstamm krabbelnder Ameisen oer einer ähnlichen Szene aus dem Leben der Natur hingab. Aus dieser Höhe konnte Tschik das nicht genau erkennen. Zuzutrauen war es ihr jedenfalls.

Aber auch Tschik hatte eine stark ausgeprägte, ästhetische Ader. Während er Mutmaßungen darüber anstellte, ob Nike jetzt dort unten wohl aktiv oder bloß rezeptiv tätig sei, fand er Gefallen an dem Farbkontrast, den das Gelb des Sarafans mit der hohen Röte des Kiefernstamms bildete. Glücklicherweise fiel Tschik noch rechtzeitig ein, daß Nike genau vor einer jener Kiefern stand, die sich die roten Wölfe reserviert hatten. Nike hatte also Tschiks Warnungen in den Wind geschlagen, sofern sie sich nicht absichtlich, um Tschik wieder ihre Unabhängigkeit zu beweisen, eine verbotene Kiefer ausgesucht hatte. Auch diese Denk- und

Handlungsweise war Nike, wie reichen Leuten überhaupt, zuzutrauen.

Am arhythmischen Zittern und Wippen eines Kiefernwipfels erkannte Tschik, daß Onik dort oben saß. Er hatte sich hoch hinauf gewagt. Tschik vermerkte es mit neidvoller Anerkennung.

Tschik öffnete sein Federmesser, stemmte den Brustkorb gegen die eine Hälfte des Stammes und begann, Harz wegzukratzen, das er in eine kleine Papiertüte legte.

Als sich an der Gabelungsstelle ein kleines Loch gebildet hatte, stellte er die Arbeit wieder ein, knautschte die Tüte oben zusammen, damit kein Harz herausfalle, und verstaute sie in seiner Hosentasche. Daraufhin reinigte Tschik die Klinge des Messers am Baumstamm und steckte es wieder ein. Dann faßte er den Entschluß, seine Stellung oben auf der Kiefer zu einer Rundschau und Bauminspektion zu benutzen.

Während Tschik die Nachbarstämme mit den Augen prüfte, kletterte er auf seinem eigenen Baum immer höher hinauf. Oben auf dem Wipfel, der bereits gefährlich schaukelte, unternahm Tschik noch einmal einen großen Rundblick, entdeckte jedoch keine einzige lohnende Harzausscheidungsstelle. Doch dann streifte sein Blick zufällig einen kleinen Ast ganz in seiner Nähe, und ihm blieb vor Verblüffung fast die Spucke weg.

So etwas hatte Tschik in seinem ganzen Leben noch nie gesehen. Am Ast hing ein faustgroßer gelbgeäderter Harzklumpen, die reinste Märchenfrucht. Es grenzte an ein Wunder, daß sich an diesem dünnen Ästchen so ein Riesenbrocken hatte bilden können.

Tschik wurde von der Furcht ergriffen, daß sich der Harzklumpen vom Ast losreißen, zur Erde stürzen und dort in kleine Harzscherben zerschellen könnte. Er streckte die Hand nach dem Klumpen aus und riß ihn energisch und zugleich behutsam vom Ast. Zu seinem Glück gelang ihm das recht gut. Die Märchenfrucht lag jetzt auf seiner Handfläche. Sie fühlte sich trocken an und hatte ein solides Gewicht.

Aufgeregt ließ Tschik den Harzklumpen aus der rechten in die linke Hand überwechseln. Mit der rechten griff er in die Hosentasche und holte die Papiertüte heraus. Er legte erst den Klumpen in die Tüte und dann die Tüte wieder in die Hosentasche.

Dann begann er, die Kiefer herunterzuklettern. Dabei dachte er die ganze Zeit daran, daß ihm jetzt bestimmt ein Mißgeschick zustoßen würde, gleichsam als Kompensation. Das konnte es einfach nicht geben, so ein Glück, ohne daß kurz darauf das Glück durch ein Pech oder Mißgeschick ausgeglichen würde.

Tschik war so aufgeregt, daß ihm Hände und Füße zitterten. Das war gefährlich. Einmal wäre ihm ein Fuß fast abgeglitten, es hätte nicht viel gefehlt, und Tschik wäre zur Erde gestürzt. Da haben wir es, dachte Tschik, es geht schon los. Er beschloß, besser aufzupassen und das ihm sein Finderglück mißgönnende Schicksal zu überlisten. Jetzt kletterte er sehr schnell und zugleich sehr vorsichtig den Baum hinab. Schnell, damit das tschikophobe Schicksal keine Zeit fände, irgendeine Gemeinheit gegen ihn auszuhecken, und vorsichtig und beherrscht, damit das Schicksal nicht just seine Schnelligkeit zum Werkzeug seiner auf mechanischen Gerechtigkeitsausgleich bedachten Rachgier machte.

Tschik erreichte wohlbehalten die Erde und war zunächst hocherfreut, daß ihm nicht schon unterwegs zur Erde etwas Mißliches passiert war. Doch gleich fielen ihm seine Sandalen ein, und er wurde von der Furcht gepackt, das Schicksal hätte sich vielleicht der roten Wölfe bedient und sie zum Sandalenraub angestiftet.

Deshalb bin ich nicht vom Baum gepurzelt, dachte Tschik. Ich dachte schon, ich hätte das Schicksal überlistet, und dabei hat es bloß seine Vergeltungsstrategie geändert. Wie dumm, dachte Tschik, und wie ärgerlich.

Doch er wollte sichergehen. Er suchte und fand den Ort, wo er die Sandalen im dürren Laub versteckt hatte, und fegte das Laub mit den Füßen weg. Die Sandalen lagen wohlbehalten dort, wo er sie hingelegt hatte. Das war nun wirklich ein Mirakel. Offenbar war das Schicksal besser als sein Ruf.

Tschik entfernte die Laubreste von den Sandalen und blickte sich um. Ihm war pudelwohl zumute, er war sich sicher, daß ihm nichts mehr zustoßen würde. Ljossik und Sonjka standen neben einer Kiefer und sammelten das Harz direkt in die Konservenbüchse. Tschik winkte die beiden mit der Hand herbei.

»Das ist ja ein Mordsding, Tschik!« rief Sonjka begeistert, als die zwei auf Tschik, der unterdessen den Harzklumpen aus der Papiertüte genommen hatte, zugetreten waren. »Darf ich mal daran riechen?«

»Von mir aus«, sagte Tschik und hielt ihr den Klumpen unter die Nase.

»Riecht wie eine Rose«, sagte Sonjka, nachdem sie den Harzklumpen ausgiebig beschnuppert hatte.

»Das finde ich weniger«, sagte Tschik, den die Absurdität der Assoziation etwas kränkte.

»Darf ich den Klumpen in die Büchse legen?« fragte Sonjka.

»Wart erst mal ab, die anderen wollen auch noch daran riechen«, erwiderte Tschik, der bemerkt hatte, daß Nike und Onik herankamen.

Zunächst durfte Ljossik den Klumpen beschnuppern.

»Riecht nach Mastix«, sagte er schnaufend.

»Was du nicht sagst«, erwiderte Tschik sarkastisch und fügte stolz hinzu: »So große Harzklumpen sind eine Seltenheit.«

»Wir sollten uns die Stelle merken«, sagte Sonjka. »Dann findes du hier nächstes Mal wieder so einen Klumpen.«

Diesmal erwiderte Tschik gar nichts, gegen dieses Maß an Beschränktheit war selbst der souveränste Expeditionsleiter machtlos. Die Aussicht, nächstens wieder so einen Harzklumpen zu finden, war nirgends so klein wie am gleichen Ort.

Jetzt traten Onik und Nike auf die Wartenden zu. Sie gingen nebeneinanderher, direkt wie ein Paar. Die werden sich doch nicht geküßt haben, dachte Tschik. Onik war zwar kein Weiberheld, doch Nike war auf dem Gebiet einiges zuzutrauen. Vielleicht wollte sie mit Onik die Erfahrungen wiederholen und ausbauen, die sie mit dem Jungen im Sanatorium gemacht hatte. Vielleicht wollte Nike das Plansoll an Küssen langsam, aber sicher anheben.

»Wo hast du das Ding gefunden?« fragte Onik, nahm den Harzklumpen in die Hand und roch daran. Auch Nike ergriff die Gelegenheit und roch an dem Klumpen. Die beiden gaben aber keinen Kommentar ab.

»Hier auf dieser Kiefer«, sagte Tschik stolzgeschwellt und zeigte auf den Baum.

»Tschik, darf ich das Ding tragen?« fragte Nike mit der liebenswürdigsten Stimme der Welt.

»Der Klumpen kommt in die Konservenbüchse«, erwiderte Tschik.

Alle schüttelten ihre Ausbeute in die Konservenbüchse, obendrauf wurde der Harzklumpen gelegt. Jetzt wollten natürlich alle die Büchse tragen, doch Tschik entschied salomonisch, daß Sonjka sie tragen dürfe. Sie hatte auf dem Hinweg die leere Konservenbüchse getragen, und es war die gerechteste Lösung, sie jetzt auch die volle Büchse mit dem märchenhaften Harzklumpen tragen zu lassen.

Die Kinder hatten unterdessen Durst bekommen. Sie gingen zu einer Quelle, die Tschik kannte. Sie lag ein Stück hangabwärts, dort wo der Wald in einen mit Farnkraut und Brombeersträuchern bewachsenen Berghang überging. Es war der gleiche Berghang, wo sich ein Stück tiefer und weiter links jene Tropfsteinhöhle befand, die von der Familie der roten Wölfe bewohnt wurde.

»Ich weiß, wem der Harzklumpen ähnlich ist«, sagte plötzlich Nike.

»Wem denn?« fragte Sonjka.

»Einem Bergkristall«, sagte Nike versonnen wie immer, wenn ihr die Erinnerungen kamen.

»Was ist das wieder Schönes?« fragte Sonjka ironisch. Sonjka wußte nicht, was ein Bergkristall ist, aber sie begriff, daß Nike durch ihre Bemerkung das Gleichgewicht wieder zu ihren Gunsten verschieben wollte.

»Als mein Papi in Batum getanzt hat«, sagte Nike,

»sind wir ins Museum gegangen und haben uns Bergkristalle und andere Halbedelsteine angeschaut.«

»Das mußte kommen«, sagte Onik, »du hast deinen Halbedel-Papi schon so lange nicht mehr erwähnt.«

Onik hatte die Lacher auf seiner Seite, die freilich alle nicht wußten, was Nikes Vater zugestoßen war. Tschik als Eingeweihter lachte nicht mit, doch Oniks Bemerkung erfüllte ihn mit einer Freude, die er sich zunächst nicht erklären konnte. Erst nach einigem Nachdenken begriff er den Grund dieser sonderbaren Freude. Daß Onik diesen Witz machen konnte, bewies, daß er sich vorhin nicht mit Nike geküßt hatte.

»Halbedelsteine sind nicht mein Fall«, sagte Tschik, »aber Nikes Papi ist ein Klassetänzer, mein Onkel Sandro sagt das auch.«

Onik prustete leise los, Sonjka zuckte geziert mit den Achseln, doch keiner wagte, Tschik zu widersprechen, besonders da er seinen Onkel Sandro in die Waagschale geworfen hatte. In solchen Fällen war es riskant, eine von Tschiks Meinung abweichende weiter zu vertreten.

Die Quelle lag in einer kleinen Mulde und war mit Steinen ausgelegt. Die Kinder stürzten sich gierig auf das kühle Quellwasser, die einen kniend, die anderen direkt auf dem Bauch liegend. Nur Ljossik hatte wie stets mit Schwierigkeiten zu kämpfen, er kam mit dem Mund nicht bis an die Quelle und trank das Wasser aus der leicht gekrümmten Hand. Als alle ihren Durst gelöscht hatten, wurde Sonjka zum Schmierestehen eingeteilt, während Tschik die anderen Kinder anwies, Reisig zu sammeln. Er selber baute unterdessen aus den Steinen der Quelle eine kleine Feuerstelle.

Die Reisigsammler brachten innerhalb von kurzer Zeit so viel Reisig, daß die Menge zum Braten eines Hammels ausgereicht hätte. Tschik schob trockene Kiefernäste zwischen die Steine der Feuerstelle, wobei die dünnen Zweige weiter unten, die dickeren weiter oben zu liegen kamen. Er stellte die Konservenbüchse mit dem Harz auf die Steine, prüfte nach, ob die Büchse auch fest auf den Steinen stand, holte aus seiner Hosentasche eine Zündholzschachtel und hielt ein brennendes Zündholz an den trockenen Reisig. Der Reisig flammte sofort auf, dichter Rauch stieg senkrecht empor, es begann, stark nach Harz zu duften. Die Kinder saßen um das Feuer herum und starrten hinein. Es war für alle ein Erlebnis, besonders für Nike und Ljossik, die noch nie beim Mastixkochen dabeigewesen waren.

Das auf dem Boden der Konservenbüchse liegende Harz begann zischend zu schmelzen wie Butter in einer heißen Bratpfanne. Auch der Harzklumpen schmolz und schrumpfte ein. Er wurde von Sekunde zu Sekunde kleiner. Tschik rührte mit einer Gerte den Inhalt der Büchse ständig um, damit sich das Harz schnell und ohne Rückstände auflöste. Zwischendrin riß er einige Farnblätter ab. Sie sollten nachher beim Anfassen der heißen Büchse als Schutz dienen.

»Macht das Schnupftuch einsatzfertig«, sagte Tschik zu Nike und Onik, während er mit vor Rauch tränenden Augen immer schneller die längst flüssig gewordene kochende Harzmasse umrührte. Er wollte verhindern, daß auf dem Boden der Konservenbüchse unzerschmolzene Reste zurückblieben. Nike und Onik hockten daneben und hielten das gespannte Schnupftuch an den Ecken fest.

»Tschik, es ist Zeit«, sagte Ljossik, der fürchtete, daß die Harzmasse überkochte.

»Die Brühe muß dreimal aufkochen«, erwiderte Tschik im Tonfall eines Meisterkochs.

Endlich war es soweit. Nach dem dritten Aufkochen der schäumenden und Bläschen bildenden Mastixflüssigkeit nahm Tschik den Büchsendeckel in seine farnblattbewehrte Hand, hob die Büchse behutsam hoch, führte sie zu dem über dem Quellbach ausgespannten Schnupftuch und goß langsam den Büchseninhalt ins Tuch, wobei er bemüht war, die Mitte des Tuches mit dem Strahl zu treffen. Die flüssige Masse beulte das Tuch tief ein.

»Dreht das Tuch jetzt schnell um seine Achse«, befahl Tschik.

Nike und Onik hoben die Tuchenden so in die Höhe, daß die Mastixmasse nicht herausfließen konnte.

»Aua, es brennt«, sagte Nike.

»Gib her«, sagte Tschik, warf die Büchse fort und nahm Nike ihr Schnupftuchende ab.

Tschik und Onik bewegten ihre Tuchenden in entgegengesetzten Richtungen, wobei sie darauf achteten, daß die zerschmolzene glühende Harzmasse in der Mitte blieb und nicht überschwappte. Endlich preßten sie die Masse zu einem festen Knoten zusammen.

»Fertig ist der Lack«, sagte Onik.

»Jetzt sollen von mir aus die roten Wölfe kommen«, sagte Tschik.

Tschik und Onik drehten weiter aus voller Leibeskraft an den Tuchenden, der Mastixkloß wurde immer fester zusammengepreßt, bis endlich ein dünnes honiggelbes Rinnsal durch den Stoff und an den Grund des

Quellbachs abzufließen begann. Die zwei Mastixköche drehten das Tuch weiter, damit das Harz im Tuch nicht vorzeitig fest würde. Auf dem Grund des Quellbachs wölbte sich ein kleiner goldgeber Hügel dem Tuch entgegen.

»Drüben ist ein roter Wolf«, rief plötzlich Sonjka von ihrem Lauschposten zu den anderen hinüber. Alle drehten sich sogleich nach ihr um. »Ihr könnt es mir glauben, ich 'hab nicht gelogen«, fügte Sonjka hinzu.

»Jetzt kann uns der Wolf etwas husten«, sagte Tschik überlegen und drehte weiter an dem Mastixtuch. Die Sache war getan, eine Minute mehr oder weniger fiel jetzt nicht ins Gewicht. Tschik zog das klebende Schnupftuch auseinander und schaute hinein. Im Tuch war nur mehr ein aus Holz- und Kiefernnadelteilchen bestehender Klumpen. Der Klumpen erfreute Tschiks Auge und Herz, gerade weil er nur aus Schmutz und Rückständen bestand, war er doch ein Beweis mehr, daß das Werk wohlgeraten war. Tschik warf das Schnupftuch, das für eine anderweitige Verwendung nicht mehr in Frage kam, ins Feuer. Das Tuch flammte auf und war im Nu verbrannt.

»Ich geh zu Sonjka rüber und schau mir die Lage mal an«, sagte Tschik, vom Chefkoch wieder zum Chefkommandierenden geworden. Er stieg die Mulde hinauf und legte sich neben Sonjka ins Gras. Ein Strauch bot beiden Lauschern Deckung.

»Drüben ist er«, sagte Sonjka und zeigte auf ein etwa fünfzig Meter von der Quelle entferntes Brombeergestrüpp. Tschik lugte adleräugig hinüber, entdeckte aber nichts Verdächtiges.

»Hast du auch nicht geträumt?« fragte Tschik im Tonfall eines Feldherrn, der von seinen Soldaten Panik gewöhnt ist. Jetzt gingen auch die anderen neben Tschik und Sonjka in Deckung.

»Nein, Ehrenwort«, beteuerte Sonjka. »Ich habe seinen Kopf zweimal gesehen.«

Einige Minuten lang beobachteten die Kinder aufmerksam das Brombeergestrüpp, bemerkten aber nichts Auffälliges. Doch dann sahen sie plötzlich, wie sich der obere Teil eines Strauches bewegte. Gleich darauf kam ein Rotschopf zum Vorschein, der seinen tierhaft mißtrauischen Blick in die Runde schweifen ließ. Einige Momente lang hielt er inne, den Kopf der Quelle zugewendet.

»Der Kerl hat uns entdeckt«, schnaufte Ljossik etwas verwundert und etwas erschreckt.

Der Rotschopf wendete sich wieder ab. Jetzt verbarg er sich nicht mehr im Gebüsch. Er streckte eine Hand aus, sie griff nach dem Trieb eines Ikalstrauchs, der inmitten der Brombeeren wuchs. Der Trieb wurde abgerissen und in den Mund gesteckt. Genauer, nicht der ganze Trieb, sondern zunächst nur dessen Spitze, der Rest des Stengels wurde während des Kauens langsam in den Mund gezogen. Dann wendete der Rotschopf das Gesicht wieder der Quelle zu, hörte mit dem Kauen auf und erstarrte, während der Rest des Stengels weiter in seinem Mund steckenblieb. Das Bürschlein meinte wohl, die Kinder, die es wohl an der Quelle vermutete, zu hören.

Eine ganze Weile schaute der rote Wolf reglos Richtung Quelle. Doch dann kam das aus seinem Mund ragende Stück Stengel in Bewegung, erst der Stengel, dann auch der Kiefer, der Stengelrest verschwand, ohne daß der Bursche seine Stellung verändert hätte, endgültig im Mund. Der rote Wolf schien sich beruhigt zu haben, er suchte mit den Augen nach weiteren Schößlingen.

»Wir treten jetzt einen geordneten Rückzug an«, kommandierte Tschik. Die Kinder robbten ein Stück vom Strauch weg, hinter dem sie gelegen hatten, standen auf und kehrten in die Mulde zurück.

Tschik faßte mit beiden Händen in den Quellbach hinein und nahm die erkaltete festgewordene Mastixmasse heraus. Er knetete sie, zog sie zu einer Wurst auseinander, teilte sie mit dem Fingernagel in fünf gleiche Teile und ließ jeden, erst Onik, dann die anderen, seinen Anteil abbeißen. Alle begannen sofort mit dem Kauen. Die Mastixmasse fühlte sich angenehm weich im Mund an.

»Jetzt besorgen wir uns Ikalbeeren«, sagte Onik.

Die Kinder löschten das Feuer, indem sie Wasser darübergossen. Sie schleuderten die Konservenbüchse weit weg ins Gebüsch und zerstörten die Feuerstelle. Sie wollten ihre Spuren verwischen, die roten Wölfe sollten keine Anhaltspunkte finden. Als das getan war, gingen sie tiefer in den Wald hinein, wo es ein Ikalstrauchdickicht gab.

»Wird das Mastix wegen dieser Beeren wirklich Blasen bilden?« fragte Nike, als sie das Dickicht erreichten.

»Du wirst es sehen«, sagte Tschik.

Die Kinder begannen, die roten und grünen Beeren zu pflücken. Sie waren preiselbeerengroß. Erst mußte eine Beere mit den Zähnen aufgeknackt, dann das Fruchtfleisch ausgespuckt werden, dann mußte das den Kern umgebende dünne Häutchen mit den Zähnen vom Kern gelöst werden. Dann wurde auch der Kern ausgespuckt, während das Häutchen in die Mastixmasse hineingekaut und mit ihr vermengt wurde. Zehn in die Masse hineingekaute Häutchen genügten, die Masse leicht und elastisch wie Gummi zu machen.

Onik blies als erster eine Blase auf. Tschik hatte es damit nicht eilig, er kaute einstweilen noch weiter. Je länger an der Masse gekaut wurde, desto größer wurden hinterher die Blasen. Je größer die Blasen wurden, desto lauter war der Knall, wenn sie zerplatzten.

»Eines verstehe ich nicht, Tschik«, sagte Nike, »wer kam als erster darauf, daß man die Häutchen von den Kernen lösen muß, damit sich Blasen bilden?«

Auch Tschik hatte sich diese Frage wiederholt gestellt, aber bisher keine befriedigende Antwort gefunden.

»Das weiß ich selber nicht«, gestand er.

»Das waren die Urmenschen«, sagte Onik mit der Selbstgewißheit eines Nicht-mehr-Urmenschen des wissenschaftlichen Zeitalters.

»Nein, Onik, es waren nicht die Urmenschen«, widersprach Tschik.

»Wer war es dann?« fragte Onik.

»Das weiß ich nicht, doch die Urmenschen waren es nicht«, erklärte Tschik.

Etwas hinderte Tschik daran, den Urmenschen die Erfindung der Mastixblase zu gönnen. Diese Sperre war von grundsätzlicher Art, Tschiks Skepsis gegenüber dem Erfindergeist der Urmenschen war nur ein Symptom und fast ein Vorwand.

·Tschik liebte es nämlich nicht, über Anfang und Ende der Menschheitsgeschichte nachzudenken, er versuchte, so gut es ging, solche Gedanken von sich zu weisen. Doch sie ließen sich nicht verscheuchen. Wenn Tschik sie zur Haustür hinausjagte, schlichen sie sich durchs Kellerfenster wieder ein.

Meistens wurde er bei Sonnenuntergang von solchen Gedanken heimgesucht, und zwar bei schönem Wetter während der warmen Jahreszeit. Ihm war auch aufgefallen, daß ihm diese Gedanken in der Stadt viel seltener als auf dem Lande kamen. Aber auch in der Stadt war Tschik vor ihnen nie ganz sicher. Es brauchte nur ein Leichenzug die Straße entlangzufahren, und schon waren diese Gedanken zur Stelle.

In solchen Augenblicken dachte Tschik mit sanfter Wehmut über das Weltgebäude und die Schwierigkeit nach, in seine Geheimnisse einzudringen. Unser Planet Erde, dachte Tschik, das geht ja noch, hier gibt es grüne Täler, hohe Berge und warme Meere, in denen man baden kann. Daran ist nichts unverständlich. Aber dann kommen andere Sterne, und nach den anderen Sternen wieder andere, und so geht es immerfort weiter, und die Sterne hören niemals auf.

Einige der Sterne mögen Planeten wie unsere Erde sein. So weit, so schön. Doch das sind Ausnahmen von der Regel, aus ihnen läßt sich kein Trost schöpfen. Denn es geht immer weiter mit Volldampf ins Weltall hinein, und je weiter es geht, desto unbegreiflicher wird alles.

Wenn das Weltall irgendwo zu Ende ist, was befindet sich dann dahinter? Hat das Weltall aber kein Ende, wie soll man sich diesen Zustand dann vorstellen? Die Astralfrage wuchs Tschik über den Kopf. Tschiks Seele konnte sich weder mit einem endlichen noch mit einem unendlichen Weltall abfinden. Die Erwachsenen wagte er gar nicht erst zu fragen, die hätten sicher wieder irgendeinen Spruch geklopft. Manchmal kam Tschik die Vermutung, daß es noch eine dritte Möglichkeit geben mußte, die auf ein *weder endlich noch unendlich* hinauslief. Doch dieses dritte Weltall war ihm erst recht unbegreiflich.

Auffallend war, daß Tschiks Betrachtungen über das Weltall und seinen Bau immer mit sanfter Wehmut begannen, verbunden mit süßen Schauern. Es war ähnlich wie beim Lösen einer Mathematikaufgabe in der Schule. Erst meinst du, auf dem richtigen Weg zu sein, der Denksport macht dir Spaß, dem Spaß ist ein Gran Besinnlichkeit beigemengt. Die Gesamtstimmung ist heiter bis wolkig. Du weißt, daß du der Lösung auf der Spur bist, daß du sie bald am Schopf oder am Schwanz gepackt hast, du bist munter und gut gelaunt. Doch dann ändert sich plötzlich etwas. Du bist dir der Lösung nicht mehr so sicher, sie entgleitet dir, du begreifst, daß du die Lösung niemals finden wirst, du wirst von Trübsal und Melancholie ergriffen.

Mit dem Weltall erging es Tschik ähnlich wie mit einer Mathematikaufgabe, und in beiden Fällen war seine Denkarbeit von den gleichen Stimmungsschwankungen begleitet. Tschik schalt sich wegen seiner Unfähigkeit, den ins Leere führenden Gedankenfaden einfach abzureißen, statt sich fruchtlosen und aufreibenden Betrachtungen hinzugeben. Wenn er gerade im Dorf war, wünschte er sich ins Gedränge der Stadt zurück, wo die anderen Kinder, von den Erwachsenen zu schweigen, über nichts weniger nachdachten als über die ungelösten und wahrscheinlich unlösbaren Rätsel des Weltalls. Er beneidete die Kinder in der Stadt, er hätte sich am liebsten durch einen Zauberspruch in Sekundenschnelle in seinen Hof in Suchum versetzt. Dort im bunten städtischen Durcheinander würde er Vergessen finden und aus dem Weltall auf die Erde heimkehren. In solchen Momenten kam sich Tschik wie ein kosmisches Waisenkind vor. Kein guter Zauberer versetzte ihn in die Stadt zurück, aber manchmal rief man ihn zum Abendessen.

Nach dem Betreten der Küche konnte Tschik zunächst minutenlang nicht fassen, wie seine Anverwandten, diese erwachsenen Männer und Frauen, mit größter Anteilnahme von der Tabakernte oder von irgendwelchen diebischen Brigadeführern reden konnten. Was soll mir die Tabakernte, was soll mir sogar die Walnußernte, dachte Tschik, wenn die Frage nach der Endlichkeit oder Unendlichkeit des Weltalls von der Wissenschaft noch immer nicht gelöst ist?

Doch während des Abendessens heiterte sich Tschiks Laune allmählich wieder auf. Er biß herzhaft ins Fleisch, sprach dem heißen Maisfladen zu, blickte ins fröhlich züngelnde Herdfeuer und spürte nicht ohne Verlegenheit, wie sich seine kosmische Trübsal langsam, aber sicher verflüchtigte. Die Gespräche seiner erwachsenen Tischgenossen erschienen ihm jetzt nicht mehr belanglos und oberflächlich.

In der gegenwärtigen Lage wollte sich Tschik auf keinen Fall durch trübsinnige Gedanken über das Weltall ablenken und demoralisieren lassen, schließlich stand ihm die Rauferei mit Botscho bevor. Deshalb konzentrierte er sich jetzt auf die Produktion von Mastixblasen und hatte auch Erfolg damit, obwohl seine Blasen an

Größe mit denen von Onik nicht mithalten konnten. Alle Kinder gaben sich der Mastixblaserei hin, ständig platzten kleinere und größere Blasen mit einem lauteren oder leiseren Knall. Nike hatte die Mastixblasenproduktion schnell gelernt, sie besaß eine lange und geschickte Zunge, während der technologisch unbegabte Ljossik auch diesmal nicht besser abschnitt als sonst. Tschik hielt das indessen für ein kleines Übel. Er war stolz darauf, Ljossik auf die Tour mitgenommen zu haben, ein anderer an seiner Stelle hätte das nicht getan, er kam sich fast wie Ljossiks Vater vor, und nur sein Kindsein hinderte ihn an der Formulierung des Satzes: Der Tschikismus ist ein Humanismus.

Die Kinder traten den Rückweg an. Sie erreichten wieder das verwunschene Haus, in dessen Hof der Wolfshundwelpe lebte. Der Welpe saß in der Hofmitte und nagte an einem Pantoffel. Er beachtete die Kinder nicht, obwohl sie an den Lattenzaun herangetreten waren. Wir kennen das, dachte Tschik, das ist der alte Wolfshundwelpentrick.

»Ich lenke ihn ab, und ihr bewegt euch zum Ingwerbaum«, sagte Tschik zu den anderen, während er die Hand zwischen die Zaunlatten schob und die Gartentür von innen öffnete.

Mit der Attitüde des mit sich und der Welt zufriedenen Mastixkauers betrat Tschik den Hof und trat auf den Welpen zu. Der Hund blickte Tschik kurz an und wendete sich wieder dem bereits stark angenagten Pantoffel zu. Es war klar, daß er diesmal kein Spielchen mit Tschik im Sinn hatte. Das hatte es noch nie gegeben.

Das darf doch nicht wahr sein, sagte Tschik. Im gleichen Moment knarzte die Haustür, und eine Frau trat auf die Veranda hinaus. Die Frau öffnete den Mund und sagte: »Das ist ja Tschik, mein Gott, welch eine Überraschung!«

Tschik fiel buchstäblich aus allen Wolken. Er öffnete gleichfalls den Mund, brachte aber nichts Artikuliertes heraus. Das Haus war also gar nicht verwunschen und unbewohnt. Es war bewohnt, und die Bewohnerin war Tante Larissa, eine der zahlreichen Freundinnen seiner Tante. Im Gegensatz zu den anderen Freundinnen von Tschiks Tante fiel Tante Larissa niemals bei ihr in Ungnade, vielleicht wegen der großen physiognomischen Ähnlichkeit der beiden Frauen, die es ihnen gestattete, sich gegenseitig als bildschön zu preisen, vielleicht aber auch deshalb, weil Tante Larissa nie mit leeren Händen in Tschiks Haus kam, sondern jedesmal Obst oder wenigstens Blumen mitbrachte. Das Obst und die Blumen mußte immer Tante Larissas Sohn Omar schleppen.

»Warum bist du hier, Tschik?«, fragte Tante Larissa, nachdem sich ihre erste Verwunderung gelegt hatte. »Ist bei euch daheim etwas passiert?«

»Nichts ist passiert, Tante Larissa«, erwiderte Tschik. »Ich war mit meinen Freunden Mastix sammeln.«

Jetzt bemerkte Tante Larissa auch die anderen Kinder, die sich noch jenseits des Zaunes befanden.

»Mastixsammeln ist gut«, sagte Tante Larissa und fügte hinzu: »Kommt in den Hof, Kinder, der Hund tut euch nichts.«

Aus dem Haus trat jetzt butterbrotkauend ein halbwüchsiger Bursche auf die Veranda, Tante Larissas Sohn Omar. Tschik kannte ihn flüchtig von Tante Larissas Besuchen bei seiner Tante her, er war aber noch nie mit Omar richtig ins Gespräch gekommen.

Tante Larissa starrte die Kinder reihum an und versuchte herauszufinden, welches der Kinder sie kannte.

»Die Kleine mit den blauen Augen ist doch die Tochter von Pata Pataraja?« sagte sie endlich.

»Ach, Sie kennen meinen Papi!« sagte Nike und strahlte auf.

»Ja, mein Kind, ich hab deinen Vater gekannt«, sagte Tante Larissa, »ich hab den armen Pata gut gekannt . . .«

Sie wollte noch etwas sagen, aber Tschik warf ihr einen so grimmigen Blick zu, daß Tante Larissa stutzte, irgendwas begriff und verstummte. Nach einer kurzen Pause fügte sie, an ihren Sohn gewendet, hinzu:

»Omar, geh mit den Kindern und schließ ihnen unten das Parktor auf.«

Tante Larissa legte wieder eine Kunstpause ein und sagte:

»Tschik, richte deiner Tante aus, daß ich sie am Samstag besuchen will.«

»Mach ich, Tante Larissa«, sagte Tschik und ging auf die Treppe zu. Ihm war ein Stein vom Herzen gefallen. Er hatte eine Heidenangst gehabt, daß Tante Larissa noch irgendwas über Nikes Vater sagte, das der ahnungslosen Nike die Augen öffnen würde.

Tante Larissa kehrte in das Haus zurück, während sich Omar den Kindern anschloß. Gemeinsam betraten sie die vormals fürstliche Treppe und begannen, sie hinabzusteigen.

Tschik versuchte, Nike unauffällig zu betrachten. Er wollte feststellen, ob sie Verdacht geschöpft hatte, ob sie aus Tante Larissas Worten eine schreckliche Neuigkeit über ihren Vater herausgehört hatte. Anzumerken war ihr nichts, obwohl sie plötzlich still geworden war.

Die Treppe war sehr lang und ziemlich steil. Ab und zu kam eine Plattform, zu deren beiden Seiten steinerne Bänke standen. Links und rechts hinter dem Treppengeländer wuchsen Rosen, Georginen, Zwergpalmen und zahlreiche Kaktusarten, eine häßlicher als die andere. Wenn in der Zarenzeit der Fürst mit seinem Gefolge die Treppe hinaufgestiegen war, hatte er auf jeder dieser Plattformen eine Verschnaufpause eingelegt und an den Rosen gerochen.

Während ihres langsamen Abstiegs wurde Tschik von einer immer größeren Erregung gepackt. Die bevorstehende Rauferei mit Botscho ging ihm nicht aus dem Sinn. Nicht daß er allzuviel Schiß davor gehabt hätte, das nicht. Doch es wäre viel gewonnen gewesen, wenn Omar während der Rauferei, selbstverständlich ohne in sie einzugreifen, einfach so an Tschiks Seite gestanden hätte. Tschik wollte Omar jedoch nicht direkt darum bitten, dafür kannte er ihn zu flüchtig. Er hoffte, daß das Gespräch von selber auf das Thema käme.

»Lebt ihr schon lange in dem Haus?« fragte Tschik beiläufig und zugleich interessiert.

»Wir leben schon immer hier«, erwiderte Omar.

»Was ist das für ein Park, in dem ihr lebt?« bohrte Tschik weiter.

»Das ist ein staatlicher Park«, sagte Omar, »mein Vater ist ein staatlicher Gärtner.«

In das Wort *staatlich* legte Omar besonderen Nachdruck und gleichsam eine tiefere Bedeutung. Das hörte sich an, als seien die Früchte des Parks nicht zum Verzehr bestimmt, sondern für etwas Höheres und Erhabeneres, beispielsweise für eine Landwirtschaftliche Ausstellung oder für einen feierlichen Umzug, bei dem sie von extra dafür abgeordneten Obstträgern mitgetragen würden: nicht wegen der Vitaminhaltigkeit, sondern wegen der Symbolträchtigkeit.

»Vor der Revolution hat ein Fürst hier gelebt, nicht wahr?« sagte Tschik, der seine historische und heimatkundliche Beschlagenheit zeigen wollte.

»Genau, der Park gehörte früher einem Fürsten«, bestätigte Omar. »Mein Vater hat ihn gekannt, er war auch unter dem Fürsten Gärtner.«

Tschik war aufrichtig verblüfft. Omars Vater, dachte er, scheint einer von den Leuten zu sein, die mit der alten Macht genauso gut auskamen wie jetzt mit der neuen. Tschik liebte diese Menschen nicht, doch er ließ sich nichts anmerken, es gelang ihm, seine Verblüffung zu verbergen. So opportunistisch wie Omars Vater wollte Tschik natürlich nicht sein, aber Omars Gunst wollte er sich in dieser für ihn vielleicht schicksalhaften Minute auch nicht verscherzen.

Sie näherten sich dem Parktor. Tschik spürte, daß jetzt der letzte Augenblick war, Omar in seine Probleme einzuweihen und ihn auf eine möglichst elegante Tour dazu zu bringen, gleichsam als sein Sekundant während der bevorstehenden Rauferei an seiner Seite Stellung zu beziehen.

Durch das Eisenornament des Tores hatte Tschik bereits festgestellt, daß noch alle Spieler auf der Wiese waren. Das Fußballspiel hatten sie aber inzwischen eingestellt. Tschik war sich sicher, daß auch Botscho unter ihnen war, obwohl er ihn von hier aus nicht erkannte.

Der Schlüssel knirschte, als Omar das Tor aufschloß.

Tschik hätte viel dafür gegeben, wenn er Omar jetzt wenigstens für eine kurze Weile hier am Parktor hätte festhalten können, damit ihn seine Gegner auf der Wiese im Gespräch mit einem fast erwachsenen Burschen beobachten konnten.

»Omar, warum tragen eure Olivenbäume keine Frucht?« fragte Tschik, einfach weil ihm jetzt nichts anderes mehr einfiel.

»Jetzt kommst auch du noch mit den verdammten Oliven«, erwiderte Omar unwirsch. »Mein Vater hat deswegen genug Scherereien. Der Teufel soll diese blödsinnigen Bäume holen!«

Omar öffnete das in den Angeln quietschende schwere Tor und ließ die Kinder hinaus. Als sie draußen standen und das Tor wieder verschlossen war, fügte Omar, dem es wohl leidtat, in so barschem Ton mit Tschik geredet zu haben, wieder freundlicher hinzu: »Komm doch mal zum Essen rüber, Tschik. Wir haben Besseres zu bieten als Oliven.«

Omar prüfte nach, ob das Parktor auch richtig verschlossen war, und trat dann den Rückweg an. Die Kinder blickten sich um. Die anderen hatten den kurzen, durch das Torornament geführten Dialog zwischen Tschik und Omar gar nicht mitbekommen.

Sie schlugen den Weg über die Wiese ein. Tschik versuchte, so souverän wie möglich aufzutreten. Ein paar Sekunden später wurden sie bemerkt. Tschik blickte gar nicht in die Richtung, er stellte es nur an der Stille fest, die plötzlich eintrat. Es war eine unangenehme, eine höhnisch erwartungsvolle Stille.

Jetzt drehte sich Schurik nach ihnen um, als hätte er sie gerade erst bemerkt, und sagte: »Entweder schlägst du dich mit Botscho oder du sagst klipp und klar, daß du Schiß hast.«

Tschik ließ seinen Blick über die Kinder des Gegenlagers schweifen, die auf der Wiese saßen oder standen. Ihm fiel Botschos selbstbewußtes und etwas dümmliches Lächeln auf. Er versuchte wohl den Anschein zu erwecken, ihm wäre eben erst wieder eingefallen, daß er für jetzt einen Rauftermin angesetzt hatte.

»Ich bin bereit«, sagte Tschik mit ruhig beherrschter Stimme.

Jetzt kam Bewegung in die Gruppe auf der Wiese. Alle Augen waren voller Neugier. Botscho konnte jenes buhlerische Lächeln nicht unterdrücken, das Tschik neuerdings öfter an ihm aufgefallen war. Auch Botscho begriff nur zu gut, daß die Vorteile auf seiner Seite lagen.

»Rauf nicht, Tschik, es sind so viele, und du bist allein«, rief Sonjka besorgt aus.

»Mach dir keine Sorgen um mich«, erwiderte Tschik und trat auf die anderen Kinder zu. Er fand, daß er einstweilen gute Figur machte. Hoffentlich bleibt es dabei, dachte Tschik.

Jetzt standen alle auf, um Tschik besser beäugen zu können, eine solche Rauferei gab es schließlich nicht alle Tage. Botscho lächelte Tschik herablassend an, als würde er bereits den von ihm besiegten Gegner im Staub oder Wiesengras vor sich liegen sehen. Es fiel Tschik nicht leicht, dieses arrogante Lächeln kommentarlos zu ertragen.

»Wollen wir gleich hier raufen?« fragte Botscho.

»Das ist mir gleich, mir ist jeder Ort recht«, erwiderte Tschik.

»Also, dann los«, sagte Botscho und begann, auf Tschik zuzugehen. Dabei musterte er ihn genau, um Anzeichen des Kleinmuts oder der Unentschlossenheit sofort ausnutzen zu können.

Wenige Schritte vor Tschik blieb Botscho stehen und sagte: »Wenn du willst, können wir dorthin gehen.«

Botscho zeigte an den Rand der Wiese, wo die Parkmauer begann. Er wußte so viele Zuschauer auf seiner Seite, daß er sich den Luxus erlauben zu können glaubte, auf ihre unmittelbare Anwesenheit zu verzichten.

»Von mir aus, mir ist es egal«, sagte Tschik, dem die Atempause gelegen kam, der aber zeigen wollte, daß er Botschos Kameraden nicht als ernstzunehmende Realität ansah.

»Jungens«, brüllte Botscho zu seinen Kameraden hinüber, »bleibt hier, wir gehen nach drüben.«

»Botscho ist der Größte«, brüllten sie zurück, »mach ihn zur Schnecke, wir schauen von hier aus zu.«

Tschik und Botscho schlugen entschlossen den Weg zum Kampfplatz ein.

»Gib ihm Saures, Botscho«, rief ihnen Schurik nach, »damit er endlich aufhört, mit der Moskauer Zierpuppe durch die Gegend zu ziehen!«

»Nike ist nicht aus Moskau«, rief in Tschiks Rücken Oniks Stimme. »Früher lebte sie in einem anderen Stadtteil, jetzt lebt sie bei uns im Hof.«

»Trotzdem ist sie so affig wie 'ne Moskauerin«, erwiderte Schurik.

»Tschik, hab keine Angst, wir sind hier!« rief plötzlich Sonjka herzerweichend schrill. Tschik freute sich einen Moment lang, daß er in ihr eine so treue Anhängerin besaß, doch ihm war klar, daß Botscho über mehr und bessere Fans verfügte.

Die beiden Gegner standen sich jetzt in zwei Schritt Entfernung gegenüber. Sie waren kampfbereit, aber eigentlich nicht rauflustig. Botscho blickte Tschik mürrisch an, offenbar versuchte er, irgendeine Kränkung in seinem Gedächtnis heraufzubeschwören, die ihm Tschik irgendwann zugefügt hatte. Er wollte seinen Gefühlen etwas nachhelfen.

»Haha!« lachte er plötzlich auf und legte in sein Lachen so viel Hohn und Heiserkeit wie möglich.

»Was lachst du so blöd«, sagte Tschik.

»Haha!« lachte Botscho wieder und sagte: »Schau dir meine Schultern an und dann deine.«

Recht hatte er. Seine Schultern waren viel breiter als Tschiks Schultern. Dafür hatte Tschik den besser ausgebildeten Brustkasten, und auch das war nicht zu übersehen.

»Es kommt immer auf die Brust an«, sagte Tschik und holte tief Luft, um seine Lungen bis an den Rand ihres Fassungsvermögens zu füllen.

Jetzt streckte Botscho den Arm aus und legte seine Hand auf Tschiks Brustkorb. Tschik war sehr verblüfft, dies kam ihm als Eröffnung einer Rauferei merkwürdig vor.

»Faß mich nicht an, was soll der Quatsch!« rief Tschik seinem Gegner zu. »Wir sind zum Raufen hier und nicht zum Anfassen!«

»Ich wollte sehen, ob dein Herz bibbert«, sagte Botscho. »Und es bibbert, Tschik, und ob!«

Auch diesmal enthielten Botschos Worte eine Wahrheit, obwohl Tschik dem Wort *bibbern* das Wort *pochen* vorgezogen hätte. Doch ihn einfach so mit der Hand zu berühren, statt endlich loszuraufen, das war nun doch ein ziemlich starkes Stück. Tschik wurde von einer großen Wut gepackt, am liebsten hätte er sich sofort auf Botscho gestürzt, doch in dem Moment, als er das tun wollte, kam ihm ein Einfall, einer jener Tschikschen Genieblitze, von denen wir noch öfter hören werden.

Tschik hob seinen Kopf und blickte wie beiläufig bergauf, dorthin, wo hinter duftenden Rosenbüschen, stachligen Kakteen und fürstentreuen Olivenbäumen Tante Larissas Haus stand. Botscho bemerkte diesen Blick und war offenbar beeindruckt. Er blickte in die gleiche Richtung, schaute dann wieder Tschik an und fragte: »Was schaust du? Was gibt es dort zu sehen?«

Tschik fiel sofort auf, daß Botschos Stimme weniger heiser klang als vorhin. Er sagte: »Es gibt nichts zu sehen. Und ich schaue überhaupt nicht.«

»Doch, du hast gerade geschaut.«

»Nein, ich habe nicht geschaut.«

»Vielleicht sagst du noch, daß du Omar kennst?« sagte Botscho, der immer nervöser wurde

Tschik schwieg. Er wollte, daß das Fischlein richtig anbiß.

»Was schweigst du! Sag endlich, ob du den Omar kennst?« bohrte Botscho weiter.

»Er ist mein Vetter zweiten Grades«, sagte Tschik lakonisch.

»Das kann jeder sagen«, sagte Botscho jetzt wieder etwas erleichtert. »Wenn Omar dein Vetter wäre, wärt ihr vorhin nicht die Parkmauer hochgestiegen.«

»Vorhin war Omar nicht daheim«, sagte Tschik und dachte: Wart nur, gleich bist du richtig in der Falle!

Tschik. »Du mußt jetzt etwas für dein Auge tun ... Onik, gib den Zarenfünfer her ...«

Onik nahm aus der Hosentasche lustlos eine Fünfkopekenmünze aus der Zarenzeit und reichte sie Tschik. Tschik trat auf Botscho zu und legte die Münze auf Botschos blaues Auge. Tschik hatte sich selten in seinem Leben so selbstsicher und frei gefühlt wie in diesem Augenblick. Niemand konnte sagen, daß er bei Botscho Abbitte leisten wolle oder daß ihn vielleicht das Mitleid übermannte. Tschik war der Edle Ritter, den sein Sieg zusätzlich zum Samariter machte.

»Du mußt die Münze anfeuchten und aufs Auge legen«, sagte Tschik. »Wenn dein Auge wieder heil ist, gibst du sie zurück ...«

Onik blickte Tschik vorwurfsvoll an, er gab ihm zu verstehen, daß immerhin er der Besitzer des Zarenfünfers war. Tschik antwortete Onik mit einem Blick, der ungefähr sagte: In der Stunde eines großen Sieges geht es nicht um Geld und Gut!

Tschik verließ mit seiner Mannschaft den Kampfplatz. In seinem Rücken hörte er ein beifälliges Raunen. Er schnappe einen Satz auf, der in seinen Ohren wie die Zeile eines Heldenepos klang:

»Jungs, der Tschik versteht zuzuschlagen ...«

Die Morgenröte des Ruhmes wuchs in Tschiks Rükken zum Himmel empor. Tschik fühlte sich beflügelt wie noch nie in seinem Leben. Er sah und hörte fast nichts. In ihm war Schwerelosigkeit. Musik ertönte, feierlich und hymnisch.

Plötzlich drang durch die Jubelmusik Nikes Stimme an sein Ohr: »Tschik, ich muß dich was fragen.«

Sie gingen bereits einen Gehsteig entlang, ganz in

der Nähe ihrer Straße. »Frag halt«, sagte Tschik im Weitergehen.

»Aber nur unter vier Augen«, sagte Nike und blieb stehen.

»Was ist denn?« fragte Tschik, der jetzt auch stehenblieb. Er war etwas ungehalten darüber, daß ihn Nike die Musik nicht weiterhören ließ.

»Tschik«, sagte Nike ganz leise und blickte ihn mit ihren tiefblauen Augen an, »warum hat die Frau meinen Papi vorhin ›armer Pata‹ genannt?«

Tschik fiel sofort wieder alles ein.

»Sie hat so dahergeredet«, sagte Tschik, »das haben Frauen so an sich. Du solltest erst mal meine Tante reden hören!«

»Tschik«, sagte Nike und schaute Tschik wieder ernst an, »wird mein Papi niemals zurückkommen?«

Tschik spürte, daß die feierliche Musik, die irgendwo in der Ferne immer noch weitergespielt hatte, jetzt auf einen Schlag verstummt war.

»Schreibt er euch denn überhaupt nicht?« fragte er vorsichtig.

»Nur ganz selten«, sagte Nike. »Mir extra und der Mami extra. Wenn er früher auf Dienstreise war, schrieb er uns beiden immer gemeinsam.«

»Das will nichts heißen«, sagte Tschik. »Mein Onkel Sandro schreibt mir auch immer extra.«

»Aber warum ist mein Papi schon so lange fort«, sagte Nike. »Stell dir vor, seit neun Monaten.«

»Bis alles aufgeklärt ist, braucht es seine Zeit«, sagte Tschik und begriff im gleichen Moment, daß er sich verplappert hatte. Im gleichen Moment hörte er Sonjka rufen:

»Was steckt ihr zwei euere Köpfe zusammen? Daheim warten sie schon auf uns.«

Tschik drehte sich nach Sonjka um. Sie blickte ihn mit den Augen einer Frau an, die es müde geworden ist, sich in fruchtloser, unerwiderter Liebe zu verzehren.

»Tschik, was gibt es denn da aufzuklären?« hörte er jetzt wieder Nikes Stimme.

»Da gibt es manches aufzuklären«, erwiderte Tschik. »Auf Dienstreisen gibt es immer viel aufzuklären.«

»Ich liebe meinen Papi mehr als alles andere auf der Welt«, sagte Nike, »ich werde bis ans Grab auf ihn warten.«

Tschik begriff, daß der zweite Satz ein Zitat war. Wahrscheinlich stammte er von Nikes Mutter.

»Du hast auch Grund, deinen Papi zu lieben«, sagte Tschik, der Nike gern Halt und Trost gegeben hätte. »Mein Onkel Sandro hat mir mal erzählt, daß dein Papi sogar auf einem Schnapsglas tanzen kann. Ich kann nicht mal auf einem umgestülpten Eimer tanzen.«

»Also, kommt ihr jetzt oder kommt ihr nicht!« rief ihnen Sonjka wieder zu. Die liebesmüde Frau war dabei, zur Furie zu werden.

»Komm, Nike, wir gehen«, sagte Tschik in einem Ton, als sei jetzt endlich alles klar. Doch er wußte, daß die Wirklichkeit anders aussah. Sonst wäre Nikes Vater längst wieder daheim.

Als die Kinder ihre Straße erreichten, stießen sie mit dem Nachbarjungen Abu zusammen.

»Tschik, man sucht euch bereits überall«, rief Abu den Kindern zu. »Man glaubt, daß ihr im Meer ertrunken seid.«

Die Kinder waren verwirrt und Abu weidete sich ein

wenig an ihrer Ratlosigkeit. Dann fragte er: »Tschik, stimmt es, daß du Botscho ein blaues Auge verpaßt hast?«

Tschik konnte ein Lächeln nicht unterdrücken, sein Ruhm hatte ihn überholt und kam ihm jetzt wieder entgegen. »Das stimmt«, sagte er stolz, »aber wer hat es dir gesagt?«

»Ein Junge auf einem Fahrrad hat es herumerzählt«, sagte Abu und blickte Tschik voller Bewunderung an, wie vorhin die Jungen auf der Wiese.

»Stimmt es auch, daß man uns überall sucht, oder übertreibst du etwas?« fragte jetzt Tschik.

»Es ist halb so wild«, sagte Abu, »wenn ihr Glück habt, kommt ihr ohne Schläge davon . . . Ich geh mal auf die Wiese und schau mir Botschos blaues Auge an.«

»Botscho ist heimgegangen«, sagte Tschik.

»Dann spiel ich eben ein paar Runden Fußball«, sagte Abu und ging weiter.

Auch die Kinder gingen wieder los. Weit hatten sie es nicht mehr. Als sie um die Ecke bogen, sah Tschik den Reichen Schneider, der mit Alichan auf seinem Balkon Domino spielte, und vor der Hoftür den Hund Belka. Der Hund blickte in ihre Richtung. Er hatte die Kinder noch nicht bemerkt, doch der Geruch nach Tschik wehte ihm schon um die Nase.

Die Kinder gingen auf das Haus zu. Das Gefühl der Zusammengehörigkeit wurde mit jedem Schritt schwächer. Gleich würde es sie für eine Weile ganz verlassen. Jedes Kind mußte für sich allein vor seine Eltern treten.

Tiere in der Stadt

Aus dem Dorf kam der Großvater mit Kuh und Kalb. Die Kuh war auf den Namen von Tschiks Tante eingetragen, obwohl sie eigentlich dem Großvater gehörte. Da die Kuh also auf den Namen der Tante eingetragen war, hatte sich die Dorfbehörde auf den Standpunkt gestellt, daß die Kuh dorthin gebracht werden solle, wo ihre nominelle Besitzerin lebt. Daraufhin machte sich der Großvater mit Kuh und Kalb auf den Weg in die Stadt.

Dann kehrte der Großvater wieder ins Dorf zurück, während Kuh und Kalb in der Stadt blieben. Tschik wurde damit beauftragt, die Kuh zum Grasen zu führen. Sein verrückter Onkel Kolja begleitete ihn dabei. Tschik ließ die Kuh in ihrer oder in einer der angrenzenden Straßen weiden, obwohl das nicht erlaubt war. Während die Kuh das Grün auf der Straße abgraste, zupften Tschik und Onkel Kolja, denen sich manchmal einige Kinder zugesellten, Grasbüschel aus der Erde, damit die Kuh auch daheim mit Nahrung versorgt wäre.

Bisweilen beteiligte sich auch Tschiks Tante an Graszupfeinsätzen. Abends zeigte sie dann ihre abgearbeiteten Hände ihrem Ehemann und fragte ihn, was wohl ihr Exgatte, der persische Konsul, gesagt hätte, wenn er mitansehen müßte, wie seine geliebte Ehefrau mit ihren zarten Händen Gras aus der Erde zupft, nur damit die Kuh nicht Hunger leiden müsse. Der gegenwärtige Gatte der Tante pflegte sich dann abzuwenden und zu schweigen. Er wußte beim besten Willen nicht, wie sich der persische Konsul beim Anblick der abgearbeiteten Hände seiner geliebten Ehefrau geäußert hätte.

Tschiks Tante molk die Kuh zweimal am Tag und ließ dann das Kalb an des Euter heran. Doch die Kuh schlug der Besitzerin ein Schnippchen.

Sie versteckte ihre Milch. An solchen Tagen erzielte Tschiks Tante schlechte Melkergebnisse. Sie versuchte sich zu helfen, indem sie eine mit warmem Wasser gefüllte Wärmflasche an das Kuheuter hielt. So wollte sie die Resistenz der Kuh lähmen und sie dazu bringen, sich von ihrer Milch zu trennen. Doch wenn es sich die Kuh einmal in den Kopf gesetzt hatte, ihrer Besitzerin die Milch vorzuenthalten, dann ließ sie sich auch durch Geräte wie Wärmflaschen nicht aus der Fassung und zur Kooperation bringen. Erst wenn ihr Kalb sein Maul gegen das Euter preßte, gab sie der Milch das Signal zum Fließen. Endlich fand Tschiks Tante eine Kompromißlösung. Sie teilte die Zitzen zwischen sich und dem Kalb auf. Während das Kalb aus der einen Zitze saugte, melkte Tschiks Tante durch die andere Zitze Milch in den Melkeimer.

Zunächst ließ Tschik die Kuh auf dem Hof der georgischen Schule nebenan weiden. Dort gab es dichtes Sommergras, das die georgischen Schüler nicht mehr hatten zertrampeln können, weil sie in den Sommerferien waren.

Die Kuh ließ sich das Gras im Hof der georgischen Schule schmecken, und alle waren zufrieden, daß sich in nächster Nähe des Hauses ein so bequemer Weideplatz befand.

Doch dieser Zustand dauerte nur eine Woche. Der alte Schulhausmeister Gabunia hatte die Sommerferien auch zu einem Erholungsurlaub genutzt, war jedoch viel zu früh wieder heimgekommen. Eines Tages erschien er auf dem Hof der georgischen Schule und verjagte Tschik samt Kuh. Tschiks flehentliche Bitten, die Kuh doch weiter auf dem Schulhof weiden lassen zu dürfen, wies er zurück, obwohl nicht einzusehen war, wozu der alte Knilch das Gras benötigte.

Außer dem Schulhof und der Schule bewachte Gabunia auch den Schulgarten. Manchmal hielt er sich stundenlang im Gebüsch versteckt, um einen Lausbuben und Taugenichts dabei zu ertappen, wie er sich von der Straße aus heimlich und widerrechtlich aufs Schulgelände schleicht. Tschik verabredete mit Onik und Ljossik, daß sie immer wieder am Schulzaun entlangstreunten, um das Mißtrauen es alten Gabunia auf sich zu lenken. Tschik nutzte die Zeit dazu, die Kuh seiner Tante weiter auf dem Hof der georgischen Schule weiden zu lassen. Das ging nicht lange gut. Die bescheidenen Geistesgaben des Hausmeisters reichten nämlich vollauf aus, Tschik auf die Schliche zu kommen und seine List zu durchschauen. Er verließ einfach seinen Beobachtungsplatz im Gebüsch und unternahm Inspektionsgänge durchs Schulgelände. Tschik sah sich gezwungen, die Weidegründe der Kuh an einen anderen und scheinbar sichereren Ort zu verlegen.

Drei Blocks von Tschiks Haus entfernt war eine große Wiese. Auf der einen Hälfte der Wiese wurde gerade das Regierungshaus gebaut, die andere Hälfte sollte einstweilen unberührt bleiben. Hier konnte die aus dem Dorf in die Stadt kommandierte Kuh in vertrauter Umgebung ihren Hunger stillen.

Zehn durch keinen Vorfall überschattete Tage verbrachten Tschik und Kuh auf dieser fast dörflichen Wiese. Tschik wußte zwar, daß es verboten war, die Kuh hier weiden zu lassen, doch er wähnte sich in größerer Sicherheit als auf dem Hof der georgischen Schule und hoffte, daß ihn von hier niemand verjagen würde.

Eigentlich war das Weidenlassen einer Kuh im Stadtgebiet von Suchum nirgends gestattet, obwohl das Halten einer Kuh erlaubt war. Tschik wußte das aus den Gesprächen der Erwachsenen, und dieser Widerspruch bereitete ihm Kummer. Schließlich aber fand er eine Erklärung: Ein Chef hatte das Halten von Kühen erlaubt, woraus zwingend folgte, daß man sie auch weiden lassen durfte.

Ein anderer Chef verbot jedoch das Weidenlassen von Kühen, woraus man offensichtlich schließen mußte, daß Kühe auch nicht gehalten werden durften. Offenbar wußte der erste Chef nichts von der Verbotsverfügung des zweiten Chefs, während der zweite Chef nie von der Genehmigung des ersten Chefs gehört hatte. Tschik fand, daß man wenigstens einen der beiden Chefs auf diese Ungereimtheit hinweisen mußte, doch er hätte nicht zu sagen gewußt, für welchen der zwei Chefs er sich entschieden hätte.

Eines Tages, als Tschik in Begleitung seines verrückten Onkels Kolja auf der unberührten Hälfte der Wiese die Kuh seiner Tante weiden ließ, trat ein Milizmann auf die Gruppe zu.

»Geht nach Hause«, sagte der Milizmann, »das Weidenlassen einer Kuh ist hier verboten.«

»Wieso?« fragte Tschik unschuldig.

»Weil hier das Regierungshaus gebaut wird«, sagte der Milizmann und zeigte auf die Baustelle.

»Die Regierung soll ruhig ihr Haus bauen«, meinte Tschik, »unsere Kuh wird sie dabei nicht stören.«

»Es muß«, fuhr der Milizmann geduldig fort, »damit gerechnet werden, daß eine Kommission aus Moskau kommt. Eure Kuh ist für die Kommission kein schöner Anblick.«

»Die schauen gar nicht hin«, erwiderte Tschik, »die schauen auf die Baustelle, nicht auf die Kuh.«

»Und wenn sie doch auf die Kuh schauen?« fragte der Milizmann.

»Dann wenden sie sich sofort wieder ab«, sagte Tschik.

»Eine Kommission kann sich nicht abwenden«, entgegnete der Milizmann streng. »Außerdem ist das Weidenlassen einer Kuh im Stadtgebiet sowieso verboten.«

»Und das Halten einer Kuh ist erlaubt?« fragte Tschik.

»Das Halten einer Kuh ist erlaubt«, bestätigte der Milizmann.

»Wenn das Halten einer Kuh erlaubt ist«, dozierte Tschik, »dann muß auch das Weidenlassen einer Kuh erlaubt sein.«

»Keineswegs, hier gibt es kein Muß«, erwiderte der Milizmann, »bring mich nicht durcheinander, Junge, die Gesetze kenne ich.«

»Aber wenn das Halten einer Kuh erlaubt ist . . .«, begann Tschik wieder.

»Dann ist das Weidenlassen einer Kuh deshalb noch lange nicht erlaubt«, fiel ihm der Milizmann ins Wort.

»Das ist nicht in Ordnung«, sagte Tschik.

»Das ist ganz in Ordnung«, sagte der Milizmann.

»Aber wenn das Halten einer Kuh erlaubt ist . . .«, begann Tschik wieder.

»Noch ein Wort, und es gibt eine Ordnungsstrafe«, warnte der Milizmann.

»Und trotzdem ist das überhaupt nicht in Ordnung«, sagte Tschik.

»Die Ordnungsstrafe beträgt fünf Rubel«, sagte der Milizmann.

»Ich hab sowieso kein Geld dabei«, sagte Tschik.

»Wer ist der Mann neben dir?« fragte der Milizmann. »Ist das ein Taubstummer?«

»Das ist kein Taubstummer, das ist mein Onkel Kolja«, sagte Tschik, obwohl der Milizmann nicht ganz falsch lag.

»Dein Onkel zahlt die Ordnungsstrafe«, sagte der Milizmann.

»Batum, Batum«, sagte Onkel Kolja, dem das Gespräch auf die Nerven zu gehen begann.

»In Batum sind die Gesetze auch nicht anders«, erwiderte der Milizmann.

»Auch mein Onkel hat kein Geld dabei«, sagte Tschik.

»Das werden wir gleich sehen«, sagte der Milizmann.

»Er ist nämlich ein Verrückter«, sagte Tschik.

»Das sagen alle, wenn sie blechen sollen«, sagte der Milizmann.

»Batum! Batum!« sagte Onkel Kolja jetzt bereits heftiger.

»Ehrenwort, Onkel Kolja ist wirklich verrückt«, sagte Tschik.

»Warum ist er dann nicht im Irrenhaus?« fragte der Milizmann.

»Weil er gutartig ist«, erwiderte Tschik, »ins Irrenhaus kommen nur die bösartigen Irren.«

»Und was soll das Gerede über Batum?« fragte der Milizmann.

»Onkel Kolja redet immer von Batum«, sagte Tschik.

»Hochinteressant«, sagte der Milizmann, »wobei zu beachten ist, daß Batum an der türkischen Grenze liegt.

»Was ist dabei«, fragte Tschik.

»Viel ist dabei«, erwiderte der Milizmann. »Über Batum werden die ausländischen Spione eingeschleust.«

»Davon hab ich auch schon gehört«, sagte Tschik.

»Wobei zu beachten ist, daß manche Spione in der Maske von Geistesgestörten auftreten«, sagte der Milizmann.

»Auch davon hab ich schon gehört«, sagte Tschik, dem jetzt einfiel, daß er Onkel Kolja einst für den Residenten des deutschen Geheimdienstes in Abchasien gehalten hatte. »Aber im Gegensatz zu jenen Spionen ist Onkel Kolja ein echter Verrückter. Doktor Shdanow hat das beglaubigt.«

»Tut mir leid«, sagte der Milizmann, »Ich muß euch leider alle festnehmen. Meine Kollegen auf dem Revier werden eure Identität feststellen ... Ist die Kuh auch so gutartig wie dein Onkel?«

»Absolut gutartig«, versicherte Tschik.

Daraufhin nahm der Milizmann Tschik den Strick weg, an dem die Kuh festgebunden war, und sagte: »Gehen wir.«

»Wir gehen lieber heim«, sagte Tschik, der jetzt begriff, daß er den Bogen überspannt hatte.

»Dafür ist es zu spät«, sagte der Milizmann. »Du hättest nicht so hämisch fragen dürfen.«

Der Milizmann setzte sich mit der Kuh am Strick in Bewegung. Sie überquerten die Wiese und schlugen den Weg zum Revier ein. Tschik und Onkel Kolja trotteten neben dem Milizmann und der Kuh her. Unterwegs bat Tschik den Milizmann noch mehrmals, sie heimgehen zu lassen, doch dessen Herz war nicht zu erweichen.

Sie betraten den Hof des Milizreviers, und der Milizmann band die Kuh am Zaun fest. Dort wuchs dichtes Gras, und die Kuh begann sofort zu fressen. Der Milizman achtete jedoch nicht darauf, obwohl die Kuh bereits damit begonnen hatte, als er sie am Zaun festband.

Der Milizmann befahl Tschik und Onkel Kolja, am Eingang zu warten, und betrat ein kleines Haus, das im Hof des Reviers stand. Tschik war verwirrt und wußte nicht, was er denken sollte. Damals gerieten viele Leute in den Verdacht, ausländische Spione zu sein. Tschik selber hatte Onkel Kolja seinerzeit verdächtigt, er hatte jedoch bald eingesehen, daß der Verdacht unbegründet war. Ihm war klar, daß sie mit Hilfe Doktor Shdanows früher oder später beweisen könnten, daß Onkel Kolja kein Spion war. Die Frage war nur, ob das früher oder später sein würde. Womöglich würde man sie bis zur Klärung der Sachlage auf dem Revier behalten.

Tschik zerbrach sich den Kopf, wie er die knifflige Lage meistern sollte, ihm fiel jedoch nichts ein. Die einzige Hoffnung war Doktor Shdanow. Das war ein stadtbekannter Psychiater. Wenn man in Suchum sagen wollte, daß jemand nicht alle Tassen im Schrank hatte, dann sagte man: »Du bist reif für Doktor Shdanow!«

Tschik und Onkel Kolja warteten ziemlich lange an der Eingangstür des kleinen Hauses im Hof des Milizreviers. Da sah Tschik, daß ein abchasischer Milizmann den Hof betrat, der in der gleichen Straße wie sie wohnte. Neben dem abchasischen Milizmann ging eine Frau, der man schon aus der Ferne ansah, daß sie stark geschminkt war. Außerdem trug sie ein grellbuntes Kleid.

Der Milizmann ging auf Tschik und Onkel Kolja zu, blickte sie aber nicht an, obwohl er sie gut kannte. Tschiks Herz begann vor Aufregung zu pochen. Er machte einige auffällige Bewegungen, um die Aufmerksamkeit des abchasischen Milizmannes auf sich zu lenken, und schließlich gelang es ihm auch. Als der Milizmann bereits ziemlich nahe an sie herangekommen war, warf er endlich einen Blick auf Tschik und Onkel Kolja. Doch er erkannte sie nicht sofort, denn er hatte nicht damit gerechnet, sie hier anzutreffen.

»Ich bin Tschik!« sagte Tschik laut, um dem Erinnerungsvermögen dieses Mannes etwas nachzuhelfen.

»Jeder weiß, daß du Tschik bist«, sagte der abchasische Milizmann und blieb stehen. »Aber warum bist du hier im Hof des Milizreviers. Dazu noch in Begleitung von Onkel Kolja?«

Tschik erzählte ihm die Geschichte, wie die Kuh illegal auf der Wiese neben der Regierungsbaustelle geweidet hatte und wie Onkel Kolja in den Verdacht der Spionage gekommen war.

»Armer Junge«, sagte die Frau, als Tschik mit seiner Erzählung fertig war, und war nahe daran, in Tränen auszubrechen. Sie erinnerte sich aber noch rechtzeitig daran, daß sie stark geschminkt war, und nahm sich zusammen.

»Hab lieber mit dir Mitleid«, sagte der abchasische Milizmann, dem es nicht entgangen war, daß die Frau einen Tränenausbruch noch im letzten Moment gestoppt hatte.

»Ich bin unschuldig und brauch kein Mitleid«, sagte die Frau, »aber um das arme Kind tut es mir leid.«

»Bleib hier stehen und warte auf mich«, sagte der abchasische Milizmann zu Tschik und ging mit der Frau ins Haus rein.

Tschik sah jetzt, daß die Fenster des kleinen Hauses geöffnet waren, und ging näher heran. Er hoffte, etwas über sein und Onkel Koljas weiteres Los in Erfahrung zu bringen. Aus dem Zimmer drangen Stimmen an sein Ohr, eine der Stimmen gehörte dem abchasischen Milizmann. Eine zweite Stimme mußte wohl die des Chefs sein. Außerdem hörte Tschik noch die Stimme der Frau, die mit dem abchasischen Milizmann das Haus betreten hatte. Aus dem Gespräch ging hervor, daß die Frau etwas Verbotenes getan hatte oder getan haben sollte, doch was das war, konnte Tschik nicht herausbekommen. Die Frau sagte, sie sei deshalb aus Woronesh nach Suchum gekommen, um im Meer zu baden und sich am Strand zu sonnen und nicht um jenes Besagte zu tun. Die beiden Männer sagten, sie sei nicht des Meeres und der Sonne wegen hergekommen, sondern just jenes Besagten wegen. Die Frau sagte, sie hätte das Besagte weder hier noch in Woronesh getan, wo sie als Erzieherin gearbeitet hätte. Die Männer sagten, hier in Suchum hätte sie das Besagte mit Sicherheit getan, woraus mit großer Wahrscheinlichkeit geschlossen werden dürfe, daß sie das Besagte auch schon in Woronesh getan hatte. Ihre Arbeit als Erzieherin liege laut Ermittlungsergebnis längere Zeit zurück. Erst hätte sie als Erzieherin gearbeitet, dann eine ganze Weile gar nicht, denn man könne das Besagte nicht guten Gewissens als Arbeit bezeichnen.

Die Frau sagte, ihr Mann sei für ihren Unterhalt aufgekommen, was auch der Grund sei, weshalb sie nicht gearbeitet hätte. Eine Frau, für deren Unterhalt der Ehemann aufkommt, hat es nicht nötig, das Besagte zu tun. Doch die beiden Männer sagten, die Akten und Unterlagen bezeugten unmißverständlich, daß sie sich von ihrem Mann schon getrennt hatte, bevor sie Erzieherin wurde. Folglich konnte ihr Mann nicht für ihren Unterhalt aufkommen, als sie die Arbeit als Erzieherin wieder aufgab. Damals hätte sie wohl den Entschluß gefaßt, fortan das Besagte zu tun. Mit diesem Ziel sei sie auch nach Suchum gekommen.

Das Gespräch war ungemein interessant, aber Tschik konnte, wie sehr er sich auch den Kopf zerbrach, nicht dahinterkommen, was das Besagte war. Er erriet immerhin, daß die stark aufgetragene Schminke und das grellbunte Kleid, das die Frau trug, in einem ursächlichen Zusammenhang mit dieser mysteriösen Tätigkeit standen.

»Du hast vierundzwanzig Stunden Zeit, die Stadt zu verlassen«, sagte endlich der mutmaßliche Milizrevierchef, und Tschik begriff, daß das Schicksal der Frau entschieden war. Wieder war die Frau nahe daran, in Tränen auszubrechen, aber entweder fiel ihr wieder ein, daß sie zum Weinen zu stark geschminkt war, oder die

Stimme des Milizrevierchefs hatte zu grimmig in ihren Ohren geklungen: jedenfalls erstickte sie auch ihren zweiten Tränenausbruch im Keim. Eine Minute später kam sie aus dem kleinen Haus heraus und ging in ihrem grellbunten Kleid mit den Hüften schaukelnd auf den Hofausgang zu.

»Hast du den kleinen Jungen mit der Kuh festgenommen?« fragte jetzt im Zimmer drin der abchasische den anderen Milizmann.

Der andere Milizmann erwiderte etwas, doch Tschik konnte die Antwort nicht verstehen.

»Der Junge ist nämlich ein Neffe von Mischa«, sagte der abchasische Milizmann.

Der andere Milizmann erwiderte wieder etwas, aber auch diesmal verstand Tschik die Antwort nicht.

»Von welchem Mischa?« fragte jetzt jene Stimme, von der Tschik ziemlich sicher annahm, daß sie dem Milizrevierchef gehörte.

»Von dem Mischa, der Geschäftsführer des Lebensmittelgeschäfts in der Stalinstraße ist«, sagte der abchasische Milizmann.

»Ach, von dem Mischa«, sagte die Stimme des Milizrevierchefs. »Dann ruf den Jungen doch mal rein.«

Tschik trat vom Fenster zurück. Sekunden später kam der abchasische Milizmann aus dem Haus und sagte: »Komm rein und bring den Onkel mit.«

Tschik blickte sich nach der Kuh seiner Tante um. Sie sprach eifrig dem saftigen Milizreviergras zu. Tschik und Onkel Kolja betraten ein Zimmer, wo hinter einer Holzschranke der Chef saß. Diesseits der Schranke stand jener Milizmann, der sie festgenommen und aufs Revier gebracht hatte.

»Ihr seid also die beiden, die gegen die öffentliche Ordnung verstoßen haben?« fragte der Milizrevierchef.

Die Stimme klang leutselig, was Tschik als ein gutes Omen wertete.

»Wir ließen unsere Kuh weiden«, sagte Tschik offenherzig.

»Ich weiß«, sagte der Chef, »doch es ist untersagt, im Stadtgebiet von Suchum Kühe weiden zu lassen. Dazu noch in der Nähe der Regierungsbaustelle . . .«

»Was ich nicht begreife«, sagte Tschik, dem die Zunge schon wieder locker saß, »ist, daß man Kühe in der Stadt zwar halten, sie aber dort nicht weiden lassen darf!«

»Das ist kein Widerspruch«, erwiderte der Milizrevierchef. »Ihr müßt euere Kuh daheim füttern. Beispielsweise mit Heu, Kleie, Küchenabfällen und Wassermelonenschalen . . . Das Weidenlassen von Kühen innerhalb der Stadtgrenzen ist dagegen gesetzlich verboten . . . Hast du mich verstanden?«

»Hab ich, Chef«, erwiderte Tschik.

»Ich sehe, du bist ein heller Kopf«, sagte der Milizrevierchef. »Und der Mann neben dir ist dein Onkel?«

»Genau, Chef«, sagte Tschik.

»Seit wann lebt dein Onkel in eurer Familie?« fragte der Chef.

»Der lebt schon immer bei uns«, sagte Tschik.

»Hat Doktor Shdanow ihn denn untersucht?« fragte der Chef.

»Das hat er, Chef«, sagte Tschik. »Doktor Shdanow hat Onkel Kolja untersucht und ihm erlaubt, mit uns zu leben.«

»Also gut«, sagte der Milizrevierchef. »Nehmt euere

Kuh und macht euch auf die Socken. Und richtet daheim aus, daß das Weidenlassen von Kühen in der Stadt verboten ist.«

»Mach ich, Chef«, sagte Tschik und gab Onkel Kolja das Zeichen zum Aufbruch.

Tschik hatte es eilig, das Zimmer zu verlassen. An der Wand hing ein Plakat, das einen Grenzer darstellte, der einen flach auf der Erde liegenden Spion mit dem Fuß gegen die Erde drückte. Onkel Kolja hatte schon begonnen, das Plakat mit Wohlgefallen anzustarren. Es war ihm zuzutrauen, daß er mit dem Finger auf Grenzer oder Spion zeigt und »Das bin ich!« ausruft, er hielt nämlich jede Abbildung eines Mannes, die ihm gefiel, für die Darstellung seiner eigenen Person.

Tschik fürchtete, daß derartige Selbstbezichtigungen Onkel Koljas zu neuen Verwicklungen führen könnten. Deshalb versuchte er, Onkel Kolja zu einem raschen Verlassen des Amtsraums zu bewegen. Als sie wieder draußen im Hof waren, sah Tschik, daß die Kuh weiter das Gras am Zaun abgraste. Jetzt bedauerte er es fast, daß die Sache so schnell beigelegt worden war. Sonst hätte die Kuh noch etwas länger im Milizrevier weiden können. Tschik band sie los. Alle drei kehrten wohlbehalten heim.

Bald darauf gab der Reiche Schneider seine Erlaubnis, daß die Tschiks Tante gehörende Kuh auf dem Grundstück weiden durfte, auf dem er sich, dem Beispiel der Regierung folgend, ein Haus baute. Dort war das Gras nicht schlechter als auf dem Gelände des Milizreviers, außerdem wuchsen dort einige Obstbäume. Der Kuh war das Gras zwar lieber, doch verschmähte sie auch das Fallobst nicht.

»Mir tut es nicht leid drum«, pflegte der Reiche Schneider zu sagen, wenn er die Kuh beim Verspeisen von Fallobst beobachtet hatte. Er sagte es jedesmal wieder, worüber Tschik zunächst verblüfft war, bis er begriff, daß der Reiche Schneider den Satz deshalb so oft wiederholte, weil es ihm um sein Fallobst doch etwas leid tat.

Bald hatte die Kuh das Grundstück des Reichen Schneiders abgegrast und kahlgefressen. Daraufhin führte Tschik sie auf eine kleine Wiese, die sich in der Nähe des Grundstücks befand.

Am Wiesenrain stand ein kleines baufälliges Haus. Tschik meinte, daß direkt vor der Wiese die Stadtgrenze verliefe. Daraus folgte, daß das Weidenlassen der Kuh auf der kleinen Wiese neben dem kleinen baufälligen Haus nicht gegen die in Suchum wie auch in Batum geltenden Gesetze verstieß.

Die Sache hatte freilich einen Schönheitsfehler. Tschik hatte davon gehört, daß in dem kleinen baufälligen Haus ein Geisteskranker lebte. Und vor diesem Mann fürchtete sich Tschik ein bißchen. Doch andererseits hatte er Erfahrung im Umgang mit Geistesgestörten, und das wiederum machte ihm Mut. Wenn Tschik die Kuh seiner Tante irgendwo weiden ließ, war Onkel Kolja sowieso immer dabei. Falls jener andere Geisteskranke Schwierigkeiten machte, könnte man Onkel Kolja als Moderator einsetzen. Tschik war sich sicher, daß die beiden Geisteskranken eine gemeinsame Sprache finden würden. Sie tauschen ihre Wahnideen aus, dachte Tschik, erzielen Übereinstimmung, und die Kuh kann ungestört grasen.

Übrigens war der andere Geistesgestörte ebenfalls

Kuhhalter. Auch seine Kuh weidete auf der Wiese. Sie war jedoch im Gegensatz zu ihrem Besitzer geistig absolut normal.

An jenem Tag nahm Tschik außer Onkel Kolja noch Onik, Sonjka und Nike auf die Wiese neben dem kleinen baufälligen Haus mit. Dort wuchs auch ein Birnbaum, der zwar kleine, aber sehr schmackhafte Früchte trug. Tschik und Onik versuchten zunächst, die Birnen durch Steinwürfe von den Ästen zu schlagen, doch das brachte nichts, die Äste wuchsen nämlich ziemlich hoch, und die Steine erreichten sie nicht. Tschik beschloß, auf den Birnbaum zu klettern und die Birnen von den Ästen zu schütteln. Er ging davon aus, daß der Birnbaum ein Niemandsbaum war: so wie die Wiese eine Niemandswiese war.

Tschik und Onik kletterten auf den Birnbaum und begannen, die Äste kräftig zu schütteln. Unten hagelte es Birnen. Die beiden Kühe waren gleich zur Stelle, außerdem tauchten streunende Schweine auf und machten sich auch über das Fallobst her.

»Jagt die Säue fort!« rief Tschik den beiden Mädchen zu, die den Auftrag hatten, die Birnen aufzulesen. Er wollte verhindern, daß die Schweine ihnen die Birnen wegfraßen. Tschik hatte ein Vorurteil gegen Schweine, ein Relikt islamischer Erziehung.

Die Mädchen versuchten, die Schweine fortzujagen, doch die Schweine entfernten sich jedesmal nur einige Schritte weit und waren gleich wieder da. Sie beherrschten die Lage und wußten das auch. Die beiden Jungen saßen in der Baumkrone, und das ebenerdig eingesetzte schwache Geschlecht war im Steinwerfen ungeübt.

Auch die Kühe sprachen den Birnen zu, aber nicht mit einer solchen Gier wie die Schweine. Sie kauten langsam und schluckten dezent, während die Schweine so laut schmatzten, daß man das sogar noch oben in der Krone hören konnte.

Plötzlich kam aus dem kleinen baufälligen Haus eine alte Frau heraus und begann die Kinder auszuschimpfen, weil sie die Birnen vom Birnbaum schüttelten. Schimpfend ging sie langsam auf den Baum zu. Das Geschimpfe der Frau störte Tschik und Onik nicht weiter, dies um so mehr, als die Frau auf mengrelisch schimpfte. Die Frau wiederum ließ sich durch ihr eigenes Schimpfen nicht daran hindern, einen Rocksaum voll Birnen zu sammeln. Den Umstand, daß sie diese Birnen den in der Baumkrone sitzenden, von ihr beschimpften Jungen verdankte, ließ sie unbeachtet. Sie schimpfte auch noch auf dem Rückweg, aber friedlicher.

Tschik und Onik stiegen vom Birnbaum herunter und ließen sich von den Mädchen mit Birnen bewirten. Trotz der Konkurrenz der beiden Kühe, der streunenden Schweine sowie der alten Frau aus dem kleinen baufälligen Haus hatten Sonjka und Nike ziemlich viele Birnen gesammelt. Jetzt wurden die kleinen, aber saftigen Früchte gemeinsam verspeist.

Onkel Kolja hatte in Eigenregie und unabhängig von den beiden Mädchen einen gewissen Bestand an Birnen gesammelt. Gegenüber den Schweinen hatte er härter durchgegriffen als die Mädchen. Das lag jedoch im Gegensatz zu seinem Neffen Tschik nicht an islamischen Maximen, sondern daran, daß sich Onkel Kolja vor dem Umgang mit Mensch und Sau gleichermaßen ekelte. Jetzt war auch er damit beschäftigt, die eingesammelten Birnen zu essen, wobei er jede Birne vor dem Verzehr sorgfältig mit dem Taschentuch abrieb.

Die Kinder hatten gerade ihre Birnen aufgegessen und dachten darüber nach, was sie jetzt noch anstellen könnten, damit keine Langeweile aufkäme, als sie plötzlich die Stimme jenes anderen Geisteskranken hörten. Sein Heimkommen hatten sie nicht bemerkt. Vielleicht war der Mann auch gar nicht heimgekommen, sondern hatte geschlafen, war aufgewacht und hatte laut zu schreien begonnen.

Tschik fühlte Unruhe in sich aufsteigen. Er meinte, aus dem Schreien des Verrückten herauszuhören, daß dessen Gebrüll ihnen gelte. Der Mann trat auf die Gartentür seines kleinen baufälligen Hauses zu und schaute auf die Wiese hinaus. Sein Anblick war furchterregend, er hatte einen wilden Haarwuchs und zerlumpte Kleider.

Tschik verglich den Mann mit Onkel Kolja. Der war glattrasiert und ärmlich, aber ordentlich gekleidet. Er wirkte gegenüber seinem Mitverrückten zivilisiert und wohlgesittet. Tschik kamen Zweifel daran, ob Onkel Kolja der geeignete Moderator bei einer Zuspitzung des Konflikts mit dem anderen Geistesgestörten wäre. Dies um so mehr, als Onkel Kolja infolge seiner Schwerhörigkeit das Gebrüll des Mannes gar nicht mitbekam. Er saß heiteren Sinnes im Gras und sang ein munteres selbstkomponiertes Liedchen.

Der andere Verrückte fuhr unterdessen fort, im Hof seines Anwesens zu toben. Manchmal streckte er seinen struwweligen Kopf hinter der Gartentür hervor und blickte grimmig in Richtung auf die Kinder und den Sänger. Die Anwesenheit dieser Leute an diesem Ort schien ihm sehr zu mißfallen. Welch ein Glück, dachte Tschik, daß er uns nicht beim Schütteln des Birnbaums gesehen hat.

Auch die anderen Kinder wurden von Unruhe ergriffen. Nike wurde sehr blaß im Gesicht. Im Hof des kleinen baufälligen Hauses vermischten sich jetzt die Stimmen der alten Frau und des Geisteskranken, Tschik bedauerte im nachhinein, daß er die Kuh auf die Wiese geführt hatte. Andere Kuhhalter ließen nie ihre Kühe hier weiden. Wahrscheinlich fürchteten sie sich vor dem Verrückten. Tschik hatte schlauer als die anderen sein wollen. Nun hatte er die Bescherung.

Die Kinder standen von der Erde auf. Sie standen ratlos und besorgt herum, dicht aneinandergedrängt. Sie spürten, daß es der Stimme der alten Frau nurmehr mit Mühe gelang, den geisteskranken Mann unter Kontrolle und im Hof des Anwesens zu halten. Wild fluchend trat er immer häufiger auf die Gartentür zu, um den Menschen auf der Wiese haßerfüllte Blicke zuzuwerfen.

Endlich hörte auch Onkel Kolja die wilden Schreie des Mannes an der Gartentür. Er warf ihm einen Blick zu und sagte friedfertig: »Mann schreit. Mann übergeschnappt.«

Es war Onkel Koljas Art, unbewußt von sich auf andere zu schließen, doch diesmal traf er den Nagel auf den Kopf. Tschik musterte noch einmal seinen Onkel und begriff mit jähem Erschrecken, daß auf ihn nicht zu bauen war. Wie er so dasaß, war er ein jedem Irrsinn abholder Mann im mittleren Onkelalter. Dabei hatte Tschik so gehofft, daß die zwei Verrückten eine gemeinsame Sprache fänden. Jetzt stellte sich heraus, daß es in der Welt der Irren durchaus pluralistisch zuging, pluralistischer sogar noch als in der Welt der geistig normalen Menschen.

Plötzlich lief der Mann durch die Gartentür auf die Wiese hinaus. In der Hand hielt er ein Beil.

»Warum Kuh?!« brüllte er unmenschlich wild und lief auf die Gruppe am Birnbaum zu.

Tschik wußte nicht, was er tun sollte. Er fühlte, daß seine Gliedmaßen vor Schreck bleischwer wurden. Glücklicherweise gelang es ihm, sich aus der Starre zu lösen. Er zupfte Onkel Kolja am Ärmel und schob ihn in Richtung auf den wild schreienden Mann.

»Onkel Kolja, sag ihm was«, keuchte Tschik. »Sag ihm um Himmels willen irgendwas.«

Doch Onkel Kolja war nicht bereit, die Rolle des Parlamentärs zu übernehmen. Er schob Tschik beiseite und gab ihm durch Zeichen und kurze Ausrufe zu verstehen, daß er nicht die Absicht habe, sich gegen einen anderen Verrückten aufwiegeln und einsetzen zu lassen.

»Warum Kuh?!« brüllte der wilde Mann, während er abwechselnd das Beil schwang und damit auf die Kuh von Tschiks Tante zeigte. Das Beil, dessen glattgehobelter Schaft weiß blinkte, hielt er so leicht in der Hand, als sei es eine Flaumfeder. Man spürte, daß eine unbändige Körperkraft in ihm steckte.

Er erschlägt uns alle mit dem Beil, erst die Kuh und dann uns Menschen, dachte Tschik, der eine tiefe Leere in sich fühlte. Keines der Kinder brachte ein Wort über die Lippen, auch Onkel Kolja blieb stumm.

Der Mann kam unterdessen immer näher. In seinen Augen war deutlich der Wahnsinn zu sehen.

Einen Augenblick später stellte Tschik fest, daß er mit allen anderen über die Wiese rannte. Sie liefen vor dem wilden Mann davon. Allen voran floh Onkel Kolja.

»Warum Kuh?!« brüllte es in ihrem Rücken, und die Stimme, die diese zwei Worte herausbrüllte, schwoll immer mehr an. Noch eine Minute, und er hat uns eingeholt, dachte Tschik, und dann geschieht etwas Entsetzliches.

Die Laufenden näherten sich dem kleinen baufälligen Haus, in dem der wahnsinnige Mann lebte. Die alte Frau, wahrscheinlich seine Mutter, trat durch die Gartentür, rief etwas und drohte dem Mann mit dem Stock.

Onkel Kolja und die Kinder rannten aus Leibeskräften, doch der Abstand zwischen ihrer Gruppe und dem sie verfolgenden Mann wurde immer kleiner. Plötzlich löste sich Sonjka von der Gruppe der Laufenden. Es sah so aus, als hätte der Verfolger Sonjka von den anderen abgeschnitten. Er rannte jetzt hinter ihr her.

Sonjka und der wilde Mann befanden sich jetzt im Blickfeld der anderen. Voller Entsetzen sah Tschik, daß sich der Abstand zwischen Sonjka und dem Verfolger verringerte. Gleich hat er sie eingeholt, dachte Tschik. Er dachte auch noch dies: Der Mann hat sich deshalb für Sonjka entschieden, weil sie am ärmlichsten gekleidet war. Auch Hunde fallen, wenn sie die Wahl haben, immer den an, der die schlechtesten Klamotten hat.

Der Mann wollte Sonjka mit der freien Hand packen, doch sie entwand sich ihm wie durch ein Wunder, gewann ein paar Sekunden Zeit, änderte die Richtung und lief jetzt auf die alte Frau zu. Sie erreichte die Frau und suchte hinter deren Rücken Schutz.

Damit hatte niemand gerechnet, wohl am wenigsten der wilde Mann. Er stellte das Rennen ein und ging auf die alte Frau zu. Jetzt wirkte er nicht mehr so wahnsinnig.

»Warum Kuh?!« brüllte der Mann wieder los, doch seine Bewegungen waren nicht mehr so entschlossen. Die alte Frau erwiderte ihm etwas auf mengrelisch. Als er nahe an sie herangekommen war, kam sie ihm einige Schritte entgegen. Sie schwang den Stock und blieb schützend vor Sonjka stehen.

Es kam zu einer Kraftprobe. Der Sohn bedrängte die Mutter, die sich seitwärts zurückzog. Die Szene verlagerte sich zur Gartentür hin. Die Frau stieß den Mann durch die Tür in den Hof, während sie weiter Sonjka Schutz gewährte. Tschik war etwas verblüfft, daß der wilde Mann Angst vor der alten Frau hatte und sich von ihr dirigieren ließ.

»Geht fort, geht alle fort von hier!« sagte die Frau und machte eine scharfe Armbewegung. Tschik lief auf die Kuh seiner Tante zu und trieb sie von der Wiese fort.

Der wilde Mann stieß hinter der Gartentür hervor noch ab und zu wilde Schreie aus, doch die Wildheit der Schreie war gebrochen. Der wildeste Schrei ertönte noch, als Tschik und Kuh das Haus passierten. Während sich alle rasch entfernten, spürten sie in ihrem Rücken die tödliche Gefahr, der sie mit knapper Not entronnen waren.

Einige Zeit nach dem Vorfall war es Tschiks Tante endlich leid, Gras für die Kuh zu zupfen und ihr mit

List sowie mit Hilfe einer Wärmflasche die von der Kuh strikt verweigerte Milch zu entlocken. Es kam zu einem Ehekrach, der damit endete, daß Kuh und Kalb ins Dorf zurückbefördert wurden, wo sie aber nicht mehr bei Tschiks Großvater, sondern bei einem anderen Verwandten Kost und Logis fanden.

Teetrinken und Liebe zum Meer

Es war ungefähr elf Uhr morgens. Tschiks Tante saß auf der Veranda auf ihrem üblichen Platz am offenen Fenster. Von hier aus war der Hof gut einzusehen, weshalb man diesen Platz *Kommandobrücke* nannte.

Von hier aus beobachtete Tschiks Tante nicht nur das Leben und Treiben im Hof, sie griff auch gern in dieses Treiben ein, wobei sie den Konflikten und Scharmützeln bisweilen eine neue Wendung gab. Jedesmal gab es einen Moment, an dem sie den Status des unbeteiligten Beobachters aufgab und sich aus einer neutralen in eine kriegführende Macht verwandelte.

Ein beiläufig hingeworfenes Wort oder eine abschätzige Geste genügte vollauf, um die Tante aus der Reserve zu locken. Doch heute ging es im Hof friedlich zu, und auch Tschiks Tante war menschenfreundlich gestimmt.

Man trank Tee, aß Pastetchen und Pfirsiche. Der Tante gegenüber am Verandatisch saß die neue Nachbarin Jewgenija Alexandrowna, die kürzlich mit Ehemann und Sohn Erik in den Hof gezogen war.

Auch Tschik nahm am Teetrinken teil, doch im Gegensatz zur Tante, die ihren saftigen Pfirsich in kleine Stücke geschnitten und ins Teeglas gelegt hatte, hatte

Tschik seinen Pfirsich gleich zu Beginn aufgegessen. Jetzt trank er den Tee pur und aß dazu süße Pastetchen. Tschik hatte den Eindruck, daß auch die neue Nachbarin gern seinem Beispiel gefolgt wäre, doch das war nun nicht mehr möglich. Tschiks Tante hatte den der Nachbarin zugedachten Pfirsich nämlich eigenhändig in deren Teeglas hinein zerkleinert und dazu bemerkt, Tee mit Pfirsich sei eine Delikatesse.

Die Tante war eine passionierte Teetrinkerin. Sie trank freilich auch gern Kaffee. Doch den Kaffee trank sie einfach so, während sie in den Tee stets etwas hineintat. Wenn es auf dem Markt Zitronen gab, trank sie Tee mit Zitrone. Wenn keine Zitronen aufzutreiben waren, wurde der Tee mit Mandarinen, Äpfeln, Erdbeeren oder, wie jetzt, mit Pfirsichen getrunken.

Onkel Kolja saß gleichfalls auf der Veranda, aber nicht am allgemeinen Tisch, sondern am Onkel-Kolja-Tisch. Was das Teetrinken anbetraf, so hatte er sich an Tschik orientiert und seinen Pfirsich gleich zu Anfang gegessen. Die Pfirsiche waren an beiden Tischen gleichmäßig verteilt worden. Ein Pfirsich war übriggeblieben. Dessen weiteres Schicksal erfüllte Tschik mit Sorge.

Wahrscheinlich hatte die Tante den letzten Pfirsich einfach vergessen, aber wenn ihn Tschik unaufgefordert an sich genommen hätte, wäre es durchaus möglich gewesen, daß ihn die Tante zur Ordnung gerufen und ihm in Anwesenheit der neuen Nachbarin eine Rüge erteilt hätte, Das wollte Tschik gern vermeiden.

Tschik versuchte, die Aufmerksamkeit der Tante auf diesen ungenutzten letzten Pfirsich zu lenken, indem er mehrmals Fliegen und einmal eine Wespe verjagte, die sich dem Pfirsich näherten. Er erwartete, daß die Tante seine Bemühungen bemerkte und endlich honorierte, etwa mit den Worten: »Iß ihn auf, Tschik, damit uns nicht immer die Fliegen belästigen.«

Doch vorerst sagte die Tante nichts dergleichen. Sie war so sehr ins Gespräch mit der neuen Nachbarin vertieft, daß sie Tschiks Bemühungen glatt übersah. Das Schicksal des Pfirsichs blieb ungeklärt.

Außerdem gab es noch eine zweite Sorge, die Tschik noch mehr bedrückte als die ungelöste Pfirsichfrage. Er benötigte die Erlaubnis der Tante zu einem Gang ans Meer. Darauf warteten auch seine Kameraden. Das Wort von Tschiks Tante hätte als Signal gewirkt, dem sich die Eltern der anderen Kinder gefügt hätten.

Tschik fiel ein Junge ein, dem er am Meer begegnet war. Dieser Junge war besser dran, er mußte mit Sicherheit niemanden fragen, ob er ans Meer gehen dürfe oder nicht.

Zum erstenmal war Tschik dem Jungen auf der *Dinamka* begegnet. So nannte man in Suchum einen ehemaligen Schiffsanlegeplatz, der für den Schwimmsport umgebaut worden war. Man hatte einen Sprungturm errichtet und Schwimmbahnen angelegt: eine Fünfzehnmeter- und eine Fünfundzwanzigmeterbahn. Hier hatte sich Tschik eines Tages davon überzeugt, daß er fünfundzwanzig Meter weit unter Wasser schwimmen kann.

Der Junge mußte, seinem Körperwuchs nach zu urteilen, etwa so alt wie Tschik sein, doch im Gegensatz zu Tschik beherrschte er die Kunst, von allen drei Plattformen des Sprungturms kühn und elegant ins Wasser zu springen. Der Mut dieses Jungen weckte in Tschik das Gefühl neidischer Hochachtung.

Tschik wurde einmal Zeuge, wie einige erwachsene Burschen darüber in Streit gerieten, ob dieser Junge es wohl wagen würde, von der höchsten Stelle des Sprungturms ins Wasser zu springen. Das war das Dach des Billardraums.

Die erwachsenen Burschen schlugen dem Jungen vor, er möge doch einmal vom Sprungturmdach springen. Erst lehnte der Junge das ab. Er sagte, er hätte keine Lust, aufs Turmdach zu klettern. Daraufhin sagte einer der Erwachsenen, er hätte wohl Schiß vor dem großen Sprung.

Der Junge wies diese Unterstellung zurück. Er sagte, diese Denkweise sei unsportlich. Darüber mußten die Erwachsenen lachen. Tschik fand, daß der Junge gut gekontert hatte.

»Und wenn ich dir 'nen Rubel gebe, springst du dann?« fragte einer der erwachsenen Burschen den Jungen.

»Klar, für 'nen Rubel spring ich immer«, erwiderte der Junge und fügte hinzu: »Na, wird's bald, wo ist euer Rubel?«

Die Erwachsenen lachten wieder. Jener Bursche, der das Angebot gemacht hatte, griff in seine Hosentasche, zog den Geldbeutel heraus und entnahm ihm einen noch druckfrischen verheißungsvoll knisternden, wie mit dem Bügeleisen glattgebügelten Rubelschein.

Der Junge stieg zur dritten Plattform hinauf und kletterte von dort aufs Dach des Billardraums. Er kletterte eine der vier dünnen Metallsäulen hoch, auf denen der Billardraum ruhte. Es war unangenehm, dem Jungen dabei zuzusehen, denn es bestand die Gefahr, daß er den Halt verlöre und auf das hölzerne Turmpodest herabstürzte. Tschik hatte Angst um den Jungen und verspürte zugleich eine starke Aversion gegen die erwachsenen Burschen, die den Jungen zu dieser gefährlichen Aktion angestiftet hatten.

Doch der Junge erreichte wohlbehalten das Turmdach und machte einen eleganten Kopfsprung. Es war ein schöner bewegender Augenblick, wie sein schmaler Körper das Wasser zerteilte. Tschik genoß den Anblick so sehr, daß er seine Wut auf die erwachsenen Burschen gleich wieder vergaß.

Einige Minuten später stieg der Junge wieder an Land und ging freudig erregt und pitschnaß auf die erwachsenen Burschen zu. Einen Moment lang fürchtete Tschik, daß die Erwachsenen den Jungen um seinen Lohn betrügen und die Herausgabe des Rubels verweigern würden. Doch das geschah nicht. Der Bursche, der vorhin das Angebot gemacht hatte, reichte dem Jungen den Rubelschein, den er unterdessen in der Hand gehalten hatte. Er tat es mit einem Lächeln, das wohl anzeigen sollte, daß es ihm um den lumpigen Rubel überhaupt nicht schade war.

Der Junge nahm den Rubelschein mit zwei Fingern in Empfang, um ihn nicht naßzumachen, und sagte dem erwachsenen Burschen, während er auf einem Bein hüpfte und sich das Wasser aus den Ohren schüttelte, er sei zu einem neuerlichen Sprung bereit, falls sein zweiter Sprung dem Burschen einen zweiten Rubel wert sei.

Daraufhin begannen die erwachsenen Burschen wieder zu lachen. Lachend äußerten sie die Befürchtung, daß der Junge sie, wenn er so weiterspränge, innerhalb kurzer Zeit an den Bettelstab bringen würde. Mit diesen Worten begaben sie sich in den Billardraum.

Einige Tage später begegnete Tschik dem Jungen wieder, doch diesmal unter völlig anderen Umständen. Er traf ihn an der Ruine der alten Festung. Dort ragte, zehn Meter vom Ufer entfernt, ein steiler Felsblock aus dem Meer empor. Tschik schwamm zum Felsblock hinüber und erklomm ihn nicht ohne Mühe. Da sah er den Jungen von der *Dinamka.* Er hätte ihn fast nicht wiedererkannt. Der Junge lag, blau vor Kälte, auf dem nackten Stein des Felsens und preßte seinen Körper gegen das warme Gestein, um auf diese Weise seinen Schüttelfrost zu bezwingen.

Neben dem Jungen stand Keroptschik, ein stadtbekannter Taugenichts und Rowdy. Keroptschiks Miene drückte Ungeduld aus. Neben Keroptschik standen noch zwei andere halbwüchsige Burschen. Alle drei waren halbnackt und ihre Körper ausgiebig tätowiert.

Aus dem Gespräch, das die drei Burschen führten, ging hervor, daß der Junge in ihrem Auftrag nach Muscheln tauchte. Die Burschen wollten sie anschließend auf dem Bazar verkaufen.

Auf dem Felsgestein lag bereits ein kleiner Berg Muscheln. Tschik schätzte ihr Gesamtgewicht auf etwa zehn Kilo. Von Zeit zu Zeit richtete Keroptschik das Wort an den Jungen und ermahnte ihn, endlich aufzustehen und weiterzumachen.

»Erst muß ich mich aufwärmen«, erwiderte der Junge zähneklappernd.

An der Stimme erriet Tschik, daß der Junge es leid war, für Keroptschik Muscheln vom Meeresgrund zu holen. Zugleich spürte man jedoch, daß sich der Junge gegenüber Keroptschik in einem Abhängigkeitsverhältnis befand und es nicht wagte, dessen Ansinnen zurückzuweisen. Damals an der *Dinamka* war dieser Junge ein freier und fröhlicher Mensch gewesen, der den Erwachsenen seine Bedingungen diktierte und sie sogar ein wenig auf den Arm nahm. Hier auf dem Felsen wirkte er wie ausgewechselt. Tschik bekam Mitleid mit ihm.

»Laß mich einmal tauchen, Kerpotschik«, sagte er.

»Kannst du denn tauchen«, fragte Keroptschik.

»An der Dinamka erreiche ich den Meeresgrund«, prahlte Tschik.

»Gut, dann spring ins Wasser«, erwiderte Keroptschik gnädig.

Tschik trat auf den zum Meer hin gelegenen Rand des Felsblocks zu und machte sich bereit.

»Rechts ist ein scharfkantiger Pfahl, paß auf«, sagte der Junge mit heiserer Stimme, ohne das Kinn von dem Felsengestein zu lösen.

»Ich paß auf«, sagte Tschik und sprang ins Wasser.

Nach dem Sprung schwamm er dicht an den Felsen heran, holte tief Luft und tauchte. Tschik hielt sich für einen recht passablen Taucher. Hervorragendes hatte er auf diesem Gebiet zwar noch nicht geleistet, doch das mit dem Erreichen des Meeresgrunds an der *Dinamka* war nur geprahlt, nicht gelogen gewesen, und unter Wasser schwamm er bis zu fünfundzwanzig Meter weit.

Tschik sah jetzt den vom Wasser bedeckten Teil des Felsblocks, der mit Seetang bewachsen war. Der Seetang bewegte sich im Rhythmus der Meereswellen.

Zwischen den schaukelnden Seetangbüscheln entdeckte Tschik eine Karausche und einen Grünling. Tschik hatte den Eindruck, daß auch die Karausche ihn gesehen hatte und sich daraufhin im gemeinsamen Rhythmus der Wellen und des Seetangs zu bewegen begann; sie nahm wohl an, Tschik hätte sie noch nicht entdeckt.

Tschik wußte, daß der Seetang sich zäh an den Felsen klammert, und machte sich diesen Umstand zunutze. Indem er sich an den Seetangbüscheln festhielt, bewegte er sich langsam, aber sicher auf den Meeresgrund zu. Er wollte Kräfte sparen und möglichst lange unter Wasser bleiben. Mit seinen Händen, die nach den Seetangbüscheln griffen, fühlte er die scharfen Kanten kleiner Muscheln. So versenkte er sich immer tiefer und tiefer. Er hoffte, endlich das Revier der großen Muscheln zu erreichen.

Gleichzeitig blickte er aufmerksam nach links, um nicht an den scharfkantigen Pfahl zu geraten, vor dem ihn der Junge gewarnt hatte. Doch er konnte den Pfahl nirgends entdecken. Dann hörte der Seetang plötzlich auf. Tschik ließ das letzte Büschel los, versäumte es jedoch, sich rechtzeitig umzudrehen. Das hatte zur Folge, daß ihn das Meer, bevor er sich's versehen hatte, wieder an die Meeresoberfläche hinaufstieß.

Als Tschik oben angelangt war, mußte er zunächst einmal verschnaufen. Keroptschik blickte ihn von oben herab mit seinen Ziegenaugen an. Er stellte keine Fragen. Es war ohnehin klar, daß Tschik mit leeren Händen zurückgekehrt war.

Dafür fragte einer der Burschen aus Keroptschiks Begleitung: »Hast du da unten was erbeutet?«

»Seien wir froh, daß er heil wieder aufgetaucht ist«, bemerkte Keroptschik sarkastisch.

Tschik machte einen neuen Tauchversuch. Diesmal nahm er sich fest vor, den Seetang dort, wo er aufhörte, nicht gleich loszulassen, sondern sich zunächst einmal, den Kopf nach unten, umzudrehen, um dann aus eigener Kraft weiter abwärts zu tauchen.

Er führte seinen Vorsatz technisch perfekt aus. In der größeren und dunkleren Tiefe, in die er so gelangte, entdeckte er endlich auch die Pfähle. Einer der Pfähle hatte in der Tat die Schärfe eines Glasscherbens.

Tschik, sieh dich vor, dachte Tschik und ergriff einen anderen Pfahl, der zwar nicht scharfkantig, jedoch durch die an ihm haftenden kleinen Muscheln ziemlich stachlig war. So tauchte er, sich am Pfahl festhaltend, immer tiefer und tiefer hinab.

Tschik konnte jetzt fast nichts mehr sehen, doch mit seinen Händen spürte er, daß hier unten größere Muscheln am Pfahl hafteten. Er versuchte, eine der Muscheln vom Pfahl wegzureißen, doch er hatte keinen Erfolg damit. Mit der zweiten Muschel hatte er mehr Glück, die wackelte wie ein lockerer Zahn. Unter Aufbietung seiner letzten Kraft zerrte er an der Muschel und riß sie vom Pfahl weg. Dem Ersticken nahe, stieß er sich nach oben an die Meeresoberfläche. Die erbeutete Muschel hatte die Größe einer Männerfaust. Er tauchte mit ausgestrecktem Arm wieder auf und zeigte seine Beute vor. Keroptschik musterte die Muschel mit Kennerblick.

»Die Muschel ist Klasse«, sagte Keroptschik, »doch du mußt immer mehrere Muscheln auf einmal mitbringen.«

»Du hast gut reden, Keroptschik«, erwiderte Tschik. Dann schwamm er an den Kescher heran, der an einem Strick vom Felsblock herabhing, und warf die Muschel hinein.

Tschik machte noch ein paar Tauchversuche, doch er erbeutete jedesmal nur kleine Muscheln oder gar nichts.

Tschik hatte, um die Wahrheit zu sagen, Angst, von einem der scharfkantigen Pfähle aufgespießt zu werden. Er hatte gesehen, daß es dort unten mehrere solcher Pfähle gab. Außerdem tauchte er ungern an Orten, wo er sich schlecht auskannte.

Endlich sagte ihm einer von Keroptschiks Spezis, daß er das Tauchen einstellen solle. Tschik ergriff den Strick, an dem der Kescher hing, und hievte sich nach oben. Dabei betrachtete er die von ihm erbeutete große Muschel. Groß war sie ja, aber leider völlig einsam. Die kleineren Muscheln hatten vor Keroptschik keine Gnade gefunden. Tschik mußte sie ins Meer werfen.

Keroptschiks Kumpel zog ihn auf den Felsblock hinauf. An der Art, wie dieser Bursche das tat, bemerkte Tschik, daß er unterdessen an Gewicht zugenommen hatte. Das liegt bestimmt daran, daß ich erfolglos war, dachte Tschik.

Früher hätte Tschik auch ohne ausdrückliche Erlaubnis seiner Tante mit den Spielkameraden ans Meer gehen können. Doch jetzt war das unmöglich.

Vor zwei Tagen nämlich hatte der alte Gabunia, der Greis, unter dessen Hausdach seit der Zarenzeit ein Riesenskorpion lebte, Tschik im Garten der georgischen Schule entdeckt und gestellt; der Alte arbeitete dort als deren Tag- und Nachtwächter. Tschik gelang zwar die Flucht, doch Gabunia kam zu ihnen ins Haus und beschwerte sich bei Tschiks Tante über den Jungen, und Tschiks guter Ruf und Leumund waren ins Wanken gekommen. Bisher hatte man derlei Missetaten nur Tschiks älterem Bruder, nicht aber Tschik zugetraut.

Tschik begriff, daß er momentan wenig Chancen hatte, eine Erlaubnis seiner Tante zu erwirken. Deshalb versuchte er es gar nicht erst. Er wartete auf eine günstige Gelegenheit, auf den Moment, an dem die Tante von ihrer eigenen Erzählung so hingerissen wird, daß sie Tschik jede nur erdenkliche Erlaubnis gibt, nur damit er sie nicht beim Erzählen störe.

Die Tante erzählte bereits ziemlich hingerissen, doch Tschik war sich nicht sicher, ob sie schon jenen Hingerissenheitsgrad erreicht hatte, der es gestattet hätte, sich mit einer Bitte an sie zu wenden. Gegenstand ihrer Erzählung war ihre denkwürdige Begegnung mit dem Prinzen von Oldenburg, der vor der Revolution die wichtigste Figur in Gagry war.

Ein Anverwandter der Tante hatte auf einem der prinzlichen Güter als Gärtner gearbeitet. Die Tante war dem Prinzen begegnet, als dieser mit seiner Begleitung den Gutsgarten besichtigte.

Die Erzählung der Tante enthielt einen Widerspruch, der Tschik irritierte und bisweilen seinen Zorn erregte. Nach der einen Version war die Tante damals noch ein kleines Mädchen, ein Kind, nach der anderen Version war sie ein heiratsfähiges junges Mädchen. Nach dieser zweiten Version fand der Prinz von Oldenburg großen Gefallen an ihrer Schönheit. Diesmal hielt sich die

Tante an die zweite Version und erzählte, der Prinz hätte einen so großen Gefallen an ihrer Schönheit gefunden, daß er sich sogar mit dem Gedanken getragen hätte, sie bei Hof einzuführen.

Beim Stichwort *Hof* warf Tschik einen Blick in den Hof über die Schulter der munter fabulierenden Tante hinweg. Er sah Nike, die auf einem dicken Rebenstamm saß und ein Buch las. Dann sah er Sonjka, die neben Nike saß und Belka streichelte. In Tschiks Abwesenheit trat Sonjka in dessen Hundehalterrechte und -pflichten ein.

Neben Sonjka saß Onik, der Sohn des Reichen Schneiders. Sein Gesicht drückte eine an Trostlosigkeit grenzende Nachdenklichkeit aus. Onik fing Tschiks Blick auf und nickte ihm zu. In sein Nicken legte er die stumme Frage: »Wie lange soll ich hier noch sitzen mit dem Ausdruck einer an Trostlosigkeit grenzenden Nachdenklichkeit auf dem Gesicht?« Tschik erwiderte Oniks Nicken mit einem Achselzucken, das etwa besagte: »Ich versetze mich in deine Lage und tue, was ich kann, aber vorläufig kann ich noch nichts versprechen.« Belka erriet an Oniks Gesichtsausdruck, daß Tschik Onik anblickte. Daraufhin blickte sie zu Tschik hinauf und gab durch das Wedeln des Schwanzes zu verstehen, daß sie auf Tschik blickt und bei seinem Anblick Freude empfindet.

Auch Sonjka begriff, daß Tschik zu ihnen in den Hof hinuntersah. Sie schaute ebenfalls nach oben und strahlte dabei übers ganze Gesicht. Aber Sonjkas Gesicht strahlte nicht nur, es drückte auch die Gewißheit aus, daß Tschik das gesteckte Ziel erreichen würde.

In diesem Moment betrat Sonjkas Mutter, Tante

Faina, die von einem Bazargang zurückkehrte, den Hof. Sie versuchte wie immer, unbemerkt in ihr Zimmer zu schlüpfen. Doch sie wurde von Tschiks Tante bemerkt.

»Nun, wie war es auf dem Bazar?« fragte Tschiks Tante lautstark, und Tante Faina zuckte zusammen und blieb stehen.

»Die Händler auf dem Bazar sind fast noch verrückter als Ihr werter Bruder«, erwiderte Tante Faina, ohne ihren Einkaufskorb abzusetzen. »Wenn das so weitergeht, kostet ein Kilo Kartoffeln bald so viel wie ein Barren Gold.« Tschiks Tante nickte Tante Faina zu und gab ihr so zu verstehen, daß das Interesse an ihr erschöpft war. Tante Faina drehte sich um und ging weiter.

»Das Schönste ist, daß diese Frau«, sagte Tschiks Tante, während sie sich eine Zigarette anzündete, »sich ständig über die Preise auf dem Bazar beklagt und dabei jedesmal mit vollen Einkaufskörben vom Bazar zurückkommt . . . Wo war ich stehengeblieben . . .«

»Sie erzählten, daß der Prinz von Oldenburg ein steinreicher Mann war«, sagte die neue Nachbarin Jewgenija Alexandrowna.

»Der Prinz war Milliardär«, sagte Tschiks Tante bestimmt und nahm einen Schluck aus ihrer Teetasse. »In Gagry gehörten ihm alle Paläste und der gesamte Grund und Boden.«

Tschik hatte dies alles schon tausendmal gehört.

»Bloß der Boden oder auch die Bodenschätze?« fragte Tschik.

»Was für Bodenschätze?«, fragte Tschiks Tante zurück.

»Na eben die Bodenschätze«, präzisierte Tschik. »Heute gehört der Boden mit den Bodenschätzen dem

Volk, während er damals dem Zaren, den Gutsbesitzern und den Kapitalisten gehörte.«

»Misch dich nicht immer ein, wenn sich Erwachsene unterhalten«, erwiderte Tschiks Tante streng. »Natürlich gehörten dem Prinz von Oldenburg auch die Bodenschätze. An jenem Tag setzte er mich in seine Limousine und fuhr mich in der ganzen Stadt spazieren. Es war traumhaft . . . Alle Stadtbewohner starben fast vor Neid . . .«

Tschik verstummte und gab sich seinen Gedanken hin. Ihn wunderte und freute, daß Sonjka sicher war, daß er alles, was er will, erreichen kann. Dabei hatte Tschik manchmal Angst, vor einer Rauferei zum Beispiel, aber Sonjka wußte ganz gewiß, daß Tschik frei von jeder Furcht ist, und das machte ihn tatsächlich mutig.

So war es auch kürzlich gewesen, als Belka plötzlich verschwunden war und sich einen Tag und eine Nacht lang nicht blicken ließ. Tschik war verzweifelt, er fürchtete, daß der Hundefänger Belka gefangen hatte. Doch Sonjka konnte ihn davon überzeugen, daß Belka weiterhin bei Leben und Gesundheit sei.

Tschik glaubte Sonjka und beruhigte sich etwas. Tatsächlich hatte sich der Hundefänger schon lange nicht mehr in ihrer Straße blicken lassen. Und weit vom Haus pflegte Belka sich nie zu entfernen.

Zusammen mit seinen Freunden durchkämmte Tschik alle Höfe in der Nachbarschaft. Überall fragten sie die Leute, ob sie Belka gesehen hätten, aber keiner hatte den Hund gesehen. Plötzlich hörte Tschik in nächster Nähe seines Hauses, nämlich im Hof der georgischen Schule, ein Heulen. Tschik sprang über den

Zaun, blieb in der Mitte des Schulhofs stehen und horchte weiter hin. Nach einiger Zeit hörte er ein leises Jaulen und Winseln, das von der schuleigenen Brennholzscheune herkam.

Tschik rannte auf die Scheune zu und rief noch im Rennen: »Belotschka! Belka!« Sein Ruf wurde durch ein lautes Freudengejaul erwidert. Tschik verschlug es vor Mitleid fast den Atem.

Jetzt war ihm auch klar, wer Belka entführt und eingesperrt hatte. Es war der alte Tattergreis Gabunia gewesen, der den Garten der georgischen Schule und die Schule selbst bewachte: als ob man eine Schule wie einen Koffer wegtragen kann!

Tschik hatte Gabunia schon vorher in Verdacht gehabt, aber eine solche Infamie hatte er ihm doch nicht ganz zugetraut. Dabei ging es um ein lumpiges Küken! Belka hatte dieses Küken — das stimmte — an der Gurgel gepackt, doch Tschik hatte ihr das Küken sofort wieder entrissen. Das Küken war — das stimmte auch — an den Folgen der ihm durch Belka widerfahrenen Behandlung verstorben. Aber Belka hatte das Küken immerhin in Tschiks Hof und in keinem anderen Hof an der Gurgel gepackt, und in Tschiks Hof hatte Gabunias Küken schlechterdings nichts verloren. Folglich war der alte Knacker selber schuld gewesen, daß sein blödes Küken vorzeitig zu Schaden gekommen war.

»Halt noch einen Moment aus, Belka, gleich befrei ich dich«, rief Tschik seinem Hund zu.

Doch das war leichter gesagt als getan. Tschik ging um die Scheune herum, fand jedoch keinen Spalt, durch den er auch nur seine Hand hätte schieben können. Von Einsteigen konnte erst recht keine Rede sein.

Dann hatte er den Einfall, einen Stollen zu graben, doch er gab diesen Plan wieder auf. Die Sache wäre zu gewagt gewesen, der alte Gabunia hätte bestimmt Lunte gerochen.

Als schwächste Stelle erwies sich das riesengroße Schloß, das am Scheunentor hing. Tschik zerrte so lange daran, bis sich der in den Türpfosten genagelte Haken, an dem das Schloß befestigt war, zu lockern begann. Nach ein paar Minuten Arbeit sprang der Haken aus dem Pfosten heraus, und das Scheunentor tat sich mit rostigem Knarzen auf.

Tschik stürzte in die Ecke der Scheune, aus der ihm Belka entgegenjaulte. Auf ihn zurennen konnte sie nicht, man hatte sie an eine Kette gelegt. Tschik hatte Belka noch nie so laut jaulen gehört. Belka war ein gescheiter Hund, doch jetzt war sie wohl nicht imstande zu begreifen, daß der alte Gabunia ihr Gejaul hören mußte.

Sie schleckte Tschik das Gesicht ab, sie sprang an ihm hoch, sie schnappte nach seiner Hose. Ihr Gejaul und Gebell war Weinen und Lachen zugleich. Sie beschwerte sich über den alten Gabunia, doch sie flocht in die Beschwerde auch einen an Tschiks Adresse gerichteten Vorwurf ein. Tschik hätte sich mit der Befreiung etwas beeilen können!

Der verdammte Schinder und Tierquäler, dachte Tschik. Neben Belka stand kein Eßnapf, nicht einmal ein Trinknapf. Offenbar hatte der alte Widerling Belka zum Hunger- und Dursttod verurteilt.

Baß erstaunt war Tschik jedoch, als er an der Scheunenwand, dort wo Belka angebunden war, eine ziemlich große Grube entdeckte. Belka hatte versucht, einen

Stollen zu graben, um sich auf diese Weise zu befreien. Die Ähnlichkeit des strategischen Denkens bei Hundehalter und Hund beeindruckte Tschik ungemein.

Tschik stieg in die Grube hinab, weil er Belka so bequemer losbinden konnte. Belkas Freudensprünge erschwerten jedoch die Entfernung der scheppernden Hundekette. Tschik stand bis zur Hüfte in der Grube und ging überlegt und zügig ans Werk. Als er es endlich geschafft hatte, sah er den alten Gabunia im Scheunentor stehen.

»Du Hundesohn«, sagte Gabunia auf mengrelisch. Tschik verstand nur ein paar Brocken mengrelisch, doch er begriff, daß Gabunia etwas Unfreundliches gesagt hatte. Der alte Schulwächter blickte Tschik eine Zeitlang verwundert an und fügte dann auf russisch hinzu: »Ich bin gespannt, wie du hier rauskommen . . .«

Tschik bewahrte die Fassung und ließ sich nicht beirren. Aus seiner Grube heraus erwiderte er ruhig: »Wie ich reingekommen bin, komm ich auch wieder raus . . .«

Der alte Gabunia war mit Geistesgaben nicht gerade gesegnet, doch jetzt klatschte er sich auf die Stirn und sagte diesmal wieder auf russich: »Du Loch in die Erde machen, was?«

Tschik duckte sich in der Grube, als wollte er den Rückzug durch den nicht existenten Stollen ins Freie antreten. Im gleichen Moment rannte Gabunia los, draußen an der Scheunenwand entlang. Offenbar wollte er Tschik beim Verlassen des Stollens stellen und festnehmen.

Tschik nutzte den Moment zur Flucht, aber natürlich durch das Scheunentor.

Tschik und Belka flohen in rasender Eile über den Schulhof. Aus der Ferne hörten sie die polyglotten Verwünschungen des alten Gabunia, der ihnen jetzt nicht mehr gefährlich werden konnte.

Tschik und Belka kamen wohlbehalten in ihrem Heimathof an und verbargen sich in der Wohnung der Tante. Kurz darauf kam der alte Gabunia, um bei Tschiks Tante Klage gegen Tschik und Belka zu führen. Er verlangte eine Reparationszahlung in Form eines ausgewachsenen Huhnes. Das zu Schaden gekommene Stück Federvieh war jedoch nur ein Küken gewesen, überdies lag sein Tod ein halbes Jahr zurück.

Tschiks Tante stellte sich auf die *Kommandobrücke* und stauchte den vorwitzigen Schulwächter zusammen. Gabunia sah sich zum Verstummen und Verlassen des Tschikschen Hofes genötigt. Tschiks Tante hatte Fehler und Schwächen, doch ihre Tierliebe machte vieles wett.

Tschik blickte jetzt wieder in den Hof hinunter. Seine Spielkameraden saßen in der gleichen Haltung wie vorhin auf dem Rebenstamm, doch Oniks Anblick war noch trostloser geworden. Tschik bemerkte außerdem, daß Tante Tamara ihren Küchenanbau mit einem Eimer in der Hand verlassen hatte. Sie war stehengeblieben und blickte zu Tschiks Tante hinauf. Tschik begriff den Zusammenhang. Tante Tamara wollte Wasser aus der Regenwassertonne holen. Doch sie wollte das so machen, daß Tschiks Tante es nicht bemerkt.

Die Regenwassertonne gehörte Tschiks Tante, die in der Regel mit dem Regenwasser nicht knauserte, sondern ihre Nachbarinnen freigiebig daran teilhaben ließ. Aber wenn der Regen lange ausblieb oder wenn

Tschiks Tante schlechter Laune war, wurde die eine oder andere Nachbarin von der Mitbenutzung des Regenwassers ausgeschlossen.

Der moderne Leser wird verwundert fragen, wieso etwas so Unbedeutendes wie Regenwasser zum Gegenstand des Streites und der Rationierung werden konnte. Der moderne Leser kann natürlich nicht wissen, daß es in jener Zeit, als Tschik noch ein kleiner Junge war, unter Frauen zum guten Ton gehörte, sich das Haar mit Regenwasser zu waschen. Dieser Brauch geriet später in Vergessenheit, woraus man freilich nicht schließen darf, daß die Frauen heutzutage ihre Haare überhaupt nicht waschen. Es wird wohl eher so sein, daß sie eines Tages die Feststellung machten, daß sich Frauenhaar genausogut mit Leitungswasser waschen läßt.

Tschik bemerkte also, daß es Tante Tamara wieder einmal auf das Regenwasser seiner Tante abgesehen hatte. Sie stand da und blickte zu ihnen hinauf, wohl in der Absicht, den Moment abzupassen, an dem Tschiks Tante ihre *Kommandobrücke* verließe. Diesen Moment wollte Tante Tamara in der bereits geschilderten Weise nutzen.

Doch Tschiks Tante war damit beschäftigt, es ihrer neuen Nachbarin Jewgenija Alexandrowna so angenehm wie nur irgend möglich zu machen, und so würde sie die *Kommandobrücke,* auf der die beiden Frauen plauschend ihren Tee tranken, wohl nicht so bald verlassen. Jede neue Nachbarin wurde von Tschiks Tante zunächst einmal mit allen nur erdenklichen Wohltaten und Gunstbeweisen überhäuft.

Tschik wußte, daß diese arme Frau seiner Tante spätestens in ein, zwei Monaten zum Halse heraushängen würde. Die Tante würde ihre Liebkosungen einstellen und die Exfreundin zum Teufel jagen. Und die Arme könnte von Glück reden, wenn sie bloß davongejagt und nicht auch noch mit Schmähungen überhäuft werden würde.

Die Arme wird aus allen Wolken fallen und ziemlich unsanft auf der Erde landen. Sie wird die Gratismahlzeiten und sonstigen Aufmerksamkeiten der Tante schmerzlich vermissen und sich keinen Reim darauf machen können, weshalb Tschiks Tante ihr so plötzlich ihre Gunst entzogen hat.

Gewöhnlich endete die Sache mit einem grandiosen Skandal, und die bisherige Favoritin wurde des Hauses und des Tantenteetischs verwiesen. Einige Monate lang sprachen die zwei Frauen dann kein Wort miteinander.

Nach Ablauf einiger Monate — besonders dann, wenn Tschiks Tante in der Zwischenzeit keine neue Gesprächspartnerin oder, besser gesagt: Zuhörerin oder, noch besser gesagt: Zuschauerin hatte gewinnen können — wurden von Tschiks Tante erste Friedensfühler ausgestreckt.

Die Exfreundin wagte es zunächst nicht, an ihr neuerliches Glück zu glauben, woraufhin Tschiks Tante einen wichtigen Schritt weiterging und den Bruch mit der Busenfreundin einer dritten Frauensperson in die Schuhe schob, die angeblich die Freundin verleumdet hatte. »Ich dummes Weibsstück hab' alles geglaubt«, pflegte Tschiks Tante abschließend zu bemerken. Mit diesen Worten war die zu Unrecht Verstoßene endgültig und vorbehaltlos rehabilitiert, und die neue Gunststrähne konnte beginnen.

Tschik hatte in seinem ganzen Leben noch nie einen Menschen gesehen, der so gütig und zugleich so ungerecht und launisch war wie seine Tante.

Tschik blickte wieder in den Hof hinunter und sah dort wieder Tante Tamara, die immer noch darauf wartete, daß Tschiks Tante endlich ihren Platz auf der *Kommandobrücke* verließe.

Tante Tamaras Regenwasserbeutezug erinnerte Tschik daran, daß auch er in einem gewissen Sinn auf Regenwasser wartete, nämlich auf den Wolkenbruch, der den Tennisball, der in der Dachrinne steckte, endlich in die Regentonne befördern sollte. Tschik warf einen prüfenden Blick auf den Tennisball und sah in der Dachluke die seiner Tante gehörende Katze Ananazi.

»Tante, schau mal, wo Ananazi ist«, sagte Tschik, bloß um etwas zu sagen, denn es ist bekanntlich die gewöhnlichste Sache von der Welt, daß sich Katzen in Dachluken aufhalten.

»Ananazi, was machst du da oben?« rief Tschiks Tante zur Dachluke hinauf. Auch sie fand natürlich nichts dabei, daß sich ihre Katze aufs Nachbardach gewagt hatte, aber sie wollte der neuen Nachbarin Jewgenija Alexandrowna vorführen, was für wohlerzogene Katzen sie hatte.

Tschiks Tante besaß zwei Katzen: Ananazi und Apapazi. Obwohl sie beinahe ein Sprachgenie war, hatte sie die Namen ihrer Katzen keiner der zahlreichen Sprachen entnommen, die sie beherrschte. Sie hatte die zwei Namen extra für die zwei Katzen erfunden und ihre ganze Katzenliebe in die zwei Worte gelegt. Die beiden Katzen verband übrigens nicht nur ein phonetisches, sondern auch ein verwandtschaftliches Band.

Aber Apapazi war nicht, wie man leicht hätte vermuten können, Ananazis Vater, sondern ihr Sohn.

»Komm her zu mir, mein Goldstück, mein Kätzchen«, flötete Tschiks Tante zur Nachbardachluke hinauf, doch Ananazi ließ die Lockrufe ihrer Herrin unbeachtet. Sie saß weiter in der Dachluke und blickte Tschiks Tante mit teilnahmslosen Augen an. Als die Tante merkte, daß ihr Rufen ungehört verhallte, nahm sie ein kleines Pastetchen vom Teller und ging damit auf den offenen Treppenabsatz hinaus. Dort setzte sie ihr Rufen fort, in das sie jetzt auch Apapazi einbezog.

»Ananazi, Apapazi«, rief Tschiks Tante so laut, daß der Hof davon widerhallte, doch statt der Katzen meldete sich Belka. Sie riß sich aus Sonjkas Armen los und tippelte die Treppe hinauf.

»Nein, Belkalein, du hast deine Portion bekommen«, sagte die Tante, »jetzt will ich meinen lieben Kätzchen etwas Gutes gönnen. Ananazi! Apapazi!«

So ging es eine Weile fort, doch Ananazi war nicht dazu zu bewegen, ihren Dachlukenplatz zu verlassen und aus der Hand von Tschiks Tante die ihr zugedachte Delikatesse zu empfangen.

Katzen sind sonderbare Wesen, dachte Tschik. Ein Hund würde sich nie so benehmen. Entweder kommt er sofort angerannt, oder er gibt seinem Herrn zu verstehen, daß er aus einem triftigen Grund verhindert ist. Jedoch seinem Herrn in die Augen zu blicken und trotzdem durch nichts zu verraten, was man von ihm denkt und wie man zu ihm steht: das bringen nur Katzen fertig. Apapazi stellte sich schließlich doch noch ein, woraufhin Tschiks Tante ihre Versuche aufgab, Ananazi aus der Dachluke zu locken.

»Hier, Apapazi, nimm die eine Hälfte, die andere Hälfte kriegt Belka«, sagte Tschiks Tante und fügte tadelnd hinzu: »Wenn sich deine Mutter lieber auf fremden Dächern herumtreibt, statt etwas so Leckeres wie ein Pastetchen aus der Hand ihrer sie heiß und innig liebenden Herrin entgegenzunehmen, dann ist deine Mutter wahrhaft selber schuld.«

Ananazi hatte den Vorgang aus ihrer Dachluke beobachtet. Als sie sah, daß das Pastetchen aufgeteilt war, begann sie jämmerlich zu miauen.

Unterdessen begann Tschiks Tante an ihren Platz am Teetisch zurückzukehren. Tante Tamara nutzte die Gelegenheit, ging rasch auf die Regenwassertonne zu, füllte den leeren Eimer mit Regenwasser und eilte zurück. Sie hatte darauf spekuliert, daß Tschiks Tante sie nicht sehen konnte. Doch als diese Ananazis klägliches Miauen hörte, öffnete sie auf halbem Weg ein Galeriefenster und richtete Worte des Vorwurfs an Ananazis Adresse.

»Erst kommst du nicht, und jetzt bist du unzufrieden«, sagte die Tante. »Komm nächstes Mal gefälligst gleich, du Katzenvich!«

Während sie ihre sonst so heißgeliebte Katze mit bitteren Vorwürfen überschüttete, warf sie jedoch auch ein Auge auf Tante Tamara, die wieder in ihrem Küchenverschlag verschwunden war, in der festen Meinung, ihr Beutezug sei unbemerkt geblieben. Tschiks Tante flocht in ihre an Ananazi gerichteten Vorwürfe ein paar Worte an die Adresse jener Leute ein, die es nicht lassen können, sich etwas illegal anzueignen, obwohl die bestohlene Hausfrau, wenn man sich mit einer korrekten Bitte an sie wendete, nicht nur den letzten

Regenwassereimer, sondern selbst noch ihr letztes Hemd mit dieser Person teilen würde.

Nachdem sie sowohl Tante Tamara wie der Katze Ananazi ausgiebig ins Gewissen geredet hatte, verließ Tschiks Tante den Platz am Galeriefenster und trat wieder auf den Teetisch zu. Sie mußte jedoch feststellen, daß auf dem Teetisch kein Tee mehr war. Da hatte sie einen Einfall, an dem sie gleich großen Gefallen fand.

»Wissen Sie was, Jewgenija Alexandrowna?« sprach sie zur neuen Nachbarin. »Ich mache uns jetzt einen türkischen Kaffee!«

»Aber nein, das ist wirklich nicht nötig«, erwiderte erschreckt die Angesprochene. »Sie haben mir einen so wunderbaren Tee kredenzt. Weshalb noch Kaffee trinken . . .«

»Weshalb?« fragte Tschiks Tante zurück. »Na, zum Beispiel deshalb, weil ihr in eurem Rußland keine Ahnung habt, was ein echter türkischer Kaffee ist!«

Tschiks Tante betrat wieder die Küche, wo ihr Petroleumkocher stand. Die Aussicht auf die Zubereitung des türkischen Kaffees schien sie zu inspirieren. Sie fühlte sich so beflügelt, daß sie ihr Lieblingslied anstimmte:

In der Stunde der süßen Begegnung
schien der Vollmond vom Himmel herab . . .

Nicht nur Tschiks Tante, auch Tschik liebte dieses Lied, zumindest dann, wenn es von seiner Tante gesungen wurde. Dazu ist zu bemerken, daß ihm ein anderer Vortrag dieses Liedes nie zu Ohren gekommen war. Doch wie dem auch immer war: Tschik liebte dies Lied.

»Ich gehe in die Küche und schaue deiner Tante zu, wie sie einen echten türkischen Kaffee kocht«, sagte

Jewgenija Alexandrowna zu Tschik und lächelte ihm verlegen zu, als wollte sie sich bei Tschik dafür entschuldigen, daß sie seiner Tante so viel Ungelegenheiten bereitete.

Tschik empfand großes Mitleid mit der neuen Nachbarin. Er wußte nur zu gut, daß sie schon in naher Zukunft bei seiner Tante in Ungnade fallen würde. Helfen konnte er ihr nicht, und er hätte zum Helfen auch gar keine Zeit gehabt. Ihm kam es jetzt nur darauf an, so bald wie möglich ans Meer zu kommen, wozu er die Erlaubnis seiner Tante brauchte. Bisher war ihm nichts eingefallen, womit er sich die Erlaubnis hätte verschaffen können.

Tschik konnte nicht verstehen, daß es Menschen gab, die zwar am Meer lebten, aber keine Lust verspürten, ans Meer zu gehen. Seine Tante war so ein Mensch.

Wenn es nach Tschik gegangen wäre, hätte es in seinem Leben keinen Tag gegeben, an dem er nicht im Meer gebadet hätte. Er liebte das Meer selbst bei stürmischem Wetter.

Jedesmal wenn er ans Meer ging, wurde er, kurz bevor er es erreichte, von einer Erregung ergriffen, deren Ursache er sich nicht erklären konnte. Es war so etwas wie Angst, daß er das Meer nicht am gewohnten Platz antreffen könnte oder daß ihm die Ordnungskräfte das Baden im Meer verbieten würden.

Einmal badete Tschik bei Windstärke sechs. An jenem Tag badete fast niemand im Meer, und das erfüllte ihn mit Stolz. In Erwartung der größten Welle ging Tschik vor Furcht ersterbend tapfer auf sie zu und versuchte, unter ihr hindurchzutauchen.

Ein unbeteiligter Betrachter muß immer den Eindruck haben, daß die viele Tonnen schweren Wassermassen den Schwimmenden gleich zerdrücken, doch wenn es dir glückt, zur rechten Zeit unter den Wellenkamm zu schlüpfen, springt die Welle über dich hinweg: wie ein Raubtier, dem es an Augenmaß fehlt.

Allerdings mußt du höllisch aufpassen, daß dir die nächste Welle keinen Schlag versetzt. Sie wird vielen Schwimmern zum Verhängnis, denen die erste Hälfte des Kunststücks gelang.

Tschik hatte das einmal am eigenen Leibe erfahren und konnte von Glück sagen, daß er mit einer Schramme am Bein davongekommen war. Die Brandungswelle schüttelte ihn mit entsetzlicher Gewalt durch, schleifte ihn ein Stück weit über den ufernahen Sand und schleuderte ihn dann ans Ufer. Aus Angst und Gekränktheit hatte Tschik damals sogar einige Tränen vergossen, was aber keiner merkte, weil er sowieso pitschnaß war. Seit jenem Vorfall war er beim Schwimmen im Meer etwas vorsichtiger.

Es gab noch etwas, das beim Schwimmen im Meer beachtet werden mußte. Wenn du den Brandungsbereich verlassen hast und dich draußen im Meer von den hier völlig harmlosen Wellen schaukeln läßt, mußt du wissen, wie du dich beim Verlassen des Meeres zu verhalten hast. Es gibt genug unerfahrene Schwimmer, die bei der Rückkehr ans Ufer plötzlich spüren, daß sie nicht vom Fleck kommen. Sie begreifen nicht, was mit ihnen geschieht, verlieren den Kopf, und dann kommt es leicht zu einem Unglücksfall.

Die Sache ist nämlich die. Wenn du dich jenseits der Brandungslinie, aber in deren Nähe befindest, bist du im Wirkungsbereich der vom Ufer wegrollenden Welle. Deren Strömung verläuft jedoch unter Wasser, weshalb du sie nicht bemerkst.

So jemand befindet sich nur wenige Meter von der Brandungslinie entfernt und kann nicht verstehen, warum er nicht an sie herankommt. Er wird von Entsetzen gepackt, seine Schwimmbewegungen werden hektisch und sinnlos, er wird schnell müde, und dann kann ein Unglück geschehen.

Der erfahrene Schwimmer macht das anders. Wenn ihm die Körperkraft zum Durchschwimmen der Gegenströmung fehlt, vertraut er sich der Welle an, die ihn ganz von allein ohne sein Zutun ans Ufer trägt. Freilich muß er noch beachten, daß er sich zwar dicht am Wellenkamm hält, sich jedoch nicht auf ihn hinaufziehen läßt, um nicht in den Strudel der Brandung zu kommen.

Tschik hatte sich schon oft gefragt, weshalb es am Strand keine Warnschilder gibt, die den Schwimmer darin unterweisen, was er bei stürmischer See zu beachten hat. Wenn man an Tschik mit dieser Bitte herangetreten wäre, hätte er den Text eigenhändig entworfen.

Tschik war sich darüber im klaren, daß es solche Warnschilder niemals geben würde, aus dem einfachen Grund, weil das Schwimmen im Meer ab Windstärke fünf sowieso untersagt war. Andererseits gab es genug Leute, die nichts von diesem Verbot wußten, und wieder andere, die zwar davon wußten, sich aber wie Tschik nicht daran hielten.

Eines Tages hörte Tschik, als er ans Meer kam, es sei ein Mann im Meer ertrunken. Es hatte tagelang gestürmt. Tschik maß dem Gerücht jedoch keine Bedeutung bei, denn er wußte, daß die Leute alles mögliche erzählen. Schon als kleines Kind hatte er davon gehört, daß manchmal Menschen im Meer ertrinken, doch er hatte bisher noch nie eine Wasserleiche gesehen. Als er wieder ans Meer kam, hörte er, man hätte den Ertrunkenen gefunden. Er hörte es, als er auf den warmen Uferkieseln lag und sich vom Schwimmen ausruhte.

Tschik hob den Kopf und sah eine Vielzahl von Menschen, die sich am Rand des Badestrands zusammendrängten und ins Meer hinausblickten. Dabei zeigten sie ständig mit dem Zeigefinger auf etwas.

Viele andere Menschen hatten es eilig, sich der Menge der Gaffer anzuschließen, einige von ihnen rannten auf die Menge zu, angetrieben von einer Mischung aus Neugier und Entsetzen, der ein Gran geheimer Freude darüber beigemengt war, daß das Entsetzliche nicht ihnen zugestoßen war. Tschik konnte diese Menschen gut verstehen, ihm selber erging es nicht anders.

Tschik trat schnell auf die Menge zu und begann auch, aufs Meer hinauszuspähen. Er konnte jedoch nichts erkennen und war die ganze Zeit über versucht, die Nachricht weiterhin für eine Falschmeldung zu halten.

Die Menschenmenge, zu der immer neue und neue Leute stießen, bewegte sich langsam am Meer entlang. Immerzu wurde mit Fingern aufs Meer gezeigt, auf einen Punkt, der sich gleichfalls — im Wasser — bewegte.

Tschik wollte es lange nicht gelingen, diesen sich bewegenden Punkt zu erspähen. Er fragte immerzu eine neben ihm stehende Frau, wo dieser Punkt denn sei.

Die Frau zeigte auf den im Wasser verschwindenden und wieder aus dem Wasser auftauchenden Punkt, aber Tschik konnte nichts erkennen.

Endlich sah Tschik diesen Punkt, der jedoch nicht die geringste Ähnlichkeit mit einem Menschen hatte. Als Tschik den kleinen rötlichen Fleck auf dem Meer bemerkte, war er verblüfft darüber, daß er den Fleck nicht schon früher bemerkt hatte. Als kurz darauf ein Mann auf ihn zutrat und ihn verwirrt fragte, wo der Ertrunkene zu sehen sei, zeigte Tschik mit dem Finger auf den Fleck. Auch dem Mann fiel es offenbar schwer, diesen Fleck mit den Augen zu erspähen, denn jedesmal wenn Tschik auf ihn zeigte, war der Fleck bereits wieder verschwunden.

Der furchtbare und mysteriöse Fleck näherte sich dem Ufer in der Diagonale. Das lag an den Strömungsverhältnissen.

Da erschienen zwei Rettungsschwimmer am Meeresufer. Der eine war noch sehr jung: ein schlanker Bursche von vielleicht achtzehn Jahren. Der andere war um die dreißig und athletisch gebaut.

Die beiden schleppten ein Boot bis dicht an die Brandung heran, warteten den Moment ab, als die kleinste Welle auf das Ufer zurollte, und zogen ihr Boot direkt in den Brandungsschaum. Der athletisch gebaute Retter sprang ins Boot und ergriff die Ruder, der jugendliche Retter schob das Boot zunächst noch an. Als sie die Brandungslinie passiert hatten, kletterte auch er ins Boot, und die beiden Männer ruderten schnurstracks auf den Fleck im Meer zu.

Als das Boot schon ziemlich nahe an den Fleck herangekommen war, nahm der jüngere der beiden Retter vom Boden des Bootes einen Strick. In Wellentäler gleitend und wieder Wellenkämme erklimmend näherten sich die zwei Männer im Boot dem geheimnisvollen Fleck immer mehr, man bekam jedoch den Eindruck, daß sie die allerletzte Nähe scheuten und sich nicht endgültig an den Fleck heranwagten. Der Betrachter am Ufer hätte meinen können, daß die Bootfahrer sich davor fürchteten, den Leichnam mit ihrem Boot zu beschädigen. Das Schauspiel war sonderbar. Endlich entschloß sich der jüngere der beiden, den zur Schlinge geknoteten Strick über den Leichnam des Ertrunkenen zu werfen, was ihm gleich beim ersten Versuch gelang. Daraufhin begann der andere Retter, zum Ufer zurückzurudern. Der Strick straffte sich.

Das Boot durchbohrte wieder die Brandungslinie. Einen Augenblick lang hing es in der Luft, das Heck berührte das Wasser, während die beiden Ruder hilflos in der Luft zuckten, aber schon sprang der jüngere Retter, ohne den Strick loszulassen, aus dem Boot, und der ältere folgte ihm nach. Bis zum Gürtel im Brandungsschaum, schleppten sie ihre Last: Der jüngere zog den Strick mit dem Leichnam, der ältere zog das Boot.

Auch als er am Ufer angelangt war, fuhr der jüngere Retter darin fort, den Strick hinter sich herzuziehen, doch dann wendete er sich plötzlich zu einem in der Menge stehenden Burschen um und sagte:

»Komm, hilf mit! Was stehst du herum?«

Ohne ein Wort zu erwidern, ergriff der Angeredete den Strick. Tschik begriff, daß dieser Mann nicht zufällig hier stand, und hörte, wie es in der Menge flüsterte: »Das ist ein Freund des Ertrunkenen . . .« Von Entsetzen gepackt, beobachtete Tschik zusammen mit der

Menge, wie der Leichnam des Ertrunkenen, der einen Augenblick lang in der schäumenden Brandung verschwunden war, ans Ufer gezogen wurde. Der Tote lag jetzt wenige Meter von Tschik entfernt.

Das, was Tschik zu sehen bekam, erschütterte ihn so stark, wie ihn noch nie im Leben etwas erschüttert hatte. Tschik sah den Leichnam eines etwa zwanzigjährigen Burschen in einer roten Badehose. Der Körper war mit seltsam bläulichen Flecken bedeckt. Die Finger waren kreideweiß, die Handflächen hatte das Meereswasser zerfressen. Tschik fiel ein, daß manche Wäscherinnen solche Handflächen haben. Doch bei den Wäscherinnen war das nicht furchtbar, hier am Meeresstrand jedoch wurde Tschik beim Anblick dieser angenagten Hand von Entsetzen ergriffen.

Tschik durchzuckte ein Gedanke, der sich zwar nicht in seinem Bewußtsein festsetzte, der ihn aber dennoch ungemein beeindruckte: der Gedanke an die Ungeschütztheit des Menschen, an seine allzu große leibliche Zerbrechlichkeit.

Tote Tiere hatte Tschik auf dem Lande wie in der Stadt schon öfter gesehen, und er erinnerte sich gut daran, daß sie noch eine ganze Weile nach dem Tod ihren lebendigen Anblick behielten. Hier am Meer jedoch sah Tschik einen schon fast verwesten Leichnam, obwohl der Ertrunkene, zwei, höchstens drei Tage im Wasser gelegen hatte.

Damals ergriff ein weiterer wichtiger Gedanke von Tschik Besitz, vielleicht nicht von seinem Bewußtsein, doch gewiß von seinen Gefühlen. Tschik dachte damals: Es kann nicht sein, daß das Leben des Menschen völlig aufhört, bloß weil es zufällig von der stürmenden

See ausgelöscht wurde. Das kann nicht sein, das darf einfach nicht sein, das wäre gar zu grausam und sinnlos. Tschik kam zur Einsicht, daß es noch etwas Größeres geben muß, etwas, das das vom zufälligen oder nicht ganz zufälligen Tod regierte Dasein übersteigt.

»Seht gut hin, Genossen!« rief der jüngere der beiden Retter in die betreten gaffende Menge hinein. »So wird es jedem von euch gehen, der so blöd ist, bei Sturm im Meer zu baden . . .«

Endlich kam ein Milizmann und ein Notarztwagen. Die Menge lichtete sich. Zusammen mit der Menge verließ auch Tschik den Schauplatz des Geschehens. Er schämte sich jener läppischen Fragen, die er vorhin an die Leute in der Menge gerichtet hatte, bevor er endlich den Leichnam entdeckte. Jetzt hätte er gern noch gewußt, wie der Ertrunkene zu Tode gekommen war, doch niemand konnte die Frage beantworten, und eigentlich war das inzwischen auch unwichtig geworden.

Tschik kam zur Einsicht, daß das Meer, das er so liebte, grausam und teilnahmslos sein konnte, aber trotzdem liebte er es weiter, so wie man das Leben liebt, obwohl man weiß, daß es grausam und teilnahmslos sein kann: jenes Leben, von dem man das Wunder des Glücks erwartet.

Nachdem die neue Nachbarin Jewgenija Alexandrowna zu Tschiks Tante in die Küche gegangen war, blieben Tschik und Onkel Kolja Aug' in Auge auf der Veranda zurück. Sogleich begann Onkel Kolja, Tschik anzustarren. Er wollte herausfinden, ob sich Tschik mit Hänselplänen trug.

Jedesmal wenn Onkel Kolja in der beschriebenen

Weise wissen wollte, ob Tschik etwas gegen ihn ausheckte, erreichte er das Gegenteil. Das heißt, er löste in Tschik jenen Hänselschub aus, der anderenfalls wohl ausgeblieben wäre. Selbst wenn Tschik nichts Schnödes im Sinn hatte, brachte ihn Onkel Koljas Stieren auf Onkel-Kolja-feindliche Ideen.

Aber jetzt hatte Tschik wirklich andere Sorgen und andere Dinge im Kopf. Ihm war noch immer nicht das Stichwort eingefallen, mit dessen Hilfe er von seiner Tante die Erlaubnis erwirken könnte, ans Meer gehen zu dürfen. Solche Genehmigungen wurden am sichersten dann erteilt, wenn die Tante alles dafür hergegeben hätte, nicht durch Tschiksche Zwischenfragen in ihrem Erzählfluß behindert zu werden.

Tschik bedauerte, daß er die Tante nicht um die Erlaubnis angegangen war, als sie vorhin von ihrer Begegnung mit dem Prinzen von Oldenburg erzählt hatte. Aber er wußte aus Erfahrung, daß auf den Prinzen von Oldenburg mit der Präzision eines Naturgesetzes der persische Konsul folgte, den Tschiks Tante geheiratet hatte, weil ihr einfach keine andere Wahl geblieben war. Die Geschichte, wie der persische Konsul ihr den Hof machte, war der psychologisch günstigste Moment.

Vom Standpunkt der Erzähltechnik war die Geschichte vom persischen Konsul effektvoller und spannender. Tschiks Tante hatte nämlich alle Geschenke und Gunstbezeugungen des persischen Konsuls mit einem klaren Nein! beantwortet. Als er trotzdem nicht locker ließ, sagte sie ihm, sie hätte was gegen rothaarige Männer, und der persische Konsul hatte rote Haare. Daraufhin gestand ihr der persische Konsul, er sei in

Wirklichkeit gar nicht rothaarig, sondern schwarzhaarig. Rot gefärbt hätte er sich das Haar einzig, weil rothaarige Männer in Persien eine große Rarität seien. Wenn ein persischer Mann wider die Regel rotes Haar habe, dann habe er bei den Frauen ungewöhnlich große Chancen.

Bald darauf gab der persische Konsul die Färbung seines Haares auf und präsentierte sich der von ihm Angebeteten kohlrabenschwarz. Tschiks Tante, die damals mangels Tschik noch nicht Tschiks Tante war, veränderte ihre Einstellung zum persischen Konsul. Fortan wollte sie ihm wohl.

Eines Tages stellte sich heraus, daß nicht nur der persische Konsul sein Auge auf Tschiks Tante geworfen hatte, sondern gleichzeitig die Tscheka das ihrige auf den persischen Konsul. Im Gegensatz zu Tschiks Tante fand das neuerliche Schwarzhaar des persischen Konsuls bei der argusäugigen Sicherheitsbehörde keine Gegenliebe. Die Mitarbeiter dieser Dienststelle zerbrachen sich den Kopf darüber, weshalb sich der persische Konsul wohl zu einer Umfärbung seines Haares entschlossen hatte. Sie waren sich ziemlich sicher, daß der persische Konsul im Auftrag des englischen Geheimdienstes arbeitete. Sie konnten aber nicht begreifen, was sich der englische Geheimdienst davon versprach, seinem Residenten in Abchasien die Umfärbung der Haare anzubefehlen. Als nun die Männer der Tscheka nicht weiterwußten, luden sie Tschiks Tante zu sich ein und baten sie mit ausgesuchter Höflichkeit, ihnen dabei behilflich zu sein, ein wenig Licht in die Schwarzmeer-Strategie des englischen Geheimdienstes zu bringen. Tschiks Tante sagte ihnen, was sie wußte. Sie sagte, der persische Konsul hätte um ihre Hand angehalten, sie aber hätte ihm eröffnet, daß rothaarige Männer sie kaltließen. Daraufhin hätte er ihr, nach dem Motto: Offenheit gegen Offenheit, das Geständnis gemacht, er sei gar nicht rothaarig, seine Haare seien bloß rot gefärbt, und er würde, da sie nun einmal etwas gegen Rothaarige habe, mit dem größten Vergnügen das Haarfärben einstellen.

Daraufhin sagte der Mitarbeiter der Tscheka, der das Gespräch mit Tschiks Tante führte, ihre Naivität sei beträchtlich. Wenn sie wirklich der Meinung sei, das schwarze Haar des sogenannten persischen Konsuls sei naturecht, dann möge sie doch einige Härchen vom Kopf dieses mutmaßlichen englischen Geheimdienstmannes zum Zweck einer chemischen Untersuchung in ihrer Dienststelle vorbeibringen. Das diene der Wahrheitsfindung und sei außerdem patriotische Pflicht.

Bei ihrem nächsten Rendezvous mit dem persischen Konsul sagte ihm Tschiks Tante, ihr sei der Einfall gekommen, seinem Haar eine modebewußtere Form zu geben. Der persische Konsul war nicht nur sofort einverstanden, er empfand aufrichtige Freude darüber, daß Tschiks Tante sich mit seinem Haar beschäftigte. Tschiks Tante nahm den Kamm aus ihrer Frisur und begann, das Haar des persischen Konsuls wie zum Scherz zu kämmen. Der persische Konsul verging fast vor Seligkeit. Er verfiel vor lauter Wonne sogar in einen kurzen Schlaf. Tschiks Tante machte sich den Schlaf des persischen Konsuls zunutze und zupfte jene Mindestzahl von Härchen von seinem Kopf, die für eine chemische Analyse erforderlich waren.

Tschiks Tante brachte die Härchen des persischen

Konsuls zur Tscheka und lieferte sie beim zuständigen Referenten ab. Einige Zeit darauf erhielt sie die Nachricht, der Mann, der sich ihr gegenüber als persischer Konsul ausgebe, sei ein Betrüger. Die chemische Untersuchung seiner Haare hätte hieb- und stichfest bewiesen, daß die Haare gefärbt waren.

Daraufhin wurde Tschiks Tante von großem Zorn auf den persischen Konsul ergriffen. Sie sagte ihm, er sei ein Betrüger, und zwar ein von Natur aus rothaariger. Er hätte sich die Haare schwarz gefärbt, um sich beim englischen Geheimdienst anzubiedern, nicht aus Bewunderung für ihre Jugendblüte.

Der persische Konsul brach in Tränen aus. Er kniete vor Tschiks Tante hin und machte ihr das Geständnis, seine Haare seien tatsächlich gefärbt, doch noch niemals seien sie rot gewesen. In seiner Jugend hätte er schwarzes Haar gehabt, das mit vorrückendem Alter grau geworden sei. Das rote Haar hätte er sich zugelegt, um als Mann vor ihrer Jugendblüte bestehen zu können und nicht als grauhaariger Greis von ihr verschmäht zu werden.

Daraufhin wurde Tschiks Tante von Freude erfüllt. Mit den Worten, grauhaarige Männer seien ihr Ideal, hob sie den persischen Konsul von den Knien wieder zu voller Größe auf und ging bald darauf die Ehe mit ihm ein. Die wunderschöne Konsulin zog mit ihrem Ehemann nach Persien. Der englische Geheimdienst hatte das Nachsehen.

Just an dieser Stelle wollte Tschik die Erzählung der Tante mit der Bitte unterbrechen, ihm den Gang ans Meer zu erlauben, aber er hatte nicht vorausgeahnt, daß es der Tante plötzlich einfallen würde, echten türkischen Kaffee für die neue Nachbarin zu kochen. Vermutlich sitzen die zwei Frauen jetzt in der Küche, und Tschiks Tante erzählt die effekt-, indessen auch gefühlvolle Geschichte, wie der persische Konsul um sie freite. Tschik dachte wieder an das Meer und stieß einen Stoßseufzer aus.

Einmal war Tschik mit Onkel Kolja ans Meer gegangen. Onkel Kolja saß am Ende der Mole und angelte. Seiner Angelschnur fehlte der Angelhaken, weshalb die Schwarzmeerfische keinen Anlaß hatten, sich vor Onkel Kolja in acht zu nehmen. Es hätte schon ein ausgesprochen dummer Fisch dahergeschwommen kommen müssen, dem es eingefallen wäre, nach dem Senkblei zu schnappen und es zu verschlucken. Doch ein derart dummer Fisch hatte sich bislang nicht eingefunden.

Etwa fünfzig Meter vom Ufer entfernt war ein Mann damit beschäftigt, von einem Boot aus Fische zu fangen. Tschik schwamm an das Boot heran und sah dem Mann im Boot beim Fischfang zu.

Tschik hatte diesen Mann schon ein paarmal gesehen, doch es war kaum anzunehmen, daß der Mann Tschik kannte. Der Mann lebte in der Nähe des Sportplatzes und stand mit den Sportlern auf Kriegsfuß. In seinen Hof flogen immer wieder Bälle, und der Mann fürchtete, eines Tages könnte ein Ball eine Fensterscheibe in seinem Haus zerschlagen. Bisher war das noch nie geschehen, jedoch der Mann rechnete stündlich damit und geriet jedesmal in eine irrsinnige Wut, wenn ein Ball in seinen Hof geflogen kam.

Jetzt war er damit beschäftigt, im Dreierverfahren Fisch zu fangen. Eine Angel hielt er in der Hand, zwei weitere Angelschnüre hingen, um dünne Bambusstöcke gewickelt, vom Bootsrand herab. Wenn ein Fisch anzubeißen begann, bogen sich die Bambusstöcke etwas durch, und der Angler griff nach der Angelschnur.

Während der Zeit, in der Tschik ihm zusah, war das Anglerglück dem Mann vom Sportplatz zweimal hold. Das erste Mal fing er einen rötlichen Sultansfisch, das zweite Mal eine kapitale, silbrig glänzende männerfaustgroße Seeplötze. Der Mann ließ jedoch durch nichts erkennen, daß ihn dieser Fang von Herzen freute. Er nahm den Fisch wortlos vom Angelhaken, warf ihn auf den Boden des Bootes und hing einen neuen Köder an den Angelhaken.

Tschik beobachtete den Mann aus etwa zehn Meter Entfernung. Der Abstand war genau kalkuliert. Tschik wollte den Mann nicht beim Angeln stören und doch alles mitbekommen.

Ab und zu blickte der Angelnde zum Ufer hinüber, als würde er jemanden erwarten, vielleicht einen Kumpel, der ihm beim Angeln Gesellschaft leisten wollte und jetzt aus irgendeinem Grund nicht kam.

Nach einiger Zeit kam Tschik dahinter, daß der Mann im Boot keinen Kumpel erwartete, sondern Onkel Kolja observierte.

»Du wollen Million Rubel kriegen?« wandte sich der Mann plötzlich an Tschik in gebrochenem Russisch und mit aserbeidschanischem Akzent.

Tschik lächelte dem Mann aus zehn Meter Entfernung zu.

Er lächelte so, daß der andere merkte, daß er seinen Humor zu schätzen wußte.

»Mein ich aber ernst«, fuhr der Mann fort und warf seine gerade mit frischen Ködern versehene Angel über Bord. »Kriegst Million, wenn du Frage beantworten.«

Er machte eine Handbewegung, die man unter Aufbietung einiger Phantasie als Gestus des Geldzählens deuten konnte.

»Was für eine Frage soll ich Ihnen denn beantworten?« fragte Tschik und fühlte sich berechtigt, quasi auf geschäftlicher Ebene ein Stück näher an das Boot heranzuschwimmen. Er hätte den Mann gern um die Erlaubnis gefragt, mit ihm angeln zu dürfen.

»Was Mann auf Mole macht?« fragte der Angler und zeigte mit dem Finger auf Onkel Kolja. »Sehe kein Köder, sehe kein Fisch, sehe kein Angelhaken.«

Der Mann bog beim Reden erst einen, dann einen zweiten, dann einen dritten Finger ein, als würde er Tschik dazu auffordern, eine Gleichung mit drei Unbekannten zu lösen.

»Das ist mein Onkel Kolja«, sagte Tschik. »Dem macht das einfach Spaß.«

»Macht einfach Spaß?« fragte der Mann vom Sportplatz verwundert. »Onkel Kolja dein etwas verrückt?«

»Jawohl, Onkel Kolja ist etwas verrückt«, bestätigte Tschik.

»Dann ganz andere Sache«, sagte der Aserbeidschaner bedächtig und prüfte durch Berühren der Angelschnüre, ob ein neuer Fischfang in Aussicht stand. »Warum du nicht gleich gesagt ... Ich gedacht, Mann ist Spion.«

Tschik nutzte die günstige Gelegenheit und fragte den Mann: »Onkel, darf ich mit Ihnen angeln?«

Der Mann im Boot blickte Tschik prüfend an, als

wollte er sich vergewissern, ob nicht vielleicht auch der Neffe zur Verrücktheit neigte.

»Kannst du in Boot klettern?« fragte er skeptisch.

»Freilich«, sagte Tschik und schwamm vorsichtig ans Bootsheck heran.

Tschik klammerte sich ans Heck, sprang unter Aufbietung aller Kräfte aus dem Wasser, schob seinen Körper über den Bootsrand und kletterte ins Boot.

Der Bootsinhaber löste eine der um einen Bambusstock gewickelten Angelschnüre vom Stock und gab sie Tschik. Der Mann hatte einen schwarzen buschigen Schnurrbart und jenen stolzen Gesichtsausdruck, der bei Männern orientalischer Herkunft ein untrügliches Zeichen großer Dummheit ist.

»Wenn Fisch anbeißt, du nicht gleich an Schnur zerren«, unterwies er Tschik mit brummiger Stimme und fügte unerwartet hinzu: »Bei Essen und Trinken Onkel dein normal?«

»Onkel Kolja ist beim Mampfen absolut normal«, erwiderte Tschik wahrheitsgemäß. »Er hat immer einen Bärenhunger.«

»Onkel dein alles essen, was du oder ich essen?« zweifelte der Bootsinhaber.

»Das sag ich doch«, bestätigte Tschik. »Wenn er sich an den Tisch setzt, ist er der normalste Mann in ganz Abchasien.«

Tschik hatte schon mehrfach die Feststellung gemacht, daß dumme Menschen immer alle Einzelheiten über Onkel Kolja wissen wollten. Offenbar bereitete es ihnen Vergnügen, sich zu vergewissern, daß der intellektuelle Abstand zwischen ihnen und dem Verrückten immerhin beträchtlich war.

»Wenn ich mich setze an Tisch«, sagte der Mann, »und auf Tisch sein Melone, dann ich niesen und wieder niesen. Manchmal zwanzigmal niesen auf einmal . . .«

Tschik sagte, daß sein Onkel Kolja in rauhen Mengen Melonen verdrücken würde, daß er ihn aber noch nie beim Niesen nach dem Genuß einer Melone ertappt hätte. Tschik sagte das, um sich bei dem Mann auf eine korrekte Weise einzuschmeicheln. Der Mann sollte aus Tschiks Mitteilung die Tatsache ableiten, daß er in der Disziplin *Niesen* in Führung lag.

Der Bootshinhaber fuhr fort, Tschik nach weiteren Details aus Onkel Koljas Leben auszufragen. Tschik bemühte sich, seine Neugier zu befriedigen, ohne jedoch seine Angelschnur aus den Augen zu lassen. Bisher deutete nichts darauf hin, daß die Fische dem Köder zusprachen, während der Bootsinhaber unterdessen einen Stachelfisch und einen Sultansfisch geangelt hatte.

»Bei mir beißt kein Fisch an«, sagte Tschik trübsinnig.

»Glaube, Fisch hat angebissen schon gehabt«, erwiderte der Mann — und hatte wieder einen Sultansfisch an der Angelschnur.

Der Mann löste den Sultansfisch vom Angelhaken, hielt ihn sich vors Gesicht und sagte: »Ich alles wissen wollen. Schau ich Fisch an und denke: Du sein Sultansfisch. Ich wissen wollen, was denkt Fisch, wenn schaut mich an . . .«

Der Mann warf den Sultansfisch auf den Bootsboden, wo er nach einem kurzen Zappeln erstarb. Tschik hatte unterdessen seine Angelschnur aus dem Wasser gezogen und festgestellt, daß am Angelhaken kein Köder mehr dran war. Tschik hatte in seinem ganzen bisherigen Leben noch kein einziges Mal richtig gefischt oder geangelt, aber das konnte er dem Mann natürlich nicht so direkt sagen.

Der Bootsinhaber erneuerte gerade wieder die Köder, er nahm eine Crevette in die Hand und zog sie mit dem Schwanz voran durch den Angelhaken. Den Kopf ließ er manchmal dran, manchmal entfernte er ihn.

Tschik fragte den Mann, weshalb er mit den Crevettenschwänzen ungleich verführe. Der Mann erwiderte, manche Crevetten hätten einen langen Schnurrbart, vor dem sich andere Fische fürchten würden. Solchen schnurrbärtigen Crevetten würde er deshalb zum Zweck der Verbesserung der Fangergebnisse den Kopf abreißen. Da der Mann selber einen ansehnlichen Schnurrbart hatte, überlegte sich Tschik, ob der Mann den Crevetten vielleicht ihre Schnurrbärte mißgönnte.

Tschik warf seine Angelschnur wieder ins Wasser. Als das Senkblei den Meeresboden berührte, spürte Tschik einen Schlag, der entfernt an einen Stromstoß erinnerte. Offenbar hatte einer angebissen. Tschik erstarrte in Erwartung eines zweiten Schlages. Der blieb nicht aus und war doppelt so stark wie der erste. Tschik ergriff die Angelschnur und begann, sie hochzuziehen. Er spürte mit den Fingern das Gewicht des lebendigen, sich verzweifelt wehrenden Fisches und wurde von einem starken Glücksgefühl durchströmt.

»Du nicht lockerlassen jetzt«, sagte der Bootsinhaber und hatte im gleichen Moment selber einen Fisch an der Angelschnur, den er hochzuziehen begann.

Tschik beugte sich über das Wasser und sah, wie unten in der Tiefe sein Fisch aufglitzerte. Das Gleißen wurde immer heller und heller, und schon hielt Tschik eine zitternde und in seiner Hand zappelnde Seeplötze in Händen, während der Bootsinhaber, der einen Sultansfisch gefangen hatte, Tschik darin unterwies, wie sich ein Angler zu verhalten habe, der einen Fisch geangelt hat.

Der Mann zog den Angelhaken aus dem Fischmaul heraus. Er tat das so geschickt, daß der Köder hängenblieb. Dann warf er den gefangenen Fisch demonstrativ auf den Boden des Bootes, während er die Angelschnur nicht minder demonstrativ wieder über Bord warf.

Tschik zog den Angelhaken aus dem Maul seiner Seeplötze und warf, peinlich bemüht, alles im eben vorgeführten Rhythmus zu tun, das Ende seiner Angelschnur auf den Bootsboden, während er die große flache Seeplötze ins Meer schleuderte.

Der Fisch flog ins Wasser hinein, Tschik glaubte den Ausruf »Dieser Idiot!« zu hören. Ihn ergriff das Gefühl eines großen Grams.

»Du angeln wohl bei Onkel dein gelernt«, bemerkte der Bootsinhaber sarkastisch.

»Das hat sich einfach so ergeben«, erwiderte Tschik, der den Tränen nahe war.

»Nicht sein schlimm, kommt vor«, tröstete ihn der Mann. »Ich wenn essen Melone, niesen zwanzigmal. Ich gehen zu Arzt, ich gehen zu Professor, ich fragen warum. Ich gehen Tiflis, ich gehen Baku. Niemand mir sagen warum. Professor mir sagen: Du nicht essen Melone, dann du nicht niesen. Ich das wissen ohne Professor. Du mir sagen, warum ich niesen zwanzigmal und dann aufhören und nicht mehr niesen . . .«

Die Auskunft, die die Professoren in Tbilissi und

Baku dem Mann schuldig geblieben waren, konnte ihm auch Tschik nicht geben. Außerdem sah Tschik keinen Zusammenhang zwischen seinem Malheur mit der Seeplötze und den sonderbaren Niesgewohnheiten des aserbeidschanischen Bootsinhabers.

Kurz darauf landete eine Möwe auf dem Wasser unweit des Bootes. Als der Mann die Möwe sah, sagte er:

»Auf Wasser sitzen Vögelchen, das heißen Möwe. Ich denke: Du Vögelchen sein Möwe. Aber was denken Vögelchen von mir . . .«

Auch in diesem Punkt war Tschik überfragt. Jedoch der Fischfang nahm seinen Lauf trotz der sonderbaren Reden jenes Mannes. Tschik fing drei Sultansfische, zwei Seeplötzen, sechs Stachelfische und außerdem noch einen Seehecht, einen länglichen silbern glänzenden Fisch, der statt des Fischkopfs einen Wasservogelschnabel hatte.

Tschik befestigte seine gesamte Beute an einem Stück Angelschnur.

Der Mann ruderte ihn zur Mole und sagte zum Abschied: »Du sehen Berg hinten dort?«

Tschik blickte in der angezeigten Richtung und sah den kegelförmigen Gipfel eines weit entfernten Berges.

»Ich gern wissen, was sein hinter Berg dort. Ich geben tausend Rubel, wenn mir sagen, was sein hinter Berg.«

Während Tschik aus dem Boot kletterte, auf Onkel Kolja zuging und ihm bedeutete, daß die Angelzeit abgelaufen wäre, drängten sich etliche Gaffer am Boot zusammen und glotzten bewundernd den Fang an. Favorit war der Seehecht mit dem Vogelschnabel. Der Bootsinhaber ließ es sich nicht nehmen, die Versammelten über die Namen und Lebensgewohnheiten der verschiedenen Schwarzmeerfische aufzuklären, die er in einen ungeklärten Zusammenhang mit seiner Sucht brachte, nach dem Genuß einer Melone genau zwanzigmal, nicht weniger und nicht mehr, zu niesen.

Ich hab vorhin den Bogen überspannt, dachte Tschik resigniert, nachdem er aus seinem Tagtraum vom Meer in die nüchterne Festlandswirklichkeit zurückgekehrt war. Onkel Kolja fuhr unterdessen fort, ihn anzustarren, um einen etwaigen Hänselangriff rechtzeitig zu erkennen und zu vereiteln. Tschik knetete eine Brotkugel und machte eine schlaffe Handbewegung, die darauf berechnet war, daß Onkel Kolja sie als Einübung im Brotkugelstoßen deutete.

Onkel Kolja erstarrte am ganzen Körper und glotzte Tschik weiter mit seinen grünen Irrenaugen an. Zugleich schob er seinen Rumpf ein wenig nach vorn, um höchste Alarm- und Abwehrbereitschaft zu signalisieren.

In diesem Moment hatte Tschik einen genialen Einfall. Er mußte Onkel Kolja dazu provozieren, ein klein wenig über die Stränge zu schlagen. Das hatte es schon mehrmals gegeben, und jedesmal hatte Tschiks Tante Tschik daraufhin mit dem Onkel ans Meer geschickt, damit Onkel Kolja Aug' in Auge mit den Elementen unter der vernunftbegabten Aufsicht seines Neffen Tschik jenes Mindestmaß an Seelenfrieden wiederfände, das auch ein Verrückter auf die Dauer nicht entbehren kann.

Tschik holte tief Luft und pustete in Richtung Onkel Kolja, wobei er die Gesichtsmuskeln straffte: als würde er einen Fußball aufblasen. Die Entfernung zwischen Neffe und Onkel betrug etwa vier Meter, und es war kaum anzunehmen, daß der Odem des Neffen den Onkel erreichte, aber das war auch gar nicht nötig. Onkel Koljas antiseptisches Bewußtsein war so stark ausgeprägt, daß ihn schon ein mutmaßlicher Lufthauch in eine sanitäre Abwehrhaltung brachte.

»Junge dumm«, sagte Onkel Kolja und drehte zunächst einmal den Krug um, aus dem er immer seinen Tee zu trinken pflegte, damit die durch den Aufenthalt in Tschiks Lungen verdorbene Lust nicht an das geheiligte Gefäß rühre. Ebenfalls aus sanitären Erwägungen hielt sich Onkel Kolja die Hand vors Gesicht, auf eine so geschickte Weise übrigens, daß einerseits das Gesicht geschützt war, andererseits jedoch die Möglichkeit bestand, Tschiks Angriffshandlungen mit den Augen zu verfolgen.

Tschik holte erneut Luft und blies wieder in Richtung auf Onkel Kolja. Er blies so, wie man in ein Reisigfeuer bläst, das man am Verlöschen hindern möchte. Das Feuer, das Tschik in Onkel Kolja wachhalten wollte, war zweifellos das Feuer seines Wahnsinns.

»Junge dumm, Junge verrückt«, rief Onkel Kolja in totaler Verkennung der Lage.

»Tschik, was soll das dort bei euch?« fragte Tschiks Tante aus der Küche, wo sie weiterhin ihren türkischen Kaffee kochte.

»Ich weiß auch nicht«, erwiderte Tschik, »Onkel Kolja ist heute so kiebig . . .« — Er sagte das und zuckte mit den Achseln.

Den Ausdruck *kiebig* kannte Onkel Kolja nicht, doch das Zucken der Achseln sprach eine deutliche Sprache.

Tschik stellte sich gegenüber der Tante dumm, er tat so, als wüßte er nicht, wodurch er den Zorn seines Onkels erregt hatte. Tschik wußte, daß dies das sicherste Mittel war, Onkel Kolja vollends zur Weißglut zu bringen.

»Junge dumm, Junge hänselt«, begann Onkel Kolja zu schreien, indem er sich zur Küche hin umdrehte. Dann wendete er sich wieder Tschik zu, um den Augenblick nicht zu versäumen, an dem Tschik erneut zur Missetat schritte.

Tschik hörte die sich nähernden Schritte seiner Tante. Sie hörten sich leise und sacht an. Tschiks Tante trat immer dann behutsam auf, wenn sie einen mit frischem türkischem Kaffee gefüllten Kochtiegel vor sich hertrug.

Ohne Onkel Kolja auch nur einen Moment lang aus den Augen zu lassen, seufzte Tschik wieder tief auf und gab der seinem Mund entströmenden Luftsäule die Richtung auf Onkel Kolja. Ein herbeigerufener Schiedsrichter hätte vermutlich die Meinung vertreten, daß Tschik nichts weiter getan hatte, als tief aufzuseufzen. Der Anschein sprach eher für Tschik als für Onkel Kolja, der sich dessen auch vollauf bewußt war. Aber gerade das mehrte seinen Grimm noch weiter.

»Was stellt ihr beiden hier an?« fragte die Tante. Sie hielt in der einen Hand weiter den dampfenden und aromatisch duftenden Kochtiegel mit dem türkischen Kaffee, während sie mit der anderen Hand zwei auf Onkel Koljas Tisch stehende Kaffeetäßchen nahm und sie auf den allgemeinen Tisch stellte, um den Kaffee in die Täßchen zu gießen. Erst goß sie nur ein klein wenig Kaffee in jede Tasse, damit sich die Haut gleichmäßig verteilte. Nachdem das getan war, füllte sie die Tassen randvoll. Der dünne Kaffeestrahl war ziemlich ölig, Tschiks Tante bereitete den Kaffee immer besonders stark zu. Tschik trank so starken Kaffee nur ungern, doch er fand es schön, den öligen Kaffeestrahl zu betrachten. Nachdem der Kaffee eingeschenkt war, setzte sich Tschiks Tante wieder auf ihren Platz von vorhin, und auch die neue Nachbarin Jewgenija Alexandrowna nahm ihren alten Platz wieder ein. Diese Frau saß mit dem Rücken zu Onkel Kolja, was ihr sichtlich Unbehagen bereitete. Jedoch aus Taktgefühl und aus Respekt für die Gastgeberin ließ sie durch nichts erkennen, daß sie Angst vor Onkel Kolja hatte.

»Also was war vorhin los?« fragte die Tante leicht gereizt. Ihre Gereiztheit wurde durch den auf sie gerichteten Blick Onkel Koljas hervorgerufen, der die dringende Erwartung ausdrückte, daß Luftsäulenaggressor Tschik exemplarisch bestraft würde. Tschiks Tante begleitete ihre Frage mit einer ungeduldigen Handbewegung, die Onkel Kolja nicht entging und seinen Mißmut ins Maßlose steigerte.

»Junge wirft Luft auf Kolja!« erwiderte Onkel Kolja und versetzte seine Hand in starke Vibration. Diese Geste sollte bedeuten, daß sein Zorn nur allzu gerecht sei und daß an Tschik endlich ein Exempel statuiert werden müßte.

Tschiks Tante blickte Tschik prüfend an.

»Ich habe vorhin nur geseufzt«, sagte Tschik, »und Onkel Kolja hat gedacht, daß ich ihn anatme.«

»Du bist wohl endgültig übergeschnappt?« fragte die Tante den Onkel und bohrte sich, um ihre Worte zu verdeutlichen, den Zeigefinger in die Schläfe.

Die Strategie der Tante war nicht nur auf Onkel Kolja, sondern mehr noch auf die neue Nachbarin berechnet, der sie zeigen wollte, daß sie die Lage völlig unter Kontrolle hatte und daß die Existenz eines Geisteskranken in der Familie ein eher spaßiger als bedrohlicher Umstand ist.

Die Behauptung, er sei endgültig übergeschnappt, brachte Onkel Kolja völlig aus der Fassung. Er sprang von seinem Stuhl auf, trat auf den allgemeinen Tisch zu, verbeugte sich tief vor der Tante und richtete die rhetorisch gemeinte Frage an sie: »Ich endgültig übergeschnappt?«

Er sprach diese Worte in einem Ton, der Verwunderung über das ihm gerade zu Ohren Gekommene ausdrückte. Er glaubte, sich diesen Ton um so eher erlauben zu können, als seine Ohren wirklich ziemlich taub waren.

»Natürlich du, wer sonst«, erwiderte die Tante mit ruhiger Stimme, während sie ihre Zigarette auf dem Aschenbecher ablegte und einen kleinen Schluck aus ihrem Täßchen machte. Gestik und Mimik waren darauf abgestellt, der neuen Nachbarin zu demonstrieren, daß das Ganze eine Lappalie war und kein Grund zur Beunruhigung vorlag.

»Du endgültig übergeschnappt!!!« brüllte Onkel Kolja los und drohte der Tante mit dem Finger. Dann blickte er Tschik mit noch böserer Miene als bisher an, schwang wieder den Finger und fügte hinzu: »Junge endgültig übergeschnappt!!!«

Dann blickte Onkel Kolja die schreckensbleiche neue Nachbarin an. Dieser Blick war zwar auch vorwurfsvoll, noch mehr jedoch war er prüfend. Onkel

Kolja wollte herausfinden, wessen Parteigängerin diese neue unbekannte Frau war. Offenbar gelang ihm das nicht, denn auf Onkel Koljas Gesicht stand, als er sich wieder von Jewgenija Alexandrowna abwendete, die Entschlossenheit geschrieben, sich erst zu einem späteren Zeitpunkt verbindlich über diese Person zu äußern: nämlich dann, wenn sie sich im Kreis der Übergeschnappten zureichend profiliert hätte.

»Ich glaube, er macht Schwierigkeiten«, sagte Tschiks Tante mit einem tiefen Seufzer und wechselte abrupt ihre Rolle. Sie spielte jetzt nicht mehr die furchtlos überlegene, im Umgang mit geisteskranken Familienmitgliedern geübte und gestählte Hausherrin, sondern eine arme geknechtete Weibsperson, um deren Gunst einst Prinzen und Konsuln gebuhlt hatten, während sie jetzt Frondienste als Irrenhauswärterin leisten mußte.

»Hoffentlich läßt er diesmal die Türen in Ruhe«, fügte Tschik besorgt hinzu. Er spielte damit auf eine Eigenart Onkel Koljascher Zornesausbrüche an. Wenn seine Wut keinen anderen Ausgang fand, pflegte Onkel Kolja manchmal die Türen im Haus der Reihe nach zuzuschlagen, was den Wänden nicht sehr gut bekam.

Onkel Kolja fuhr unterdessen fort, Tschiks Tante in Erwartung jenes letzten Funkens, der das Pulverfaß seines Grimms zur Explosion bringen sollte, anzustarren. Die Tante sagte aber nichts. Sie beschränkte sich auf einen zweiten Stoßseufzer und darauf, den Kopf auf die Brust sinken zu lassen.

»Wenn es so heiß ist, schlägt er immer Türen zu«, sagte Tschik. Tatsächlich war Onkel Kolja nicht nur zartbesaitet, sondern außerdem noch wetterfühlig.

»Ich glaube, es gibt nur einen Ausweg«, sagte Tschiks Tante. »Tschik nimmt Onkel Kolja und geht mit ihm ans Meer. Würdest du mir diesen Gefallen tun, Tschik?«

»Natürlich, Tante«, sagte Tschik möglichst gelassen, obwohl er innerlich aufjauchzte.

Onkel Kolja liebte das Meer genauso sehr wie Tschik. Doch ohne Erwachsene ließ man ihn nur an besonders heißen Tagen und nur in Begleitung Tschiks ans Meer. An solchen Tagen befürchtete man, Onkel Koljas Wetterfühligkeit könne ihn zu unabsehbaren Handlungen verleiten. Und am Meer war es doch etwas kühler.

»Meer, Meer«, sagte Tschiks Tante zu Onkel Kolja. Das hörte sich so an, als würde sie mit einer Schere im letzten Moment die fast schon abgebrannte Lunte einer Bombe abschneiden.

»Meer, Meer?« fragte Onkel Kolja, der noch nicht an sein Glück glauben konnte. Seine Stimme klang plötzlich fast freundlich.

»Sag ich doch, Meer, Meer«, wiederholte Tschiks Tante und zündete sich die inzwischen erloschene Zigarette wieder an. Mit dieser Geste zeigte sie der neuen Nachbarin, daß sie die Lage bereits wieder unter Kontrolle hatte und daß der Zwischenfall mit Onkel Kolja den Charakter eines Kuriosums hatte.

»Den Pfirsich kannst du aufessen«, sagte die Tante zu Tschik, der wieder begonnen hatte, die um den einsamen Pfirsich schwirrenden Fliegen fortzujagen.

Tschik nahm den Pfirsich vorsichtig in die Hand, biß hinein und ließ die angebissene Frucht eine Zeitlang im Mund, damit der Saft dorthin abfließen konnte.

»Meer, Meer«, murmelte Onkel Kolja freudig. Er drehte sich zur neuen Nachbarin herum und begann ihr wort- und gestenreich zu erklären, daß Tschik strenggenommen gar kein so schlechter Junge sei, dessen im Grund harmlose Schelmereien man mit der nötigen Dosis Humor aufnehmen müsse.

»Junge blasen, Junge immer blasen Kolja«, wiederholte Onkel Kolja und lachte gutmütig und unternehmungslustig.

Nachdem er der neuen Nachbarin seinen veränderten Standpunkt in der Luftsäulenaffäre dargestellt hatte, ging Onkel Kolja in den *Saal,* wo er schlief, und holte seine neben dem Bett abgestellte Angel.

»Wo war ich vorhin stehengeblieben?« fragte Tschiks Tante, während sie die Tasse mit dem unterdessen merklich abgekühlten türkischen Kaffee an den Mund führte.

»Sie erzählten gerade, wie der persische Konsul um ihre Hand angehalten hat«, erwiderte die Nachbarin.

»O ja, der Konsul, der persische Konsul«, nahm die Tante den Erzählfaden wieder auf. »Ich konnte mich vor ihm einfach nicht retten!«

Fünf Minuten später stiegen Tschik und Onkel Kolja die Treppe hinab. Onkel Kolja hatte eine vorzügliche, fast komplette Angel geschultert, die nur den kleinen Schönheitsfehler hatte, daß vorne an der Angelschnur der Angelhaken fehlte.

»Hat sie es erlaubt?« fragten im Chor die Spielkameraden im Hof, als sie Tschik und Onkel Kolja die Treppe hinabsteigen sahen.

»Hat sie, hat sie«, erwiderte Tschik und fügte hinzu: »Aber Onkel Kolja muß seinen Sirup bekommen . . .«

Onkel Kolja war ein Sirup- und Limonadennarr, und da Tschik von Gewissensbissen nicht ganz frei war, wollte er dem vorhin etwas unfair gehänselten Onkel auf dem Gang zum Meer noch diese kleine Zusatzfreude machen.

Tschik besaß aber nur vierzig Kopeken, und die hätten nur für ein Glas Sirup gereicht. Das war zu wenig. Wenn Onkel Kolja Sirup oder Limonade vorgesetzt bekam, hörte er nicht so bald wieder mit dem Trinken auf.

»Ich spende das Sirupgeld«, sagte Onik, der es gewöhnt war, die finanziellen Lasten zu tragen.

»Er muß seinen doppelten Sirup bekommen . . .«, fügte Tschik hinzu.

»Von mir aus seinen dreifachen«, sagte Onik.

Immerhin war er der Sohn des Reichen Schneiders.

Tschiks Verteidigung

Tschik saß im Wipfel seines Birnbaums. Es war sein Lieblingsplätzchen. Einige Rebenzweige bildeten hier zwischen zwei Ästen ein federndes Ruhebett, das man zum Sitzen wie zum Liegen benutzen konnte: je nachdem, wonach einem der Sinn stand. Wenn du Lust zum Sitzen hast, dann setz dich hin und beiß die Trauben direkt mit dem Mund ab. Wenn du dich lieber hinlegst, dann tu das. Du brauchst ja nur die Hand auszustrecken, und schon hast du dir eine Weintraube oder eine Birne gepflückt.

Tschik liebte dieses Plätzchen sehr. Es war bequem und angenehm zugleich. Erstens war es deshalb ein guter Platz, weil man von hier aus ohne die geringste Mühe Trauben, Birnen und sogar Ingwerfrüchte pflükken konnte.

Der Ingwerbaum wuchs im Nachbarhof, jedoch streckte sich ein Zweig des Ingwerbaumes in Richtung auf den Birnbaum über die Mauer und erreichte ihn. Die Ingwerfrüchte schmeckten deshalb besonders gut, weil der Ingwerbaum ein fremder Baum war. Tschik hatte das schon vor längerem festgestellt. Wenn er den fremden Ingwer aß, konnte er nicht genug über dies Wunder der Natur staunen. Auch in ihrem Garten wuchs ein Ingwerbaum, es war zudem die gleiche

Sorte, doch die Früchte des fremden Baumes schmeckten einfach besser.

Außerdem gefiel Tschik dies Plätzchen auch deshalb so gut, weil er von hier aus alle Leute sehen konnte, selber jedoch unsichtbar blieb. Das Verbot, auf Bäume zu klettern, war angeblich nicht aus Rücksicht auf das Obst erlassen worden, sondern weil die Erwachsenen fürchteten, Tschik könne beim Klettern vom Baum fallen. Besonders komisch war, daß ihm immer dann, wenn das Obst im Haus ausgegangen war, ein Korb in die Hand gedrückt wurde, damit er auf den Baum steige und Birnen, Weintrauben oder Ingwerfrüchte pflücke.

»Aber fall nicht runter, Tschik«, wurde jedesmal besorgt hinzugefügt.

»Nur keine Angst, ich bleibe oben«, erwiderte Tschik und ging mit dem Korb in den Garten.

Nach Meinung der Erwachsenen genügte die bloße Bitte, um zu verhindern, daß Tschik vom Baum falle. Anders herum folgte daraus, daß Tschik, wenn er aus eigenem Antrieb auf den Baum klettert, ungleich größere Gefahr läuft, vom Baum zu purzeln. Dabei war es umgekehrt. Mit einem großen Korb von Ast zu Ast zu klettern, war schwieriger als ohne Korb.

Jawohl, Tschik liebte diesen Platz. Er liebte ihn auch noch deshalb, weil er, wenn er sich zurückziehen wollte, nur hierher in die Birnbaumkrone zu klettern brauchte. Man darf zwar mit Bestimmtheit sagen, daß Tschik die Menschen liebte. Doch manchmal hatte er genug von ihnen. In solchen Augenblicken fiel ihm auf, daß die Menschen alles Menschenmögliche tun, um andere Menschen daran zu hindern, sie zu lieben.

Tschik hatte in solchen Momenten genug von der Tante und ihren ständigen Erzählungen über ihre angeblich so wunderbaren Jugendjahre. Er hatte genug von der Großmutter, genug von den Freunden. Sogar von seinem verrückten Onkel Kolja hatte er bisweilen genug.

Wenn er nun genug von ihnen allen hatte, gab es auf der ganzen Welt nur einen Ort, wo er Zuflucht und Einsamkeit fand. Dieser Ort war der Wipfel des Birnbaums. Er kletterte heimlich den Baum hinauf und harrte dort so lange aus, bis er plötzlich nicht mehr von allen genug hatte. Das konnte eine oder zwei Stunden dauern. Dann stieg er wieder hinab und spürte deutlich, daß die Menschen ihn wieder beschäftigten. Jetzt konnte er sie wieder mit anderen Augen betrachten, konnte mit ihnen reden und spielen und ihren Erzählungen lauschen.

Doch heute konnte sich Tschik weder an seinem Lieblingsplätzchen noch an der Sonne freuen, die durch das Laub des Birnbaums und der Rebe drang. Der Grund war, daß ihm in der Schule etwas höchst Unangenehmes passiert war. Der Russischlehrer Akakij Makedonowitsch hatte ihm befohlen, seinen Eltern zu sagen, daß am nächsten Tag einer von ihnen mitkommen müsse in die Schule.

Das war furchtbar. Tschik lernte gut, alle im Haus waren stolz auf ihn. Sie waren nicht nur einfach stolz darauf, daß Tschik ein guter Schüler war, sie hielten ihn auch ständig seinem älteren Bruder vor, dessen schulische Leistungen sehr zu wünschen übrigließen und der auch in Betragen eine schlechte Note hatte. Wegen des älteren Bruders wurden die Eltern ständig in die Schule gebeten. Manchmal kamen die Lehrer sogar ins Haus, um sich bei den Eltern über Tschiks Bruder zu beschweren. Und jetzt hatte Tschik, der Stolz seiner Tante, plötzlich etwas angestellt, das einen seiner Lehrer dazu veranlaßt hatte, seine Eltern in die Schule zu zitieren! Tschik begriff, daß das ein schwerer Schlag für seine Tante sein würde. Besser gesagt: ein vorzüglicher Vorwand, die von einem schweren Schicksalsschlag Getroffene zu spielen. Und Tantes Liebling Tschik wäre der Schuldige!

In den letzten Jahren hatte es die Tante aufgegeben, ständig davon zu reden, daß ihr Tschiks älterer Bruder durch sein schlechtes Lernen und nicht minder schlechtes Betragen ihre besten, ihre goldenen Jahre vergälle. Sie hatte sich für die Version entschieden, wonach es mit Tschiks älterem Bruder deshalb bergab gegangen sei, weil nicht sie, sondern Tschiks Mutter ihn erzogen hatte. Nach der gleichen Version war Tschik im Lernen und Betragen deshalb so mustergültig, weil sie selbst, die Tante, ihn erzog.

Tschik malte sich erschauernd aus, was die Tante sagen würde. Sie würde damit beginnen, daß sie ihrer Invaliden wegen den persischen Konsul verlassen hatte, mit dem sie herrlich und in Freuden lebte. Mit den *Invaliden* waren die Großmutter und der Onkel gemeint. Übrigens war die Großmutter bei bester Gesundheit, und der Onkel war zwar verrückt, aber nicht eigentlich invalid. Die Tante würde wieder davon reden, daß sie Tschiks älterem Bruder ihre Jugendjahre geopfert hätte: und das auch noch umsonst. Tschik sei ihre letzte Hoffnung gewesen, jetzt müsse sie auch die letzte Hoffnung fahren lassen: nachdem ihr Tschik den todbringenden Schlag versetzt hätte, von dem sie sich kaum wieder erholen würde.

Nein, Tschik konnte daheim unmöglich erzählen, daß der Lehrer seine Eltern in die Schule bittet. Aber er konnte sich auch nicht ohne einen Erwachsenen in der Schule blicken lassen. Der Russischlehrer Akakij Makedonowitsch, der ein vorzügliches Gedächtnis besaß, würde ihn einfach nicht ins Klassenzimmer lassen.

Was tun? dachte Tschik verzweifelt, doch ihm wollte und wollte nichts einfallen. Am besten wäre es, gleich hier oben im Birnbaum zu bleiben und den Rest des Lebens an diesem angenehmen Plätzchen zu verbringen. Das Plätzchen eignete sich auch zum Schlafen, und Hunger brauchte er inmitten der Birnen, Weintrauben und Ingwerfrüchte bestimmt nicht zu leiden.

Tschik mußte immerzu an den mißlichen Vorfall in der Schule denken. Es war während der Russischstunde geschehen. Akakij Makedonowitsch hatte die Angewohnheit, die Regeln der russischen Grammatik in versifizierter Form an die Tafel zu schreiben. Die Schüler mußten sie von dort in ihre Hefte übertragen und anschließend auswendig lernen.

Akakij Makedonowitsch war der einzige Lehrer an der Schule, der sich dieses pädagogischen Kunstgriffs bediente. Dem Physiklehrer zum Beispeil fiel es nicht im Traum ein, die physikalischen Regeln in Verse zu kleiden und mit Reimen zu schmücken. Auch der Mathematiklehrer hielt Rechnen und Dichten auseinander. Akakij Makedonowitschs Unterricht war durchaus einmalig, und er war stolz auf seine mit der Poesie liebäugelnde Methode, obwohl seine Schüler sie nicht ganz ernst nahmen und sogar auslachten. Allerdings lachten sie nur in den Schulpausen. Und just dagegen hatte Tschik verstoßen.

Mit seiner schönen, leicht nach rechts geneigten Handschrift hatte der Russischlehrer heute folgendes Gedicht an die Schultafel geschrieben:

Wie schreibt man »un«, wie schreibt man »nicht«
Im Land der Sonne und des Lichts?
Getrennt oder vielleicht verbunden?
Wie kommt man über diese Runden?
Ich zeig es euch an einem Beispiel hier.
Präg es dir ein, du junger Pionier!
Unschön ist es, ohne Ziel zu leben,
Das ist klar, doch deshalb eben
Ist's *nicht schön,* sondern abscheulich,
Ohne Ziel herumzustreunen.
Jetzt begreift selbst noch der letzte Wicht,
Wie man schreibt *un,* wie man schreibt *nicht*
Im Land der Sonne und des Lichts!

Diese Verse heute unterschieden sich wenig von den vielen anderen, mit denen Akakij Makedonowitsch seit Jahr und Tag versuchte, seinen Schülern die Regeln der russischen Grammatik beizubringen. Ihm galt es als verbürgt, daß die Schüler gerade auf diese Weise, sozusagen mit Hilfe der Musen, die Grammatik erlernten. In Wirklichkeit war es anders. Die Schüler hielten sich an das Grammatiklehrbuch und lernten zusätzlich und unabhängig davon Akakij Makedonowitschs poetische Versuche auswendig, um nicht seinen Unwillen zu wecken.

Tschik fand die Versübungen des Lehrers ziemlich lachhaft, ihre naive Schlaumeierei ging ihm wider den

Strich. Diese Verse schienen zu sagen: »So, Kinder, jetzt bilden wir mal einen Kreis und spielen Dichtelei. So verbinden wir das Angenehme mit dem Nützlichen.«

Tschik war der Ansicht, daß diese Beschäftigung weder angenehm noch nutzbringend war. Dieser Meinung hingen auch die anderen Schüler an. Doch ihnen allen blieb nichts anderes übrig, als mitzuspielen und die albernen Verse auswendig zu lernen.

Diesmal fand Tschik die Zeilen über das Land der Sonne und des Lichts besonders komisch. Er begriff durchaus, daß nicht die geringe Niederschlagsmenge in ihrer Republik gemeint war, sondern das Wohlleben der Menschen in Abchasien. Tschik war auch einverstanden, wenn seine Heimat *Sonnenland Abchasien* genannt wurde. Ihm wollte indessen nicht einleuchten, was dies alles mit den Regeln der Grammatik zu tun hatte.

Tschik hatte dieser sonnigen Zeilen wegen einen Blick mit seinem Mitschüler Sewastjanow gewechselt und sich ein Lächeln dabei nicht verbeißen können. Sewastjanow hatte zurückgelächelt und verständnisinnig mit dem Kopf genickt. Dieser Schüler besaß genau wie Tschik ein feines Gespür für die Lächerlichkeit bestimmter Dinge. Manchmal pflegten die beiden Blicke zu wechseln und zu lächeln oder sogar zu lachen. Es war ihnen angenehm, daß sie einander auf den ersten Blick verstanden, und dieses Wissen mehrte ihre Fröhlichkeit.

Tschik spürte, daß der Lehrer sein Lächeln bemerkt hatte und auch begriffen hatte, daß dieses Lächeln seinem Versopus galt. Er hatte jedoch diesem Umstand keine Bedeutung beigemessen. Jenem Phänomen, das man Autoreneitelkeit nennt, war Tschik in seinem bisherigen Leben noch nie begegnet.

»Und jetzt, Kinder«, sprach Akakij Makedonowitsch, »wollen wir diese Verse im Chor aufsagen. Legt mir ja Ausdruck hinein in den Vortrag und achtet auf meine Hände!«

Wie schreibt man »un«, wie schreibt man »nicht«
Im Land der Sonne und des Lichts?

begannen dreißig Schülerkehlen zu skandieren.

Akakij Makedonowitsch stand hochgewachsen mit demutsvoll abfallenden Schultern und einer bubenhaften Haarsträhne in der Stirn vorne am Lehrertisch. Durch Gesichtsausdruck und Dirigentenbewegungen versuchte er, den Kindern den richtigen Tonfall und das angemessene Tempo zu vermitteln.

Als die Schüler die Zeile

Getrennt oder vielleicht verbunden?

vortrugen, führte der Lehrer die Arme weit und wie ratlos auseinander, und auch auf dem Gesicht stand die alarmierende Ungelöstheit dieser Frage deutlich geschrieben. Als die Kinder die Stelle

Ich zeig es euch an einem Beispiel hier.
Präg es dir ein, du junger Pionier!

erreicht hatten, hellte sich Akakij Makedonowitschs Gesicht schlagartig auf und drückte jetzt die Zuversicht aus, daß die gewiß nicht auf den Kopf gefallenen Jungpioniere, angeführt vom bewährten Altpionier Akakij Makedonowitsch, mit Geschick und Erfolg aus jenem Dschungel herausfinden werden, in den sich die russische Grammatik beim Fehlen eines poetisch justierten Kompasses bisweilen zu verwandeln vermag.

Unschön ist es, ohne Ziel zu leben ...

rezitierten die Kinder, und der Lehrer hielt seinen Kopf mit der bubenhaften Haarsträhne gramvoll gebeugt: jeder Zoll ein stummer Vorwurf an die Adresse jener Gaukler und Toren, die sich vermessen, ohne Ziel zu leben.

... ist's nicht schön, sondern abscheulich,
Ohne Ziel herumzustreunen.

Des Lehrers Abscheu vor diesem liederlichen Lebenswandel hatte seinen Höhepunkt erreicht. Doch nun kam die entscheidende Wende. Nachdem diese Stelle passiert war, hellte sich das Gesicht des musisch veranlagten Pädagogen immer mehr auf. Es drückte grenzenlose Freude darüber aus, daß es den Jungpionieren endlich und glanzvoll gelungen war, auch dieser grammatischen Regel Herr zu werden.

Während des ganzen Gedichtvortrags wechselten Tschik und Sewastjanow ironische Blicke und wurden an den besonders pathetischen oder vielmehr komischen Stellen von einem nur mit Mühe unterdrückten Lachen geschüttelt. Doch Akakij Makedonowitsch hatte unterdessen nicht nur vom Entsetzen bis zur hohen Seligkeit reichende mimische Höchstleistungen vollbracht, er hatte zugleich Tschiks Verhalten observiert. Das wiederum war Tschik entgangen.

Als der Gedichtvortrag beendet war, vereinigte der Lehrer seine Hände, preßte sie demutsvoll gegen die Brust und sagte:

»Wir haben jetzt im Chor dieses Gedicht vorgetragen, um uns wieder eine neue Regel der russischen Grammatik einzuprägen. Und was hat Tschik in dieser ganzen Zeit gemacht? Er hat die ganze Zeit gelacht.

Jetzt wollen wir ihn einmal bitten, uns zu erzählen, worüber er so herzlich gelacht hat. Wenn das, worüber er gelacht hat, wirklich komisch ist, dann wollen wir von Herzen mitlachen. Steh auf, Tschik, und sag uns, worüber du gelacht hast!«

Tschik stand auf. Er verspürte keine Lust zu sagen, daß er über das Gedicht gelacht hatte. Noch weniger Lust verspürte er zu sagen, daß er außerdem über Akakij Makedonowitschs Benehmen gelacht hatte.

»Ich habe einfach so gelacht«, sagte er.

»Sei nicht so bescheiden, Tschik«, sagte Akakij Makedonowitsch. »Ich bin sicher, daß du einen Grund zum Lachen hattest. Ich vermute, du hast in unserem Gedicht etwas komisch gefunden. Vielleicht haben wir anderen alle unrecht, und du allein hast recht. Dann ist es deine Pflicht, uns auf unseren Irrtum hinzuweisen.«

Dies alles sagte der Lehrer mit ruhiger, wohlwollender Stimme. Seine knapp unter dem Kinn gegen die Brust gepreßten Hände verhießen zwar nichts Gutes, doch Tschik verließ sich auf die Stimme. Das Leben hatte ihn, wie gesagt, noch nie mit dem Phänomen *Autoreneitelkeit* konfrontiert. Zudem ist es möglich, daß sich Tschik gern vor versammelter Klasse produzieren wollte. Es bereitet Wonne, den Lehrer vor den Mitschülern auf einen Fehler hinzuweisen. Tschik gab sich also einen Ruck und sagte: »Eine Zeile im Gedicht ist falsch.«

»Hochinteressant«, bemerkte Akakij Makedonowitsch, ohne die Stellung seiner Hände zu verändern, aber nunmehr etwas vorgebeugt, als wolle er sich leicht vor Tschik verneigen. »Dürfen wir wissen, welche Zeile falsch ist?«

»In Ihrem Gedicht heißt es«, sagte Tschik aufgeweckt,

»Wie schreibt man »un«, wie schreibt man »nicht«
Im Land der Sonne und des Lichts?

Das hört sich an, als würde diese Regel nur für sonnige Länder gelten. Bedeutet das, daß sie in Ländern, wo es viel regnet, nicht gültig ist?«

Die Klasse begann zu lachen. Tschik bemerkte voller Sorge, daß der Lehrer blaß geworden war.

»Euer Lachen ist dumm«, sagte Akakij Makedonowitsch, »und Tschiks Bemerkung ist ebenfalls dumm. Wir leben in einem sonnigen Land, und die Regeln der Grammatik sind folglich auf unser Land gemünzt.«

»Und wenn jemand in einem regnerischen Land das Wörtchen ›nicht‹ gebrauchen will«, bohrte Tschik weiter, »muß er sich dann an eine andere Regel der Grammatik halten?«

In diesem Moment läutete die Schulglocke, die Russischstunde war zu Ende. Akakij Makedonowitsch faßte den Entschluß, den vorlauten Tschik exemplarisch zu bestrafen. Hätte die Stunde noch länger gedauert, dann hätte er vielleicht den Versuch unternommen, Tschiks Argumentation zu widerlegen. Dafür war nun keine Zeit mehr. Es blieb nurmehr die Möglichkeit einer Bestrafung.

»Wir sind immer für Kritik«, sagte Akakij Makedonowitsch, »doch wir sind gegen Kritikastertum. Morgen bringst du jemanden von deinen Eltern in die Schule mit, damit ich ein ernstes Wort mit ihm reden kann . . .«

Und wieder lachte die Klasse. Aber jetzt lachte sie über die jähe und mißliche Wendung in Tschiks Los.

Tschik hatte Lust, Akakij Makedonowitsch zuzurufen, er fände sein Verhalten ungerecht, es sei ihm einfach unmöglich, jemanden von seinen Eltern in die Schule mitzubringen, doch der Lehrer nahm das Klassenbuch in die Hand und verließ mit der üblichen gespielten Demutsmiene das Klassenzimmer.

Jetzt saß Tschik oben auf dem Wipfel des Birnbaums inmitten von Birnen, Weintrauben und Ingwerfrüchten und dachte darüber nach, wie er sich morgen verhalten sollte.

Wie schreibt man »un«, wie schreibt man »nicht«
Im Land der Sonne und des Lichts . . .

Das verdammte Gedicht! Warum nur, dachte Tschik, hab ich mich auf diesen blödsinnigen Streit eingelassen! Als ob das Wetter in einem Land etwas mit den Regeln der Grammatik zu tun haben kann! Doch was soll ich morgen tun? Ohne einen Elternteil läßt mich der Pauker nicht in die Schule!

Tschik langte nach einer kleinen Weintraubendolde, pflückte sie und begann fast mechanisch, die Trauben zu essen. Die Schale spuckte er in den Hof hinunter, manchmal fiel sie auf die Birnbaumblätter. Tschik war in einer derart desperaten Laune, daß ihm die Trauben nicht süß, sondern wäßrig und fad vorkamen.

Tschik ließ den Blick über den Hof schweifen. Sonjka und Nike spielten *Klassiker*. Ljossik schaukelte den Kinderwagen, in dem seine zwei kleinen Zwillingsbrüder lagen. Onik war nicht im Hof, Tschik wußte, daß er zum Fußballspiel gegangen war. Tschiks Lieblingshund Belka lag in der Mitte des Hofes. Wahrscheinlich langweilte sich der Hund ohne Tschik und wußte nicht, wo er den Spielgefährten suchen sollte.

Auf dem oberen Treppenabsatz des ersten Stockes saß Tschiks Großmutter und wärmte sich in der Sonne. Neben ihr stand Tschiks verrückter Onkel Kolja und trällerte ein selbstverfaßtes sinnloses Liedchen vor sich hin. Ab und zu blickte er zum Küchenanbau hinab, wo Sonjkas Mutter Tante Faina herumwerkelte. Onkel Kolja liebte Tante Faina seit urdenklichen Zeiten, obwohl ihm das nicht mit Gegenliebe vergolten wurde. Der Onkel Kolja hat es gut, dachte Tschik. Er singt Liedchen, er lebt sorglos in den Tag hinein, niemand ruft seine Eltern in die Schule.

Tschiks Blick glitt über das Dach des Seitengebäudes, das von Ljossiks Eltern bewohnt wurde. In der zum Regenabflußrohr führenden Dachrinne lag immer noch der Tennissball, der vor zwei Jahren dorthin geraten war. Zwei volle Jahre bereits hoffte Tschik, daß das Regenwasser den Ball ins Abflußrohr schwemmen würde, von wo der Ball ins Regenwasserfaß gelangte, das unter dem Abflußrohr aufgestellt war. Vor einigen Monaten war der Tennisball zwei Meter weit vom Abflußrohr steckengeblieben. Weiter bewegte er sich nicht. Tschik hoffte ständig auf den nächsten starken Regenguß, dem es endlich gelingen würde, den Ball an den gewünschten Ort zu befördern.

Die Fenster der Veranda im ersten Stock waren geöffnet. Tschik sah seine Tante in ihrer klassischen Stellung. Sie hielt ein Glas mit starkem Tee in der Hand und hatte die qualmende Zigarette im Aschenbecher abgelegt. Die Tante führte ein lebhaftes Gespräch mit einer unsichtbaren Gesprächspartnerin. Tschik konnte die Worte der Tante von hier aus nicht hören, doch er hielt es für denkbar, daß die Tante gerade sein Lob als

Musterschüler sang. Dabei fiel ihm der morgige Tag wieder ein, und wieder ergriff ihn Trübsal.

Plötzlich wurde die Luft von einem jähen vielstimmigen Jubelschrei erschüttert. Gejubelt wurde auf dem Fußballplatz, der zwei Straßenzüge weit entfernt lag. Die örtliche Mannschaft spielte heute gegen die Mannschaft der Stadt Armawir. Dem Jubel nach zu urteilen, hatten die hiesigen Spieler ein Tor geschossen. Wenn die zu Gast weilende Mannschaft ein Tor schoß, pflegte im Fußballstadion Stille einzukehren.

Tschik wußte, daß es heute ein Fußballspiel gab, doch seiner schlechten Laune wegen war er dem Platz ferngeblieben. Das schönste Fußballspiel ist für die Katz, wenn es in der Seele düster aussieht. Auf dem Dach des Nachbarhauses saßen einige Männer und verfolgten das Spiel mit großer Anteilnahme. Für solche Zaungäste, genauer: Dachgäste, hatte Tschik wenig übrig. Wenn ein Junge aufs Dach oder auf einen Baum klettert, kann man das verstehen, der Junge hat wahrscheinlich kein Geld für eine Eintrittskarte, und es fehlt ihm das Geschick, ohne Eintrittskarte durchzuschlüpfen. Aber wenn den Erwachsenen das Fußballeintrittsgeld zu schade ist und sie sich deshalb aufs Dach postieren, dann kann das nur Widerwillen wecken.

»Kostja«, rief jetzt einer der Männer auf dem Dach in den Hof des Nachbarhauses hinein.

»Kostja schläft«, erwiderte eine Frauenstimme.

»Dann weck ihn, und zwar schnell!«

»Wozu soll ich ihn wecken?« zweifelte die Frauenstimme.

»Ich will ihm was Wichtiges sagen«, rief der Mann.

»Kostja wird mich ausschimpfen«, zögerte die Frau.

»Das wird er nicht, ich schwör's bei meinen Kindern!« rief der Mann auf dem Dach. »Wenn ich ihm vermeldet hab, was ich vermelden will, dann ist dein Kostja wunschlos glücklich und denkt nicht mehr daran, dich auszuschimpfen.«

»Was willst du von mir?« ertönte eine Minute später eine heisere Männerstimme. Offenbar hatte sich die Frau endlich dazu bewegen lassen, ihren Ehemann aus dem Schlaf zu wecken.

»Kostja, hörst du mich?« rief der andere Mann vom Dach herab. »Unsere Burschen fahren Schlitten mit den anderen! Sie haben schon zwei Tore geschossen!«

»Wozu hast du mich geweckt?« sagte der aus dem Schlaf Geweckte gereizt zu seiner Ehefrau. »Ich hätte gern noch ein halbes Stündchen geschlafen.«

»Er hat bei seinen Kindern geschworen«, erwiderte die Frau verlegen. »Ich hab gedacht, es geht um Arbeit, nicht um Fußball.«

»Hast du wenigstens die Wassermelone unter den Hahn gestellt?«

»Hab ich, hab ich . . .«

»Dann hol sie jetzt rein«, sagte der Mann. »Wenn ich schon nicht hab ausschlafen können, dann will ich mir wenigstens die Melone schmecken lassen.«

Eine Zeitlang war es still im Nachbarhof. Die Männer auf dem Dach des Nachbarhauses verfolgten unterdessen mit nicht erlahmender Anteilnahme die Vorgänge auf dem Fußballplatz.

»Sag mal, haben sie die Tore im Spiel geschossen oder durch Strafstoß?« rief der Mann im Nachbarhof zum Dach des Nachbarhauses hinauf. Die Stimme des Sprechenden klang jetzt nicht mehr heiser. Wahrscheinlich verdankte sie ihre neuerliche Frische dem Genuß der ersten Wassermelonenscheibe.

»Ich schwör's bei meinen Kindern, sie haben beide Tore direkt im Spiel geschossen«, rief der Mann auf dem Dach des Nachbarhauses euphorisch in den Hof hinab.

»Das hört sich nicht schlecht an«, sagte der die Wassermelone verspeisende Mann in versöhnlichem Ton. Wahrscheinlich hatte er unterdessen alle Vor- und Nachteile abgewogen und war zu der Einsicht gekommen, daß es sich doch gelohnt hatte, auf jene halbe Stunde Schlaf zu verzichten. »Wenn wieder etwas Wichtiges passiert«, fügte der Mann hinzu, »dann teil mir das wieder mit!«

»Mach ich, Kostja, mach ich!« rief der Mann auf dem Dach und drehte sich wieder zum Fußballplatz um. Im Nachbarhof wurde es wieder still. Wahrscheinlich aß der Mann im Hof das zweite Stück Wassermelone.

Wenn er nicht gerade einen seelischen Tiefpunkt wie heute hatte, ging Tschik gern auf den Fußballplatz. Kürzlich war er mit seinem Onkel dort gewesen, natürlich nicht mit dem verrückten Onkel Kolja, sondern mit einem anderen Onkel, der sogar der klügste seiner vielen Onkel war und Onkel Reza hieß. Jener Tag hatte sich als Glückstag erwiesen. Die örtliche Mannschaft hatte Dynamo-Tbilissi besiegt. Es war das einzige Mal in seinem Leben, daß Tschik einen Sieg ihrer Mannschaft über Dynamo-Tbilissi erlebte. Mit allen anderen Fußballfans der Stadt hatte Tschik diesen Tag lange herbeigesehnt. Nun war er endlich gekommen, und der Jubel der Fans kannte keine Grenzen. Sie beklatschten pausenlos die Finten unserer Stürmer, sie belachten mit übertriebener Heiterkeit jede ungeschickte Vorlage des Gegners und quittierten jedes von unserer Mannschaft geschossene Tor mit einem Begeisterungssturm.

Tschik wußte freilich, sein Onkel hatte es ihm gesagt, daß Dynamo-Tbilissi diesmal seine Jugendmannschaft nach Suchum geschickt hatte. Das war der Grund, weshalb die Spieler aus Tbilissi schwächer als gewöhnlich spielten. Tschik spürte, daß seine Freude über das siegreiche Spiel unserer Mannschaft dadurch etwas geschmälert war. Aber er spürte auch, daß jener Umstand der Begeisterung der anderen keinen Abbruch tat. Hauptsache, die aus Tbilissi verloren. Alles andere ließ man außer Betracht. Tschik beneidete in der Tiefe seines Herzens jene Menschen, die die Fähigkeit zu dieser etwas simplen Reaktion auf die Freuden des Lebens besaßen. Er begriff, daß ihm selbst diese Fähigkeit abging.

Am Verhalten der Fans war noch etwas anderes bemerkenswert. Jedesmal wenn unsere Spieler den Tbilissiern ein Schnippchen schlugen, wenn die anderen einen Schnitzer machten und besonders nach jedem von unserer Mannschaft geschossenen Tor drehte sich das ganze Stadion mit den Köpfen um und blickte in eine ganz bestimmte Richtung. In welche Richtung die Leute blickten, vermochte Tschik trotz angestrengten Nachdenkens nicht zu ermitteln.

»Wo blicken die alle hin, Onkel?« fragte Tschik.

»Sie meinen, es müßte im Stadion wenigstens einen Schlachtenbummler aus Tbilissi geben. Den versuchen sie zu finden und anzustarren.«

»Kennen die ihn denn?« fragte Tschik verwundert.

»Nicht besser als dich oder mich«, sagte der Onkel.

»Wo blicken sie dann immer hin?« fragte Tschik weiter, dem es nicht einleuchten wollte, daß man auf den überfüllten Tribünen einen einzelnen Mann hätte erkennen können.

»Die Leute glauben«, sagte der Onkel, »daß sie imstande sind, diesen Mann zu erkennen. Vielleicht halten sie mich für ihn oder sonstwen . . .«

Tschik war verblüfft über den Wahnsinn der Menge. Wie sollte man auf den Tribünen eines großen Fußballstadions einen einzelnen Mann erkennen, selbst wenn der Mann sich tatsächlich hier aufhielte? Jedesmal wenn unsere Mannschaft gut oder die andere Mannschaft schlecht spielte, drehten sich Hunderte von Zuschauern um, manche sprangen sogar von ihren Plätzen auf.

Alle versuchten, den Unbekannten aus Tbilissi zu enttarnen, um sich an der auf seinem Gesicht geschriebenen Ratlosigkeit und Enttäuschung zu weiden. Tschik spürte deutlich die sich gleichsam in die Unendlichkeit entfernende Dummheit der Menge.

Nein, diese Leute waren urkomisch! Zunächst wußten sie ja überhaupt nicht, wo der Mann aus Tbilissi sitzen könnte, falls es ihn gäbe. Das hinderte sie aber nicht daran, jedesmal wieder nach oben zur zentralen Tribüne zu blicken. Man hätte meinen können, der Mann aus Tbilissi hätte allen Leuten im vorhinein sein Wort gegeben, sich auf einen Platz zu setzen, wo man ihn leichter erkennen könnte. Doch natürlich hatte dieser Mann niemandem sein Wort gegeben, immer vorausgesetzt, daß er jetzt hier im Stadion war. Es war einfach so, daß das Hinaufglotzen die bequemste Weise des Glotzens war, die Leute suchten den Mann aus Tbilissi aus reiner Bequemlichkeit auf der zentralen Tribüne.

Komisch war auch, daß alle, nachdem sie von ihren Plätzen aufgesprungen waren, mit triumphierendem Lächeln zur Tribüne hinaufgeblickt, dort niemanden entdeckt, sich darüber jedoch überhaupt nicht enttäuscht gezeigt hatten, sich gleich darauf, als wäre nichts gewesen, wieder dem Spiel zuwendeten und es gelassen und aufmerksam verfolgten, als hätten sie ihr Ziel erreicht. Ihre nunmehr beruhigten Gesichter mit dem Ausdruck eines albernen Triumphs schienen zu sagen: »Nun gut, vielleicht hab ich ihn diesmal übersehen, doch er hat mein triumphierendes Lächeln gewiß nicht übersehen können, und das ist schließlich die Hauptsache!«

Komisch war endlich, daß die Menge, die Dutzende von Malen aufsprang, um den von Gram gezeichneten Tbilissier zu orten, jedesmal aufs neue die Erfahrung der vorausgegangenen ergebnislosen Aufspringakte vergaß. Die Gesichter der erneut Aufspringenden und sich Umdrehenden wiesen nicht die kleinste Ahnung der Möglichkeit eines neuerlichen Mißlingens auf. Jedesmal glaubten sie, daß sie just dieses Mal den gut versteckten Mann aus Tbilissi erkennen würden.

»Tschik, wirf mir eine Traubendolde ins Fenster«, vernahm Tschik eine Stimme.

Er drehte sich um. Aus einem Fenster des Hauses, neben dem der Birnbaum wuchs, ragte der Kopf eines dicken Jungen heraus. Der Junge ging in die gleiche Schule wie Tschik, aber in eine andere Klasse. Er wohnte im zweiten Stock des Hauses, das Fenster befand sich auf gleicher Höhe wie Tschik. Auf dem Fensterbrett lagen Schulheft, Schulbuch, Tintenfaß und Federhalter. Der Junge galt als Muttersöhnchen. Tschik und die anderen Kinder hielten nicht viel von ihm.

Trotzdem pflückte Tschik eine große Traubendolde und warf sie nachlässig durchs Fenster in das Zimmer des Jungen. Der fing die Dolde auf und begann, die Weintrauben zu verspeisen. Er war rasch damit fertig und wandte sich wieder an Tschik: »Wirf mir jetzt eine Birne durchs Fenster!«

Tschik streckte die Hand lustlos nach einer in seiner Nähe hängenden Birne aus.

»Ich will die andere Birne«, sagte der Junge und zeigte mit seiner dicklichen Hand auf eine Birne, die ziemlich weit von Tschik am Ende eines Zweiges hing.

»Nimm das, was man dir gibt!« sagte Tschik, pflückte die näher zu ihm hängende Birne und warf sie dem Jungen zu. Auch die Birne wurde mit Heißhunger verschlungen. Der Junge biß so gierig in sie hinein, daß auch Tschik Lust auf eine Birne bekam. Er pflückte sich eine und begann sie zu essen.

»Tschik, warum sitzt du die ganze Zeit auf dem Baum«, fragte der Junge laut schmatzend.

Tschik fiel sofort wieder alles ein, das Stück Birne, an dem er gerade kaute, schmeckte plötzlich fad und wäßrig.

»Damit ich dir Birnen und Trauben durchs Fenster werfen kann«, erwiderte Tschik wütend.

»Nein, wirklich, Tschik«, sagte der Junge, der seine Birne inzwischen aufgegessen hatte, »ich merk die ganze Zeit, daß du gar nicht mehr vom Baum runtersteigst ... Jetzt wirf mir wieder Weintrauben durchs Fenster!«

»Im Futtern bist du große Klasse«, sagte Tschik, pflückte aber trotzdem wieder eine Weintraubendolde und warf sie dem dicken Jungen zu. Tschik spürte, daß er einfach nicht anders konnte. Wenn du einem Menschen bereits einen Gefallen getan hast, dachte Tschik, dann fällt es dir schwer, ihm nicht auch noch einen zweiten Gefallen zu tun. Das kommt daher, daß die erste gute Tat wie ungeschehen wirkt, wenn du dich dagegen sträubst, eine zweite gute Tat zu tun. Du aber möchtest, daß die erste gute Tat in Kraft bleibt.

»Ich mein es im Ernst, Tschik«, bohrte der dicke Junge. »Wie kommt es, daß du schon so lange auf dem Baum sitzt?«

»Ich bleib noch viel länger im Baum, ich bleib jetzt immer im Baum sitzen«, sagte Tschik.

»Du, Mami«, sagte der Junge und drehte sich um, »Tschik sagt, er bleibt jetzt immer im Baum.«

Die Mutter erwiderte etwas, doch Tschik konnte ihre Worte nicht verstehen.

»Tschik, du wirst noch verhungern«, sagte der Junge, wobei er ganz offenbar die Worte seiner Mutter wiederholte.

»Ich werde nicht verhungern«, sagte Tschik. »Ich werde mich von Birnen, Weintrauben und Ingwer ernähren, und du wirst mir Brot aus dem Fenster werfen.«

»Du, Mami«, drehte sich der Junge wieder zur Mutter herum, »Tschik sagt, er wird nicht verhungern. Er sagt, er wird sich vom Obst ernähren, und das Brot werde ich ihm durchs Fenster hinauswerfen.«

Die Mutter antwortete wieder etwas.

»Tschik«, sagte der Junge, auch diesmal die Worte

seiner Mutter wiederholend, »man darf doch überhaupt kein Brot durchs Fenster werfen.«

»Du bist gut«, sagte Tschik sarkastisch. »Wenn man Birnen und Weintrauben durchs Fenster werfen darf, dann wird man wohl auch Brot durchs Fenster werfen dürfen!«

Der Junge öffnete den Mund und dachte einige Sekunden lang nach. Tschiks Logik hatte ihn offenbar beeindruckt. Es ging jedoch über seine Kraft, den Widerspruch aufzulösen, weshalb er sich wieder an seine Mutter wandte.

»Du, Mami«, sagte der Junge, »Tschik sagt: Wenn man Obst durchs Fenster werfen darf, dann darf man bestimmt auch Brot durchs Fenster werfen!«

Tschik wartete mit Spannung darauf, was die Mutter dem Sohn diesmal erwidern würde. Doch sie erwiderte gar nichts. Sie ging aufs Fenster zu, blickte hinaus und sagte: »Tschik, du lenkst ihn von den Schulaufgaben ab.«

»Er hat angefangen«, erwiderte Tschik.

Die Mutter des Jungen machte das Fenster zu und entfernte sich in die Tiefe des Zimmers. Der Junge blickte Tschik durch die Fensterscheibe eine Zeitlang verlegen an, vermutlich in der Absicht, Tschiks Worten einen Sinn abzugewinnen. Offenbar gelang ihm das nicht, und er wendete sich wieder seinen Schulaufgaben zu. Ab und zu hob er seinen über das Schulbuch gebeugten Kopf und maß Tschik mit einem kurzen Blick. Dessen Worte machten ihm offenbar noch zu schaffen. Aber Tschik würdigte den Jungen keines Gegenblickes mehr, er schaute in den Hof hinunter.

Die zwei Mädchen spielten immer noch *Klassiker*.

Ljossik saß neben dem Kinderwagen mit seinen beiden Zwillingsbrüdern und las ein Buch. Die Tante trank auf der Veranda weiter ihren Tee. Die Großmutter hatte ihren Platz auf dem oberen Treppenabsatz verlassen und saß jetzt ebenfalls auf der Veranda. Tschiks verrückter Onkel Kolja hatte sich die erlahmte Aufmerksamkeit der Großmutter zunutze gemacht und war in den Hof hinabgestiegen. Er stand jetzt an der Wand des Küchenanbaus, leicht vorgebeugt und hochkonzentriert, und beobachtete durch ein Loch in der Wand Tante Faina in der Küche.

Tschik wußte, daß Onkel Kolja Tante Faina liebte, aber er konnte nicht begreifen, wieso es dem Onkel, und mochte er noch so verrückt sein, Lust und Freude bereitete, die sich nicht gerade durch Reinlichkeit auszeichnende Tante Faina beim Arbeiten und Kochen in ihrer auch nicht gerade blitzsauberen Küche zu beobachten. Die Küchenwand war aus Sperrholz und mit vielen Lederflicken gepflastert. Tante Fainas Ehemann war Schuster, und er verwendete Leder nicht nur zur Herstellung von Schuhwerk, sondern gleichsam außerberuflich auch zur Reparatur der Küchenwand. Die ständigen Reparaturen waren deshalb nötig, weil Onkel Kolja, um sich an Tante Fainas Anblick zu laben, mit einem Eisennagel immer wieder neue Löcher in die Sperrholzwand bohrte. Wenn sich Onkel Kolja an Tante Faina sattgesehen hatte, pflegte er ein Holzpflöckchen in das Loch zu stecken. Den kleinen Pflock hatte er sich extra zu diesem Zweck zurechtgehobelt. Der Pflock diente zur Tarnung und zum Schutz des Loches. Alle wußten davon und konnten nicht genug über Onkel Koljas naive List lachen. Doch im Gegensatz zu den anderen Hofbewohnern erriet Tschik noch einen weiteren Zweck des Pflocks. Er diente nicht nur dem Schutz des Lochs vor unbefugten Augen, er diente auch dem Schutz Tante Fainas vor denselben.

Früher oder später wurde jedes Loch von Tante Faina oder ihrem Ehemann entdeckt. Im Hof kam es zu einem kleineren Skandal. Onkel Kolja mußte einige Kopfnüsse einstecken, die ihm von der Großmutter verabreicht wurden. Da er trotz seiner Verrücktheit ein intaktes Schuldbewußtsein besaß, ließ er die Kopfnüsse, ohne zu murren, über sich ergehen. Die Tante beschränkte sich auf Verbalinjurien. Sie schimpfte je nach Laune entweder Onkel Kolja oder Tante Faina aus. Im zweiten Fall spielte sie darauf an, daß es sich um den schändlichen Versuch der Verführung eines Geistesgestörten handelte.

Tante Fainas Ehemann erwiderte lakonisch, seine Frau sei eine sittlich unbescholtene Person, und versah die Küchenwand mit einem neuen Lederflicken, und Onkel Kolja enthielt sich mehrere Tage lang jeglicher Observationstätigkeit. Aber dann vergaß er das Geschehene, oder seine Leidenschaft übermannte ihn wieder; jedenfalls bohrte er wieder ein Loch in die Küchenwand, preßte sein Auge dagegen und sah Tante Faina mit vor Liebesglut stockendem Atem bei der Küchenarbeit zu.

Heute war es so: Onkel Kolja beobachtete Tante Faina, Tschik beobachtete Onkel Kolja. Plötzlich rannte Tante Faina aus ihrer Küche heraus, bog um den Küchenanbau herum und befand sich nun in Onkel Koljas Rücken, der im Schauen einstweilen noch fortfuhr.

Tante Faina klatschte Onkel Kolja mit der flachen

Hand auf den Rücken. Onkel Kolja richtete sich gerade auf und starrte Tante Faina an. Sein Gesicht drückte große Verlegenheit aus. Er schien sich zu entschuldigen: Ich weiß sehr wohl, daß das nicht recht ist, aber was soll man machen, wenn die Liebe größer als der Anstand ist?

Tschik war darauf gefaßt, daß Tante Faina gleich ein großes Geschrei begänne, aber er hatte sich getäuscht. Tante Faina tat etwas ganz anderes. Sie drückte Onkel Kolja eine Tasche in die Hand, zeigte mit dem Finger auf den Baum, auf dem Tschik saß, und sagte:

»Birnen, Birnen . . .«

Onkel Kolja schaute erst den Baum, dann Tante Faina, dann wieder den Baum an. Endlich begriff er. Er nickte mit dem Kopf und lächelte freudestrahlend. Auch er hatte wohl mit einem großen Geschrei gerechnet und war jetzt angenehm enttäuscht. Er schüttelte die Tasche in der Hand, um sich endgültig von ihrer Realität zu überzeugen, und ging dann raschen Schrittes auf den Birnbaum zu.

Tschik hatte nicht erwartet, daß die Sache diese Wendung nehmen würde. Onkel Kolja war es streng verboten, auf Bäume zu klettern, und er war bisher auch noch nie so ehrgeizig gewesen, es unbedingt zu wollen. Das kann ja heiter werden, dachte Tschik.

Onkel Kolja zog die Schuhe aus und begann mit ungewöhnlicher Energie, die Tschik seiner Verrücktheit zuschrieb, den Birnbaum hochzuklettern. Der verrückte Onkel und sein — allerdings normaler — Neffe insgeheim zugleich auf einem Baum: das schlug dem Faß nun doch den Boden aus! Falls der Onkel bis zum Wipfel klettert, dachte Tschik, wird er entdecken, daß auch Tschik unerlaubt auf den Baum geklettert ist, und zugleich begreifen, daß ihn Tschik beim illegalen Birnenpflücken für Tante Faina beobachtet. Ob Onkel Kolja das wohl in einen sinnvollen Zusammenhang bringen kann?

Aber Onkel Kolja kletterte nicht bis zum Wipfel, er hängte auf halber Baumhöhe die Tasche an einen festen Ast und begann mit dem Pflücken der Birnen. Er pfückte schnell und behutsam, und er setzte sich nie der Gefahr aus, vom Baum zu fallen. Auch ein Verrückter, konstatierte Tschik, fühlt genau, wie er sich auf einem Birnbaum zu verhalten halt. Tschik begriff, daß Onkel Kolja nicht zum erstenmal auf einem Baum saß. Ein Mensch, der noch nie im Leben einen Baum hochgeklettert ist, kann sich nicht so selbstsicher und umsichtig verhalten.

Zum Teufel, ist Tante Faina schlau, dachte Tschik. Sie bedient sich der Liebe Onkel Koljas, um sich gratis mit Obst einzudecken. Übrigens kam Tante Faina noch einige Male aus der Küche gerannt und blickte zum Birnbaum hinauf. Tschik verstand auch, weshalb sie das tat. Sie wollte vermeiden, daß Onkel Kolja ihr die Tasche mit den Birnen in die Küche bringe. In diesem Fall bestünde nämlich die Gefahr, daß ihn Tschiks Tante von der Veranda aus sähe.

Es juckte Tschik sehr, Weintrauben zu pflücken und sie auf Onkel Koljas Haupt herabprasseln zu lassen. Das Laub war ziemlich dicht, Onkel Kolja hätte ihn wahrscheinlich nicht entdeckt. Trotzdem konnte sich Tschik nicht dazu entschließen. Er hatte seinen verrückten Onkel zwar schon oft geärgert, aber noch nie auf einem Baum. Es bestand die Gefahr, daß Onkel

Kolja vor lauter Verblüffung das Gleichgewicht verlöre und vom Baum fiele.

Die Tasche war bald mit Birnen gefüllt, Onkel Kolja kletterte wieder vom Baum herunter. Tante Faina rannte gleich wieder auf ihn zu und nahm ihm die Tasche mit dem Obst ab. Während Onkel Kolja seine Schuhe anzog, schlüpfte sie flink und von Tschiks Tante unbemerkt mit der Tasche in ihre Küche zurück.

Nachdem Onkel Kolja seine Schuhe angezogen hatte, ging er wieder auf den Küchenanbau zu und suchte das Loch in der Wand. Er war vermutlich der Meinung, sich das Recht auf ein zusätzliches Schauen erworben zu haben. Doch er sollte sich dieses Privilegs nicht lange erfreuen. Tante Faina rannte bald wieder hinaus, trat auf Onkel Kolja zu, stieß ihn in die Seite und sagte gestikulierend: »Geh jetzt, geh, du hast genug geschaut!«

Onkel Kolja maß sie mit einem enttäuschten Blick und zuckte scheu und verlegen mit den Achseln. Er schien damit sagen zu wollen, daß er eigentlich mit etwas mehr Dankbarkeit gerechnet hatte. Doch Tante Faina ließ die Andeutung unbeachtet und versetzte Onkel Kolja wieder einen Stoß. Sie gab ihm zu verstehen, daß er sich aus dem Staub machen solle. Onkel Koljas Brust entrang sich ein tiefer Seufzer. Er nahm den kleinen Holzpflock aus der Hosentasche, steckte ihn ins Loch und entfernte sich.

Den Hof betrat jetzt Onkel Alichan. Er schob seinen fahrbaren Verkaufsstand mit orientalischen Süßigkeiten vor sich her. An der Schwelle seines direkt in den Hof hinausgehenden Zimmers ließ er ihn stehen, ging ins Zimmer, trat mit einem großen Teller wieder in den

Hof hinaus, legte die Waren, die er heute auf dem Bazar nicht hatte verkaufen können, auf den Teller und trug ihn ins Zimmer. Diesmal kam er mit einem Petroleumkocher zurück. Er stellte den Kocher auf die Erde und auf den Kocher einen mit Wasser gefüllten Krug. Als das Wasser angewärmt war, ging er ein drittes Mal in sein Zimmer und brachte eine Waschschüssel mit. Er stellte die Schüssel auf die Erde und setzte sich daneben auf eine kleine Holzbank. Er zog Schuhe und Socken aus und tauchte seine Füße in die Schüssel. Fußwaschungen waren seine Lieblingsbeschäftigung. Gewöhnlich pflegte er sich während der Waschungen mit einem eigens dafür bestimmten kleinen Löffel die Fußsohlen zu schaben. Dabei ließ er ein wohliges Stöhnen vernehmen.

Doch diesmal kam es nicht zum Einsatz dieses Löffelchens. Den Hof betrat der Reiche Schneider mit einem Dominospiel unter dem Arm. Alichans Ehefrau trug zwei Stühle in den Hof hinaus. Auf einen der Stühle wurde das Dominobrett gestellt, auf den anderen Stuhl setzte sich der Reiche Schneider. Man stellte die Dominosteine auf und begann zu würfeln. Onkel Alichan unterbrach das Spiel ab und zu kurz und füllte warmes Wasser aus dem Krug in die Waschschüssel nach. Er verstummte und erstarrte, er schien der heilsamen Einwirkung des Wassers auf seine mit Hühneraugen bedeckten Füße zu lauschen. In solchen Augenblikken blickte ihn der Reiche Schneider mit ärgerlicher Miene an und versuchte, ihn durch ungeduldige Zurufe zur Wiederaufnahme des Spiels zu ermuntern. So ging das jedesmal. Der Reiche Schneider glaubte genausowenig an die lustbefördernde Wirkung der Alichanschen Fußwaschungen und Fußsohlenschabungen, wie Tschik nichts Aufregendes an Onkel Koljas Küchenwand-Guckloch-Sehübungen sehen konnte.

Vom Fußballplatz her ertönte wieder ein explosionsartiger Jubelschrei der Zuschauer. Offenbar hatte die örtliche Mannschaft ein neues Tor geschossen.

»Und so was nennt sich Fußball!« sagte der Reiche Schneider mit Emphase. »Ich sage dir, Alichan: Das ist überhaupt kein Fußball nicht!«

»Weshalb ist das kein Fußball nicht?« erwiderte Onkel Alichan konziliant und hob seine runden Brauen über seinen runden persischen Augen.

»Deshalb, weil es keinen Fußball nicht mehr gibt!« sagte der Reiche Schneider. »Wie gefällt dir das, daß Armawir Fußball spielt? Früher gab es in Armawir immer nur Sonnenblumenkerne, aber keinen Fußball. Die große Zeit des Fußballs waren die Jahre fünf-, sechs-, siebenunddreißig! Das war die goldene Fußballzeit!«

Der Reiche Schneider kannte sich in diesem Metier deshalb so gut aus, weil er damals selber Fußball gespielt hatte.

»Wir schrieben das Jahr fünfunddreißig«, berichtete der Reiche Schneider. »Wir hatten ein Heimspiel gegen Batum. Es gelang und gelang uns nicht, ein Tor zu schießen. Da bekomme ich eine Vorlage von Artschaja und spiele auf Durchbruch. Die Tribünen sind erregt, sie rufen: ›Bravo, weiter so, Rechtsaußen!‹ Wer ist der Rechtsaußen? Ich bin der Rechtsaußen. Ich schlag dem Läufer der Batumer ein Schnippchen, und schon ist der Ball im gegnerischen Tor! Die Tribünen werden wahnsinnig vor Jubel. Wem jubeln sie zu? Sie jubeln mir zu. Und jetzt will uns Armawir beweisen, daß sie nicht nur

Sonnenblumenkerne kauen, sondern auch Fußball spielen können!«

»Sie werden es gelernt haben«, vermutete Alichan und goß wieder Wasser in die Schüssel nach.

»Die lernen es nie, Alichan!« widersprach der Reiche Schneider. »Armawir und Fußball sind zwei verschiedene Welten!«

»Schon gut, spiel weiter«, sagte Onkel Alichan und warf die Würfel aufs Spielbrett. Der Reiche Schneider murmelte noch etwa Antiarmawirisches, beruhigte sich aber langsam.

Da betrat ein Mann den Hof. Der Mann ging auf Onkel Kolja zu, der jetzt auf einem der großen Steine der Ummauerung des Zwetschgenbaumbeetes saß und mit einem Maulbeerbaumzweig die Fliegen wegwedelte.

Der Mann fragte Onkel Kolja etwas, Onkel Kolja verstand die Frage nicht und machte eine Bewegung mit dem Maulbeerbaumzweig, die wohl bedeuten sollte, daß er auch diesen Mann wie eine lästige Schmeißfliege wegwedeln wollte. Der Mann ließ sich indessen nicht beirren, er fragte weiter, Onkel Kolja wedelte immer ungehaltener.

Jetzt bemerkten der Reiche Schneider und Onkel Alichan den auf Onkel Kolja einredenden Mann. Onkel Alichan machte bereits den Mund auf, um dem Mann zu erklären, daß er es mit einem Verrückten zu tun habe. Da machte der Reiche Schneider Onkel Alichan ein Zeichen, das besagen sollte: Komm, laß ihn noch eine Weile reden, ich will mir daraus einen Spaß machen. Während der fremde Mann beharrlich auf Onkel Kolja einredete, wurde der Reiche Schneider von einem nur mit Mühe unterdrückten Lachen geschüttelt. Als Onkel Kolja merkte, daß seine Wedelei den Mann unbeeindruckt ließ, beschloß er, in Anbetracht des Ernstes der Lage, sich mit einem verbalen Appell an den lästigen Burschen zu wenden.

»Laß mich in Frieden«, sagte er auf türkisch und fügte auf russich hinzu: »Geh jetzt, geh!«

Onkel Koljas bescheidener Wortschatz bestand nach Tschiks Berechnungen aus etwa achtzig Wörtern. Es waren abchasische, türkische und russische Wörter. Diese drei Sprachen wurden zu Hause gesprochen. Onkel Kolja hatte sich eine Art Kunstsprache daraus gebastelt.

»Was wünschen Sie, Genosse?« sprach endlich der Reiche Schneider zu dem Mann, als hätte er ihn eben erst bemerkt.

»Ich frage den Genossen hier, ob Gabunia in diesem Hof wohnt«, erwiderte der Mann verwirrt, »doch der Genosse will mir keine Auskunft geben.«

»Das braucht Sie nicht zu verwundern«, sagte der Reiche Schneider, »der Genosse ist nämlich verrückt.«

»Das hab ich nicht gewußt«, erwiderte der Mann und rückte ein Stück von Onkel Kolja fort.

»Der Genosse ist ein waschechter Verrückter«, bekräftigte der Reiche Schneider seine Auskunft.

»Woher hätte ich das wissen sollen«, erwiderte der Mann und maß Onkel Kolja mit einem mißtrauischen Blick. Onkel Kolja drehte sich jetzt zum Reichen Schneider um und gab ihm durch Zeichen und mit einem Grinsen auf dem Gesicht zu verstehen, daß sich der Mann mit seinen lästigen Fragen reichlich komisch benommen hatte.

»Wenn Sie einmal eine Frage haben«, fuhr der Reiche Schneider fort, »dann können Sie die Frage an mich richten. Sie können sie auch an Alichan richten. Es wäre jedoch nicht sehr sinnvoll, sich mit der Frage an den verrückten Genossen zu wenden, damit würden Sie wenig erreichen. Wenn Gabunia Sie interessiert, dann kann ich Ihnen die Auskunft erteilen, daß er als Schulwächter arbeitet und im Nachbarhof rechter Hand wohnt.«

»Vielen Dank«, sagte der Mann und verließ sichtlich erleichtert den Hof.

»Sonderbare Menschen gibt es auf der Welt«, sagte der Reiche Schneider. »Wir sitzen hier im Hof und spielen Domino, aber der Mann denkt nicht daran, uns zu fragen. Statt dessen fragt er dem armen Kolja ein Loch in den Bauch.«

In diesem Moment hatte Tschik einen genialen Einfall: Er würde Onkel Kolja in die Schule mitnehmen! Die Lehrer hatten keine Ahnung, wer Onkel Kolja war. Falls der Russischlehrer Verdacht schöpfen sollte, würde er ihm erklären, daß Onkel Kolja schlecht höre. Onkel Kolja war in der Tat nicht nur verrückt, sondern auch ziemlich taub.

Hochbeglückt über den genialen Einfall, stieg Tschik unverzüglich vom Baum herunter. Unten auf der Erde rannte der Hund sofort auf ihn zu und gab durch Luftsprünge und lautes Jaulen zu erkennen, daß er Tschik gefehlt hatte. Tschik ging, den an ihm hochspringenden Hund streichelnd, um Onkel Kolja herum und betrachtete ihn mit sachlicher Neugier. Er versuchte einzuschätzen, welchen Eindruck Onkel Kolja morgen in der Schule auf Akakij Makedonowitsch machen würde.

Onkel Kolja fiel Tschiks Interesse auf. Er vermutete, daß Tschik eine Hänselei plante.

»Hund«, herrschte Onkel Kolja die springende und herumtollende Belka auf abchasisch an. Die Warnung war formell an den Hund gerichtet, aber sie war auf den Herrn gemünzt. Onkel Kolja gab Tschik dezent, aber unmißverständlich zu verstehen, daß er seine Hänselpläne durchschaute und bereit war, Tschik Paroli zu bieten. Doch Tschik dachte nicht im Traum daran, Onkel Kolja zu hänseln. Im Gegenteil, er wäre ihm am liebsten um den Hals gefallen und hätte ihn an seine Brust gedrückt. Aber leider war Onkel Kolja für solche Liebkosungen unempfänglich.

Tschik begann, im Hof hin und her zu gehen. Im Gehen legte er sich einen Plan zurecht. Das Hauptproblem war, Onkel Kolja aus dem Haus auf die Straße zu locken und in Richtung Schule in Marsch zu setzen. Am besten wäre es, ihm Limonade zu versprechen. Nichts auf der Welt, vielleicht mit Ausnahme von Tante Faina, liebte Onkel so heiß wie Limonade. Das Lebensmittelgeschäft, in dem die Limonade verkauft wurde, lag direkt neben der Schule. Es ging also darum, den Onkel in jenes Geschäft zu lotsen, ihn dort mit Limonade zu bewirten und ihn anschließend im Zustand der Limonadenseligkeit in die Schule zu dirigieren.

Aber woher sollte Tschik das Geld für die Limonade nehmen? Er besaß kein Geld, und auch die anderen Familienmitglieder waren knapp bei Kasse. Von seinen Eltern konnte er nichts erwarten. Die einzige in Frage kommende Geldquelle war Onik, der Sohn des Reichen Schneiders. Onik besaß eine Sparbüchse, in die er fast jeden Tag eine Münze steckte.

Tschik hatte einen gewissen Einfluß auf seine Spielkameraden im Hof. Es wäre ihm gewiß gelungen, Onik zu überreden, ihm Geld zu geben. Aber Tschik wußte, daß er Onik damit die Laune verderben würde, und das wollte er auf jeden Fall vermeiden. Tschik schwebte ein Tauschgeschäft vor. Onik sollte für das Geld etwas Reelles bekommen. Aber was? Als der Sohn des Reichen Schneiders konnte sich Onik auch ohne Tschik fast alle Wünsche erfüllen.

Doch ein genialer Einfall kommt selten allein, ein zweiter genialer Einfall folgt ihm meistens auf dem Fuß. Wobei der zweite geniale Einfall gegenüber dem ersten einen gleichsam instrumentalen Charakter hat. So erging es auch Tschik. Er begriff, was er Onik anbieten müsse. Er würde ihm den Tennisball verkaufen, der seit zwei Jahren in der Dachrinne steckte. Bevor der Ball in die Dachrinne gelangt war, hatte er allerdings nicht Tschik gehört. Aber Tschik hatte ihn als erster bemerkt, und das bedeutete, daß der Ball eines Tages ihm gehören würde: wenn ein Wolkenbruch ihn endlich rausgespült hätte.

Tschik blickte zum Himmel hinauf. Es hätte ihm gut in den Kram gepaßt, wenn am Himmel jetzt Gewitterwolken aufgezogen wären. Das hätte die geschäftliche Transaktion erleichtert. Doch leider Gottes war der Himmel blau, nichts deutete auf einen Wetterumschlag hin.

Aber Tschik hatte keine andere Wahl. Onik war der einzige, der ihm helfen konnte. Nur von Onik konnte er das Geld für zwei Flaschen Limonade bekommen. Und immerhin überstieg der Wert eines Tennisballs den zweier Flaschen Limonade erheblich.

»Unsere Mannschaft hat vier zu null gewonnen«, rief Onik, der gerade in den Hof gestürzt kam.

»Ein Sieg gegen Armawir ist kein Sieg«, sagte sein Vater, der Reiche Schneider. »Die Armawirer verstehen mehr was von Sonnenblumenkernen.«

Tschik berührte Onik am Arm und führte ihn ein Stück beiseite. Onik war noch immer ganz berauscht vom Sieg unserer Fußballmannschaft. Tschik war sich bewußt, daß er seinem Freund gleich eine kalte Dusche verabreichen würde, aber er sah keinen anderen Ausweg. »Ich brauche dringend vierzig Kopeken in einer wichtigen Angelegenheit«, sagte Tschik zu Onik.

»Die hab ich nicht«, erwiderte Onik mit bereits sinkender Begeisterung.

»Weiß ich«, sagte Tschik, »du mußt sie aus der Sparbüchse nehmen.«

»Darf ich nicht. Mein Vater erlaubt es nicht«, sagte Onik, dessen gute Laune endgültig verdorben war.

»Weiß ich«, sagte Tschik, »aber ich brauche die vierzig Kopeken sehr dringend. Ich verkaufe dir für die vierzig Kopeken meinen Tennisball.«

»Hat es ihn rausgespült?« fragte Onik, wieder lebhafter, und blickte verwundert zum Himmel hinauf.

»Vorläufig noch nicht«, sagte Tschik im Tonfall eines Mannes, der auch unangenehme Wahrheiten aussprechen kann, »aber bald beginnen die Regenfälle, und der Ball wird mit Sicherheit rausgespült werden . . .«

»Darauf warten wir seit zwei Jahren«, sagte Onik, wieder trostloser. »Gott weiß, wann der wirklich mal rausgespült wird . . .«

»Über kurz oder lang«, sagte Tschik, »eine andere Möglichkeit gibt es nicht.«

Onik erhob seinen trüben Blick zum blauen wolkenlosen Himmel.

»Am Himmel ist nicht ein einziges Wölkchen«, sagte Onik.

»Stimmt«, sagte Tschik, »doch was bedeutet das?«

»Das bedeutet«, sagte Onik, »das sich das gute Wetter hält.«

»Falsch«, sagte Tschik. »Das bedeutet, daß bald Regen kommt.«

»Wieso?« fragte Onik verwundert.

»Das ist doch ganz leicht zu verstehen«, sagte Tschik. »Das gute Wetter hält bereits seit vielen Tagen an. Daraus folgt mit absoluter Sicherheit, daß es bald regnen muß. Schließlich kann das gute Wetter nicht ewig währen.«

»Aber wer weiß, ob der Regen den Ball rausspült?« sagte Onik.

»Das tut er, das tut er bestimmt«, sagte Tschik mit Überzeugung. »Eine andere Möglichkeit gibt es nicht . . . Und dann noch etwas. Wenn es dir um das Geld leid tut, dann werde ich den Ball später zurück kaufen. Es ist also praktisch so, daß du die ganze Zeit den Tennisball gratis benutzt.«

»Wann kaufst du ihn zurück?« fragte Onik.

»Das weiß ich nicht«, sagte Tschik aufrichtig, »aber je länger sich das mit dem Rückkauf verzögert, desto länger wirst du den Ball gratis benutzen.«

»Einverstanden, gleich bring ich die vierzig Kopeken«, sagte Onik, war sich aber noch nicht ganz schlüssig, ob er einen vorteilhaften oder einen unvorteilhaften Handel gemacht hatte. Tschiks Beweisführung klang zweideutig.

Als Onik ins Haus lief, neigte er bereits zu der Meinung, daß ihm diese Transaktion mehr Vorteile als Nachteile bringe. Er schüttelte vierzig Kopeken aus seiner Sparbüchse, kehrte in den Hof zurück, gab Tschik das Geld, und Tschik steckte es in seine Hosentasche. Da fiel Onik wieder ein, daß der Tennisball noch gar nicht in seinem Besitz, sondern einstweilen weiter in der Dachrinne war. Dies und der blaue wolkenlose Himmel drückten wieder auf Oniks Stimmung. Tschik merkte das und versuchte, den Freund zu trösten.

»Laß den Kopf nicht hängen«, sagte Tschik, während er die Münzen in seiner Hosentasche befühlte, »und denke daran, daß du bald der Besitzer des Tennisballs bist.«

»Ich laß den Kopf gar nicht hängen«, sagte Onik.

Den Rest des Tages und den Abend über dachte Tschik über die bevorstehende Zweierexpedition in die Schule nach. Er empfand Zärtlichkeit für Onkel Kolja, wußte jedoch nicht, wie er sie zeigen sollte. Er warf dem Onkel lange Blicke zu, besonders wenn er mit ihm allein blieb oder wenn gerade niemand hinschaute. Früher pflegte Tschik solche Augenblicke zum Hänseln auszunutzen, und Onkel Kolja dachte natürlich, daß Tschik es auch diesmal wieder darauf abgesehen hatte. Tschik versuchte, so viel Liebe wie nur möglich in seine Blicke zu legen und sogar den Vorsatz, den verrückten Onkel nie wieder zu ärgern. Außerdem wollte Tschik ihm in der Augensprache zu verstehen geben, daß er für einen wichtigen Einsatz vorgesehen war.

Doch Onkel Kolja verstand die neuen Blicke nicht. Er war es gewöhnt, auf Hänseleien gefaßt zu sein, wenn Tschik ihn intensiv beäugte. Auf Hänselei gefaßt und zur Abwehr entschlossen. Deshalb verhielt er sich auch diesmal nicht anders als sonst. Er straffte sich und richtete seinen Blick starr auf den mutmaßlich dreisten Neffen.

Endlich riß ihm der Geduldsfaden, und er beschwerte sich bei der Großmutter: »Junge schaut«, sagte er vorwurfsvoll.

»Nicht mal anschauen darf man dich«, sagte die Großmutter und gab Kolja einen Klaps auf die Schulter.

Am nächsten Morgen trat Tschik, als sich Onkel Kolja einmal außerhalb des Blickfelds der Erwachsenen befand, auf ihn zu und zeigte ihm das Geld. Der Onkel wurde neugierig. Er beugte sich zu den Münzen herab und betrachtete sie aus der Nähe.

»Limonade, Limonade«, sagte Tschik und deutete mit einer Handbewegung an, daß er geneigt sei, mit Onkel Kolja in das Geschäft zu gehen und dort Limonade für ihn zu kaufen.

»Limonade?« fragte der Onkel erfreut und zugleich etwas skeptisch.

»Limonade«, bestätigte Tschik und legte die Münzen wieder in die Hosentasche.

»Wir gehen«, sagte der Onkel recht munter auf türkisch und fügte auf russisch »Junge gut« hinzu.

Sie stiegen aus dem Obergeschoß in den Hof hinunter. Tschik ließ Onkel Kolja einen Augenblick lang im Hof stehen und rannte in die ebenerdige Wohnung seiner Mutter, um Jacke und Aktentasche seines Vaters zu holen. Die Jacke hatte er am Vorabend schon in Zeitungspapier gewickelt. Er wollte den Onkel unterwegs einkleiden. Tschik ging davon aus, daß Onkel Kolja in der väterlichen Jacke solider aussehen würde. Nicht wie ein Dorfimker oder Nachtwächter, eher wie ein Intellektueller.

Mit Aktentasche und Jacke rannte Tschik rasch wieder in den Hof hinaus. Er hatte große Angst, daß Mutter oder Großmutter seine Expedition gleich hier im Hof stoppen könnten. Doch die Frauen ließen sich nicht blicken. Tschik und Onkel Kolja gelangten unbemerkt auf die Straße und erreichten raschen Schrittes die nächste Straßenecke. Onkel Kolja machte auf Tschik einen entschlossenen und zielstrebigen Eindruck. So sah er immer aus, wenn sie ans Meer, auf den Bazar oder ins Schwitzbad gingen.

An der Ecke entfernte Tschik das Zeitungspapier und reichte die Jacke Onkel Kolja. Der Onkel musterte sie verwundert.

»Tscherim-baba«, sagte er endlich erleichtert. So pflegte der Onkel den Vater zu nennen. Er hatte erraten, daß die Jacke Tschiks Vater gehörte.

»Du darfst sie anziehen«, ermunterte ihn Tschik.

»Kolja ausschimpfen?« fragte Onkel Kolja. Trotz seiner Verrücktheit wußte er, daß es nicht üblich ist, fremde Kleidungsstücke anzuziehen. Er wollte sich absichern. Wozu noch zu bemerken ist, daß er liebend gern neue Kleider anzog.

»Niemand wird schimpfen«, erwiderte Tschik und schüttelte heftig den Kopf.

Onkel Kolja blickte Jacke und Tschik abwechselnd an, konnte sich aber nicht dazu entschließen, die Jacke anzuziehen.

Tschik mußte den Onkel durch Zeichen und Zurufe unmißverständlich zum Anziehen der Jacke auffordern. Endlich überwand der Onkel seine Scheu. Nachdem er die Jacke angezogen hatte, blickte er erregt an sich herunter. Dann griff er in die Jackentaschen und zog ein Taschentuch heraus. Der Onkel hatte auch die Eigenheit, daß er sich leicht ekelte. Die Jacke gefiel ihm, doch das schmutzige Taschentuch mißfiel ihm sehr.

»Ekelhaft«, sagte er auf türkisch und übergab das Taschentuch Tschik. Tschik steckte es in seine Hosentasche. Sie gingen weiter und erreichten bald das Geschäft mit dem dicken Verkäufer Misrop.

»Onkel Misrop, zwei Flaschen Limonade«, sagte Tschik und legte die beiden Münzen auf die Verkaufstheke.

Der Onkel befand sich im Zustand doppelter Euphorie: erst die Jacke und jetzt noch die Limonade.

»Tscherim-baba, Tscherim-baba«, sagte er zum Verkäufer, klatschte sich auf die Brust und gab zu verstehen, daß ihm Tschiks Vater eine neue Jacke geschenkt hätte.

»Die Jacke ist gut, du hast recht«, bestätigte Misrop.

»Jacke gut, Junge gut«, sagte Onkel Kolja und klopfte Tschik auf die Schulter, womit er offenbar zeigen wollte, daß er mit Tschik zufrieden war, jedenfalls mit dessen neuem Kurs. Onkel Kolja wirkte aufgeregt.

Misrop öffnete zwei Flaschen mit Limonade, wusch ein Trinkglas aus und stellte es vor Onkel Kolja hin. Onkel Kolja goß sich die gelb schäumende Limonade ins Glas. Während er in der einen Hand die Flasche hielt, führte er die andere mit dem Glas zum Mund und schüttete den Inhalt des Glases in den Mund hinein. Seine Kehle zuckte, er befand sich im Stand der Seligkeit. In großer Eile, als fürchtete er, die Limonade könne verdampfen, schenkte er sich ein zweites Glas ein, wartete nicht erst ab, bis sich die Kohlensäurebläschen beruhigt hatten, sondern goß sich gleich auch das zweite Glas Limonade in die Kehle. Nach dem dritten Glas war die erste Flasche leer. Onkel Kolja legte eine kurze Verschnaufpause ein.

Während er trank, schaute ihm der vor Atemnot keuchende Misrop mit wohlwollender Miene zu. Er freute sich für Onkel Kolja, daß der so simplen Dingen hohe Wonnen entlocken konnte. Gleichzeitig freute er sich für sich selbst, daß er im Gegensatz zu Onkel Kolja nicht verrückt, sondern geistig normal war.

Onkel Kolja war von der Limonade etwas betrunken geworden. Mit Hilfe von Zeichen und Ausrufen begann er, Misrop die verwickelte Geschichte seiner Beziehungen zu Tschik zu erzählen. Tschik würde ihn, deutete Onkel Kolja an, infolge seiner jugendlichen Unreife manchmal ärgern und hänseln, doch im Grunde sei er ein guter Junge, was daraus hervorginge, daß er ihm die Jacke geschenkt und Limonade für ihn gekauft habe.

Nach der zweiten Flasche Limonade trat Onkel Kolja in ein noch vorgerückteres Stadium der Euphorie ein. Tschik führte ihn auf die Straße hinaus und bog auf den Schulweg ab. Die Schule war ganz in der Nähe, Tschik zeigte auf das Gebäude und sagte: »Wir gehen in die Schule.«

»Schule, Schule«, wiederholte Onkel Kolja und blickte in die angezeigte Richtung. Noch hatte er nicht begriffen, daß ihn Tschik dorthin einlud. Was eine Schule war, erriet der Onkel. In Detailfragen, als da waren: Schuldirektor, Schullehrer, Elterngespräch, kannte er sich jedoch nicht aus.

Tschik nahm den Onkel am Jackenärmel und zog ihn sanft, aber bestimmt Richtung Schule.

»Schule, Schule«, wiederholte Tschik in lustigem Ton, der mögliche Bedenken Onkel Koljas zerstreuen sollte.

»Schule?« fragte Onkel Kolja.

»Schule, sag ich doch die ganze Zeit«, wiederholte Tschik und zerrte etwas heftiger an Onkel Koljas Ärmel.

»Schule wir gehen«, sagte Onkel auf türkisch und sträubte sich nicht mehr. Munteren Schrittes gingen Neffe und Onkel auf das Schuldgebäude zu. Gewisse Sorgen machte Tschik die Möglichkeit, daß Onkel Kolja im Gespräch mit dem Russischlehrer anderssprachige Wörter verwenden könnte. In diesem Fall würde Tschik dem Lehrer sagen, daß sein Onkel im Russischen einen passiven Wortschatz habe.

Sie hörten das Klingelzeichen zur großen Pause. Gleich fiel Tschik ein anderes mögliches Hindernis ein. Es bestand die Gefahr, auf einen von Tschiks Spielkameraden zu stoßen, der laut seine Verwunderung darüber ausdrücken würde, daß Tschik seinen verrückten Onkel in die Schule mitbrachte.

Und wirklich rannte ihnen gleich beim Betreten des Schulhofs Sonjka entgegen.

»Tschik, was willst du mit dem Onkel in der Schule?« rief Sonjka.

»Halt den Mund«, sagte Tschik, »später erfährst du alles.«

»Was erfahre ich später, Tschik?« fragte Sonjka.

Tschik rollte möglichst böse mit den Augen und ging an Sonjka vorbei.

Direkt vor dem Lehrerzimmer war eine große offene Veranda. Hier pflegten sich während der Pausen die Lehrer ihre Füße zu vertreten. Tschik bemerkte Akakij Makedonowitsch sogleich. Jetzt kam es darauf an, die zur Veranda hinaufführende Treppe unbehindert zu erreichen. Auf dem Weg dorthin stand die Skulptur eines in sein Horn blasenden jungen Hornisten. Der Hornist bildete deshalb eine Gefahr, weil Onkel Kolja die Angewohnheit hatte, jeden gutaussehenden Mann, den er auf einem Plakat, einem Foto oder als Skulptur zu Gesicht bekam, für eine Darstellung der eigenen Person zu halten. Er zeigte mit dem Finger auf die Abbildung oder Statue und rief laut: »Ich, ich . . .«

Um die Gefahr abzuwenden, versuchte Tschik, so zu gehen, daß der Hornist nicht in Onkel Koljas Blickfeld geriet. Das gelang ihm auch. Die beiden erreichten die Treppe und stiegen zur Veranda hinauf. Tschik spürte, wie ihn die Inspiration beflügelte. Er begriff, daß das eine Schicksalsstunde war.

Akakij Makedonowitsch lehnte gegen das Geländer der Veranda. Tschik und Onkel Kolja traten auf ihn zu.

»Guten Tag, Akakij Makedonowitsch«, sagte Tschik. Er grüßte ganz bewußt als erster, weil der Lehrer nicht bemerken durfte, daß Onkel Kolja Grüße nicht erwiderte. Willkommensgruß und Abschiedsgruß gehörten für ihn zu den Lappalien des Lebens. Er drückte jedoch ausgestreckte Hände, obwohl ihn das jedesmal anekelte.

»Guten Tag«, sagte der Lehrer und blickte sich zu den beiden um.

Nach einem kurzen abschätzenden Blick streckte er dem Onkel seine Hand entgegen. Onkel Kolja ergriff die Hand des Lehrers und drückte sie. Für den Anfang war das nicht schlecht.

»Das ist mein Onkel«, sagte Tschik und fügte im Tonfall unverblümter Offenherzigkeit hinzu: »Leider hört er schlecht.«

Akakij Makedonowtisch berührte Onkel Kolja am Ellbogen und begann, mit ihm auf der Veranda auf und ab zu gehen. Tschik hatte nichts hinzuerfunden. Onkel Kolja war tatsächlich ziemlich taub. Doch Tschik ging es nicht darum, den Lehrer zu lauterem Sprechen zu bewegen, er bezweckte mit seinem Hinweis etwas anderes. Onkel Koljas Schwerhörigkeit sollte als Alibi für gewisse Eigenheiten dienen, die dem Lehrer vermutlich bald auffallen würden.

Tschik wußte nicht genau, worüber Akakij Makedonowitsch mit Onkel Kolja sprach. Er hörte nur, als die zwei gerade wieder an ihm vorbeigingen, daß der Lehrer sein letztes Gedicht vortrug:

Jetzt begreift selbst noch der letzte Wicht,
Wie man schreibt »un«, wie man schreibt »nicht»
Im Land der Sonne und des Lichts.

»Ich weiß wirklich nicht, was daran auszusetzen ist«, sagte Akakij Makedonowitsch, und die zwei gingen vorbei. Tschik wußte nicht, ob der Lehrer von Onkel Kolja eine Stellungnahme erwartete. Vermutlich aber nicht, denn Akakij Makedonowitsch hörte am liebsten sich selbst reden. Dieser Charakterzug des Lehrers war jetzt positiv zu bewerten.

Onkel Kolka war deutlich anzumerken, daß es ihm schmeichelte, von einem wichtigen Mann in ein Gespräch verwickelt worden zu sein. Daß der Mann wichtig war, erkannte man daran, daß er Krawatte und Hut trug. Akakij Makedonowitsch trennte sich nur selten und ungern von seinem grünen Filzhut.

Da tauchte plötzlich am Ende der Veranda wieder Sonjka auf. Sie konnte einfach nicht begreifen, weshalb Tschik seinen verrückten Onkel in die Schule mitgebracht hatte.

Tschik blickte Sonjka bitterböse an und gab ihr so zu verstehen, daß sie jetzt um alles in der Welt nicht auf ihn zugehen durfte. Sonjka blieb am Ende der Veranda stehen. Sie begriff nicht, weshalb Tschik so nervös war, und noch weniger, warum der Russischlehrer mit Tschiks verrücktem Onkel auf der Veranda spazierenging.

Wieder gingen Akakij Makedonowitsch und Onkel Kolja an Tschik vorbei. Onkel Koljas Laune war die allerbeste.

»Ich glaube, das ist der Einfluß der Straße«, hörte Tschik den Lehrer sagen.

»Straße, Straße«, wiederholte Onkel Kolja, der zufällig dieses russische Wort kannte.

Nachdem die zwei das andere Ende der Veranda erreicht hatten, kehrten sie wieder um und gingen auf Tschik zu.

»Ich hoffe, Tschik, du hast die Ungehörigkeit deines Benehmens während der Russischstunde eingesehen?« sagte Akakij Makedonowitsch.

»Das hab ich«, sagte Tschik, »das hab ich wirklich.«

»Ich sprach mit deinem Onkel über dein Benehmen«, sagte der Lehrer, »ich hoffe, er wird deinen Eltern berichten.«

»Das wird er«, sagte Tschik, »das wird er bestimmt.«

»Ich will nicht verhehlen«, sagte der Lehrer und

senkte seine Stimme, »daß mir dein Onkel etwas sonderbar vorkommt.«

»Er ist nicht sonderbar, er ist ungebildet«, berichtigte Tschik.

»Man merkt es«, sagte Akakij Makedonowitsch und gab Onkel Kolja die Hand. Onkel Kolja drückte sie.

»Auf Wiedersehen«, sagte Akakij Makedonowitsch.

»Auf Wiedersehen«, erwiderte Tschik gleich auch mit für Onkel Kolja und verließ so rasch wie möglich mit dem Onkel die Veranda.

Während Tschik und Onkel Kolja die Treppe hinunterstiegen, lief und hüpfte Sonjka neben ihnen her und fragte:

»Was ist los, Tschik?«

»Nichts ist los, halt endlich deine Klappe«, erwiderte Tschik, »später erzähl ich dir alles.«

Sonjka ließ endlich von ihnen ab, doch dafür spürte Tschik jetzt den Blick Akakij Makedonowitschs auf ihren Rücken. Dem Lehrer kam wohl nachträglich ein Verdacht. Jetzt ging es darum, Onkel Kolja so reibungslos wie möglich zum Schultor hinauszubefördern.

Plötzlich blieb Onkel Kolja mitten auf dem Schulhof neben einem Hydranten stehen, drehte den Hahn auf und begann, mit großer Sorgfalt seine Hände zu waschen. Das tat er immer, wenn ihm jemand die Hand gegeben hatte. Die neue Wendung mißfiel Tschik, doch er wagte es nicht, Onkel Kolja Einhalt zu gebieten. Das hätte unabsehbare Folgen haben können.

Tschik schaute sich vorsichtig um und begegnete dem Blick des weiter auf der Veranda stehenden Akakij Makedonowitsch. Der Lehrer blickte erst Onkel Kolja, dann Tschik an, als würde er von ihm eine plausible Erklärung für das sonderbare Benehmen seines Onkels erwarten. Tschik zuckte leicht mit den Achseln, was besagen sollte: Das haben ungebildete Menschen so an sich, daß sie an einem x-beliebigen Hydranten nicht vorbeigehen können, ohne sich die Hände zu waschen.

Onkel Kolja war inzwischen mit dem Waschen der Hände fertig und trocknete sie mit seinem Taschentuch ab. Da geschah es, in diesem Moment bemerkte er die Skulptur des Hornisten. Er begann, mit der Hand auf sie zu zeigen, sich mit der anderen Hand gegen die Brust zu klatschen und laut: »Ich, ich, ich . . .« zu rufen.

Akakij Makedonowitsch lehnte sich noch weiter über das Verandageländer hinaus und versuchte den Gegenstand zu ermitteln, auf den Onkel Kolja mit der Hand zeigte. Es blieb jedoch zweifelhaft, ob er erriet, daß Onkel Kolja die Statue meinte. Onkel Koljas Worte konnte er von der Veranda aus sowieso nicht verstehen.

Tschik packte Onkel Koljas Arm und führte den Onkel zum Schulhof hinaus. Der Onkel sträubte sich und blickte sich mehrmals um. Er hatte sich an der Skulptur noch nicht sattgesehen. Tschik dirigierte Onkel Kolja auf die Straße hinaus und lenkte ihn in die Richtung, in der ihr Haus lag. Dann entließ er ihn in der berechtigten Hoffnung, daß Onkel Kolja nach dem Gesetz der Trägheit daheim anlangen würde, ohne auf Abwege zu geraten. Onkel Kolja entfernte sich rasch und zielstrebig. Er blickte sich noch ein paarmal um, die Statue des Hornisten hatte es ihm offenbar angetan. Aber von der Veranda aus konnte man ihn jetzt nicht mehr sehen.

Ein Klingelzeichen kündigte das Ende der großen Pause an. Tschik lief in seine Klasse. Er war glücklich darüber, daß es ihm gelungen war, Akakij Makedonowitsch zu überlisten. Etwas verlegen machte ihn der Gedanke, daß man Onkel Kolja bei seinem Eintreffen im Haus sogleich die Jacke ausziehen würde, ohne begreifen zu können, auf welche Weise er zu ihr gekommen war. Doch das war im Grund eine Lappalie. Weitaus wichtiger war, daß seine Tante nichts erfahren würde. Ungestört durch Tschiksche Bubenstreiche konnte sie auf der Veranda ihren Tee trinken und den Besuchern ausführlich von ihrer Ehe mit dem persischen Konsul erzählen.

Die Vergeltung

Tschik stand neben Onkel Alichan, der am Bazareingang Süßigkeiten verkaufte, als Keroptschik und drei seiner Freunde aus dem Bazar herauskamen. Tschik spürte sofort, daß Keroptschik und seine Freunde sehr heiter gestimmt waren. Er begriff, daß das nichts Gutes verhieß.

Die Burschen hatten Schnaps getrunken und wollten nun etwas anstellen. Tschik hatte das sofort gespürt.

»Mir steht der Sinn nach einem Jux«, sagte Keroptschik und blieb mit seinen Freunden stehen.

Links vom Bazareingang stand unter einem Wetterdach Onkel Alichan mit seinem Verkaufsstand voller Honigkuchen und Kandiszucker, rechts hatte sich der Schuhputzer Piti-Uria aufgestellt.

Tschik hatte unter dem Wetterdach an Onkel Alichans Seite Schutz vor einem Regenschauer gesucht, doch jetzt schien wieder die Sonne, und Tschik wollte sich bereits heimbegeben, als Keroptschik mit seinen Freunden auftauchte.

Der kleinwüchsige stämmige Keroptschik schaute mit den durchsichtigen Augen einer vom Wahnsinn ergriffenen Ziege um sich. Zunächst blickte er Piti-Uria an, der mit seinen Schuhbürsten gegen das Brett trommelte, auf das seine Kunden ihren Fuß zu stellen pflegten. Als Piti-Uria Keroptschiks Blick auffing, stellte er das Trommeln ein.

Darauf ließ Keroptschik seinen Blick zu Onkel Alichan hinüberschweifen und kam zu der Einsicht, daß sich mit Alichan ein größerer Jux machen ließe als mit Piti-Uria. Er trat auf Alichan zu.

Tschik verspürte eine ungewisse Unruhe, aber Onkel Alichan verspürte nichts. Er stand da hinter seinem Verkaufsstand, etwas gekrümmt, die Arme sorglos auf dem Bauch gekreuzt.

»Salam-Alejkum, Alichan«, sagte Keroptschik, der seine Heiterkeit kaum mehr zügeln konnte. Tschik begriff, daß Keroptschik bereits etwas ausgeheckt hatte. Auch dessen Freunde gingen jetzt auf Alichan zu und schauten ihn verschmitzt und fröhlich an. Onkel Alichan würdigte die Burschen jedoch weiterhin keiner Beachtung.

»Alejkum-Salam«, erwiderte er den an ihn gerichteten Gruß und legte die Grenzenlosigkeit seines Wohlwollens in die Worte.

»Warum treibst du hier Handel, Alichan?« fragte Keroptschik, als hätte er Alichans Verkaufsstand erst jetzt bemerkt.

»Weil ich eine Erlaubnis habe, Keroptschik«, erwiderte Alichan, nun seinerseits verwundert.

»Wer hat sie dir gegeben, die Erlaubnis?« fuhr Keroptschik, noch größere Verblüffung mimend, fort und blinzelte seinen Freunden zu, die sich vor Lachen kaum noch halten konnten. Doch Onkel Alichan ließ selbst noch dieses Blinzeln unbeachtet.

»Die Miliz hat sie mir gegeben, Keroptschik«, erwiderte Alichan, Keroptschiks seltsame Naivität belächelnd. »Der Milizchef vom Bazar hat mir die Erlaubnis gegeben.«

»Du mußt mich um Erlaubnis bitten, Alichan«, sagte Keroptschik belehrend und stieß mit einem Fußtritt Alichans Verkaufsstand um. Die Schutzscheibe zerbarst am Boden, ein Teil der Süßigkeiten fiel auf das feuchte Straßenpflaster.

Keroptschik und seine Freunde wandten sich ab und schlugen den Weg ins Stadtinnere ein. Sie schritten großspurig einher, stießen Keroptschik mit den Schultern an und gaben ihm zu verstehen, daß sie den von ihm veranstalteten Jux für gelungen hielten.

Onkel Alichan blickte wortlos hinter ihnen her. Seine Lippen bewegten sich stumm, in den Augen schwelte tausendjähriger Gram: jener trostloseste Gram der Welt, der niemals in Zorn übergeht.

Tschik brach fast das Herz vor Mitleid und Empörung. Wenn er doch nur eine MPi gehabt hätte! Er würde es dem niederträchtigen Keroptschik heimzahlen! Er würde diesen widerlichen Kerl und seine Freunde mit einer einzigen Salve niedermähen. Er würde so lange auf die sich am Boden vor Schmerz Windenden einschießen, bis die Patronenscheibe leergeschossen war.

Aber Tschik besaß keine MPi. Statt der Maschinenpistole hielt er eine Einkaufstasche in der Hand. So blickte er den sich langsam entfernenden Übeltätern nach.

Alichan stand eine Weile wortlos da, mit dem Rükken gegen die Wand einer Marktbude gelehnt. Dann rutschte er mit dem Rücken an der Wand langsam zu Boden und kauerte sich hin. Er bedeckte das Gesicht mit den Händen und begann zu weinen, seine gekrümmten dürren Schultern zuckten im Takt.

Der Verkäufer steckte seinen Kopf aus der Marktbude heraus und blickte verwundert zur Erde, als wollte er den Grund des Brunnenschachtes erspähen, in den Onkel Alichan hinabgestiegen war.

»Nicht weinen, Onkel Alichan«, sagte Tschik und begann, den Kandiszucker und die Honigkuchen von der Erde aufzulesen. An den Süßigkeiten klebte Schmutz, den Tschik wegzupusten versuchte. Man müßte die Ware unter einen Wasserhahn halten, dachte Tschik, dann könnte man sie getrost wieder feilbieten. Er sammelte alles auf, was verschüttet auf der Erde lag, und legte es in den nun nicht mehr verglasten Kasten des Verkaufsstands zurück. Er rieb und schüttelte die Finger ab, als wollte er den Honig davon entfernen. In Wirklichkeit wollte er den Leuten zeigen, daß er nichts von dem Verschütteten an sich genommen hatte. Er tat das unbewußt, es ergab sich von selbst.

Um Onkel Alichan herum drängten sich jetzt die Verkäufer aus den umliegenden Marktbuden, Bekannte Alichans oder Leute, die einfach aus Neugier stehenblieben.

»Mir steht der Sinn nach einem Jux, hat er gesagt«, berichtete Piti-Uria den Neuhinzukommenden. »Ich dachte schon, er hat mit mir was vor, doch dann ist er auf Alichan zugegangen ...«

Plötzlich spürte Tschik, daß ein erschrecktes und zugleich ehrfurchtsvolles Raunen durch die Menge ging. Einige der Versammelten entfernten sich unbemerkt, wieder andere blieben da und flüsterten halblaut: »Der Motja kommt ... Still ... Der Motja kommt ...«

Den Gehsteig entlang schritt Motja Pilipenko, ein gutgewachsener, gesunder Bursche in einer Matrosenjacke und Armeestiefeln, auf den Bazareingang zu. Vorn an der Jacke steckte eine Tapferkeitsmedaille.

Vor einem Jahr war dieser Motja in Suchum aufgetaucht und hatte sofort alle Ganoven und Halbganoven der Stadt in den Schatten gestellt und in die Schranken verwiesen. Niemand wagte es, ihm Widerpart zu bieten. Es ging das Gerücht, er sei gegen Kugeln gefeit. Das brachte ihm den Spitznamen *Motja der Hölzerne* ein.

Motjas Verwegenheit war in aller Munde, sie erregte Entsetzen und weckte Begeisterung. Wenn er Geld brauchte, beschaffte er es sich gemeinhin so: Er betrat mit seiner berühmten Reisetasche irgendein Geschäft und äußerte den Wunsch, den Geschäftsführer zu sprechen. Wenn der Geschäftsführer erschien, zeigte Motja auf die Tasche und sagte mit leiser Stimme: »Ich hab ein Defizit . . . Mach die Tür zu . . .«

Der Geschäftsführer geleitete die Kunden hinaus, befahl dem Verkäufer, die Ladentür abzuschließen, und trat auf die Theke zu, auf die Motja unterdessen seine Reisetasche gestellt hatte. Motja öffnete die Tasche behutsam, der Geschäftsführer blickte hinein und erstarrte vor Schreck. Auf dem Boden der Tasche lagen zwei Pistolen.

Der Geschäftsführer erhob seine Augen zu Motja, der ihm nun im gelassensten Tonfall der Welt erklärte: »Die beiden in der Tasche sind nicht geladen. Die geladene Pistole hab ich einstecken.«

Daraufhin zog der Geschäftsführer den Kassenkasten heraus und leerte ihn in Motjas Reisetasche. Motja verschloß die Tasche und bemerkte im Fortgehen: »Das Geschäft bleibt eine halbe Stunde lang geschlossen . . .«

Tschik hatte von Motja nicht nur gehört, er hatte ihn auch schon öfter gesehen. Unweit der Straße, in der Tschik wohnte, gab es nämlich eine kleine Gasse, die auf ein Sportgelände mit einem Basketball- und einem Volleyballspielplatz stieß, und zwischen den zwei Spielplätzen war eine mit hohem Gras und Maulbeerbäumen bewachsene Wiese. Motja hatte sich die Wiese als Ruheplätzchen ausgesucht.

Entweder schlief er im Gras unter einem Maulbeerbaum oder er verfolgte, das Kinn auf die Hand gestützt, ohne große Anteilnahme ein Spiel auf einem der zwei Spielplätze. Wenn er nicht gerade schlief, blickten Motjas Augen stets mit dem Ausdruck ruhiger, leicht angewiderter Kälte.

Motjas Augen (das läßt sich leider nicht verheimlichen!) waren für Tschik eine Quelle geheimer Begeisterung. Tschik wußte, daß Jack Londons Lieblingshelden solche Augen hatten. Kein einziger von seinen Bekannten besaß solche Augen. Manchmal blickte Tschik verstohlen in den Spiegel, um tief in seinen Augen eine entfernte Ähnlichkeit mit dem Ausdruck dieser Eiseskälte zu entdecken. Doch jedesmal mußte er sich eingestehen, daß seine Augen nichts Vergleichbares zu bieten hatten.

Lag das vielleicht daran, daß Tschiks Augen dunkel waren? Wie dem auch immer war: Tschik konnte seine Liebe zu diesen stählernen Augen, die eisige Kälte und Todesverachtung ausdrückten, einfach nicht bezähmen. Bisweilen stellte Tschik sich selber die Frage, ob er wohl bereit wäre, ein Auge zu opfern, wenn dafür sein anderes Auge genauso stählern und eiseskalt blikken würde wie Motjas Augen. Tschik vermochte diese Frage nicht zu beantworten. Einerseits hätte er nur ungern auf eines seiner Augen verzichtet, andererseits war er sich auch nicht sicher, ob das verbleibende Auge allein so viel Eiseskälte ausstrahlen könnte wie die Augen des immerhin zweiäugigen Motja.

Motja mußte die ihm geltenden hingerissenen Blicke Tschiks gelegentlich bemerken, wenn sich beide gleichzeitig auf dem Sportgelände aufhielten, aber Tschik sprach Motja niemals an. Einmal wollte Motja Tschik nach Zigaretten schicken, aber ein älterer Junge kam Tschik zuvor, riß Motja das Geld aus der Hand und eilte davon, um das Gewünschte zu besorgen.

Und jetzt ging also dieser Motja, mit seiner Tapferkeitsmedaille blinkend, auf die um Onkel Alichan herum Versammelten zu. Bezüglich der Medaille ging das Gerücht, sie sei nicht an der Front, sondern auf eine weniger rühmliche Weise erworben worden. Tschik war nicht bereit, diese Version zu glauben, obwohl er zugleich die Frechheit bewunderte, mit der Motja die Medaille trug, falls er sie nicht an der Front erworben hatte . . .

Motja näherte sich der Menge mit den schweren Schritten eines Mannes, den die Last seiner Verantwortung müde macht. Als er die um Alichan Herumstehenden erreicht hatte, blieb er stehen und blickte die Versammelten mürrisch und nach Auskunft heischend an. Die Menge trat auseinander, Moja erblickte Alichan, der weiter auf der Erde saß und lautlos weinte. Neben Alichan lag der umgestoßene Verkaufsstand mit den Scherben der Schutzscheibe.

»Wer hat das getan?« fragte Motja und ließ seinen angeekelten kalten Blick über die Menge schweifen. Der Blick schien zu sagen: Ich weiß, daß ihr unfähig seid, jemanden zu schützen, aber tut wenigstens das, wozu ihr imstande seid, und nennt den Schuldigen.

Einige Sekungen lang schwieg die Menge betreten. Alle hatten Mitleid mit Alichan, aber keiner wollte Scherereien haben.

»Der Keroptschik hat das getan!« rief endlich Piti-Uria, woraufhin die anderen sogleich mit den Köpfen nickten, um zu bestätigen, daß es tatsächlich niemand anderer als Keroptschik war . . .

»Mir steht der Sinn nach einem Jux, hat er gesagt«, fuhr Piti-Uria fort. »Dann ist er auf Alichans Verkaufsstand zugetreten und hat ihn mit dem Fuß umgestoßen.«

»Das wird der Keroptschik nicht wieder tun«, sagte Motja versonnen und fügte, sich bereits in Bewegung setzend, hinzu: »Dem werde ich es geben, dem Keroptschik . . .«

Also sprach Motja Pilipenko und ließ seine kalten Augen über Tschik hinweggleiten, in dem dieser Blick Angst und Hingerissenheit hervorrief. Dann ging er schweren Schrittes in den Bazar.

»Motja, soll ich dir die Stiefel putzen?« rief Piti-Uria dem sich Entfernenden nach, doch der erwiderte nichts. »Der Motja nämlich läßt die Stiefel immer bei mir putzen«, sagte Piti-Uria zu der sich lichtenden Menge.

»Gebe Gott mir soviel Gesundheit, wie der Keroptschik Blut verlieren wird«, sagte der Verkäufer und streckte den Kopf wieder weit aus seiner Marktbude heraus.

Tschik schlug den Heimweg ein, er war durch das Geschehene erregt und beflügelt durch den Gedanken an die Vergeltung, der Keroptschik nun nicht mehr entgehen würde. Tschik hatte auf Keroptschik schon sehr lange eine Wut. Er haßte ihn seit der Vorkriegszeit, was Keroptschik vermutlich nicht ahnte.

Eines Tages vor dem Krieg hatte Tschik auf der oberen Tribüne des Fußballstadions gesessen und ein Spiel verfolgt. Nicht allzu weit weg von Tschik saß, gleichfalls auf der oberen Tribüne, sein älterer Bruder. Plötzlich hörte Tschik, wie jemand seinen Bruder zu hänseln begann.

»Drüben sitzt der Muselman! Drüben sitzt der Islam-Bek!« grölten irgendwelche Widerlinge lauthals.

Tschik litt furchtbar unter der seinem Bruder zugefügten Kränkung. Daß sie Mohammedaner waren, stimmte ja noch halbwegs ... Aber was sollte Islam-Bek bedeuten? In Tschiks Familie hatte es nie einen Mann dieses Namens gegeben, und die Spötter wußten das genauso gut wie er ...

Tschik blickte den Bruder mit bitterer Verachtung an. Der Bruder hatte einen Boxerhaarschnitt, doch er war nicht imstande, die Fäuste im Sinne der Frisur einzusetzen. Er hätte sie ohne große Mühe packen und verprügeln können, er war stärker als die Spötter. Doch er saß stumm auf seinem Platz und drehte sich nur ab und zu nach den Beleidigern um. Er beschränkte sich darauf, ihnen leere Drohworte zuzurufen, was die anderen nur noch mehr anstachelte.

Die Freude am Fußballspiel war Tschik damals gründlich vergällt worden. Seither waren Jahre vergangen, Tschiks Bruder war längst bei der Armee, aber jedesmal, wenn Tschik an jenen Tag zurückdachte, verdarb es ihm die Laune.

Tschik war sich nicht ganz im klaren, warum das so war. Vielleicht lag es daran, daß man seinen großen Bruder gehänselt hatte. Hätte man ihn selbst gehänselt, wäre es nicht so kränkend gewesen.

Doch den Ausschlag gab die Albernheit der Hänselei und der selbstgefällige Triumph, der auf dem zu den Tribünen emporgewendeten Gesicht Keroptschiks geschrieben stand, der im Leuchten seiner durchsichtigen Ziegenaugen nistete. Alles an Keroptschik schien dem Bruder von Tschik sagen zu wollen: Du meinst sicher, ich hätte deine Zugehörigkeit zum Islam längst vergessen, du glaubst, daß der Name Islam-Bek überhaupt nichts mit dir zu tun hat. Doch gerade deshalb werden wir dich damit hänseln, und das wird für dich sehr kränkend sein.

Heute hatte nun dieser Keroptschik auf eine so gemeine Weise Onkel Alichan beleidigt, und plötzlich war kein Geringerer als Motja aufgetaucht und hatte in Anwesenheit aller verkündet, daß Keroptschik seiner gerechten Strafe nicht entgehen würde.

Vergeltung, Vergeltung! Jetzt konnte der Keroptschik was erleben! Tschik malte sich Motjas Rache mal so, mal wieder anders aus. Manchmal stellte er sich vor, daß Keroptschik k.o. geschlagen würde. Dann wieder stand vor seinen Augen das Bild, wie Keroptschik von Motja gezwungen wird, vor Onkel Alichans Verkaufsstand hinzuknien. In dieser Stellung muß Keroptschik den ganzen Tag bis zur Schließung des Bazars verweilen, während Motja unterdessen in die Stadt geht, um dort etwas zu erledigen. Onkel Alichan sieht Keroptschik mit seinen runden Perseraugen an und macht ihm Zeichen, daß er zwischendrin, solange Motja nicht hinschaut, ruhig mal aufstehen und sich die Beine vertreten soll, doch Keroptschik bleibt gehorsam weiter auf den Knien, der Motja hat ihm das befohlen, der Hölzerne Motja, der gegen Kugeln gefeit ist, und was Motja befiehlt, das muß ausgeführt werden. Tschik stellte sich sogar den Verkäufer aus der Marktbude neben Onkel Alichans Verkaufsstand vor, der vorhin auf den am Boden kauernden und weinenden Alichan herabgeblickt hatte. In Tschiks Phantasie blickte dieser Mann jetzt auf den stundenlang knienden Keroptschik herab, voller Verwunderung über die unauslotbare Tiefe seines Sturzes.

Im Verlauf der nun folgenden Tage suchte Tschik auf der Straße, im Bazar und im Park fieberhaft die Begegnung mit Motja oder Keroptschik.

Mehrmals sah er ganz flüchtig Keroptschik, aber seinem Gesicht war nicht anzusehen, ob die Vergeltung schon stattgefunden hatte. Auch Motja sah er während dieser Zeit zweimal auf dem Sportgelände und warf ihm sengende, nach Vergeltung dürstende Blicke zu. Aber Tschik konnte nicht herausfinden, ob Motja seine Blicke richtig deutete. Ihn direkt an sein Versprechen zu erinnern, konnte er sich nicht entschließen.

Ungefähr eine Woche nach dem Vorfall mit Onkel Alichan ging Tschik einmal in den Park, um auf der Riesenschaukel zu schaukeln, und sah Keroptschik. Der saß mit seinen Freunden unter einer großen Kiefer und spielte Karten.

Beim Anblick Keroptschiks spürte Tschik einen fast unerträglichen Vergeltungsdurst. Er ließ die Riesenschaukel Riesenschaukel sein und verließ den Park so schnell, wie er gekommen war. Er war fest entschlossen, Motja zu finden.

In einer so bequemen Position wie jetzt würde man Keroptschik so bald nicht wieder antreffen, weit sichtbar unter einer großen Kiefer und ins Kartenspiel versunken.

Tschik war so aufgeregt, daß er sich fest vornahm, Motja, falls er ihn jetzt träfe, klipp und klar an das gegebene Versprechen zu erinnern.

Tschik schlug den Weg zu dem Sportgelände ein, wo Motja Erholung zu suchen pflegte. Es lag nur zwei Straßenzüge weit vom Park entfernt. Diesmal war Tschik vom Glück begünstigt. Beim Betreten des Sportgeländes sah er einen Mann, der unter einem Maulbeerbaum lag und schlief. Tschik wußte sofort, daß der Schläfer niemand anderer als Motja war. Es war *sein* Maulbeerbaum, ein anderer Mann hätte es nie gewagt, sich unter diesen Maulbeerbaum zu legen.

Tschiks Herz begann heftig zu pochen. Hocherregt ging er über die Wiese auf den Maulbeerbaum zu und versuchte, möglichst laut mit dem Gras zu rascheln, damit Motja erwachte und ihn sähe.

Und wirklich hob Motja den Kopf, gähnte laut und sah Tschik fragend an. Tschik begrüßte Motja und warf ihm, ohne ein weiteres Wort zu verlieren, einen kurzen brennenden Blick zu, in den er seinen ganzen Rachedurst hineinlegte.

Motja schien erraten zu haben, was Tschik meinte. Jedenfalls fragte er ihn mit einem neuerlichen Gähnen: »Hast du Keroptschik gesehen?«

»Jawohl, hab ich«, erwiderte Tschik, von lautlosem

Jubel ergriffen. »Er sitzt im Park unter einer Kiefer und spielt Karten.«

In den Worten sollte auch mitklingen: Welch eine Vermessenheit, Karten zu spielen, da doch jeden Augenblick die von Motja angekündigte Vergeltung über den Wahnsinnigen hereinbrechen könnte!

»Bring ihn her«, sagte Motja und zündete sich mit einer trägen Bewegung eine Zigarette der Marke *Riza* an.

»Mach ich sofort«, sagte Tschik und rannte los.

Am Parktor angelangt, blieb er stehen und schöpfte Atem. Er fürchtete, Keroptschik würde die Gefahr wittern und davonlaufen. So ruhig wie möglich ging er dann auf die unter der großen Kiefer sitzenden Kartenspieler zu.

»Keroptschik«, sagte Tschik, »der Motja ruft nach dir . . .«

»Wo ist er denn, der Motja?« fragte Keroptschik, ohne die Zigarette aus dem Mund zu nehmen. Seine durchsichtigen Ziegenaugen waren jetzt wegen des Zigarettenrauchs zusammengekniffen.

»Auf dem Sportgelände«, sagte Tschik.

»Und was will er von mir?« fragte Keroptschik.

»Weiß ich nicht«, sagte Tschik. »Er hat mich gefragt: ›Hast du den Keroptschik gesehen?‹ — ›Hab ich‹, hab ich gesagt. ›Bring ihn her‹ hat er gesagt.«

Die Kartenspieler hatten ihre Karten weggelegt und hörten zu.

»Ist zwischen euch was gewesen?« fragte einer der Kartenspieler.

»Niemals«, sagte Keroptschik und zuckte die Achseln.

»Dann geh hin zu ihm«, sagte der andere. »Wenn der

Motja dich ruft, dann will er dich wohl nach was fragen.«

»Ich geh rasch rüber«, sagte Keroptschik und stopfte einen neben ihm auf der Erde liegenden Haufen zerknautschter Geldscheine in die Innentasche seines Jacketts. Dann stand er auf, schob sich das Hemd in die Hose und setzte sich in Bewegung.

Tschik und Keroptschik verließen den Park und gingen in Richtung auf das Sportgelände. Tschik fiel auf, daß Keroptschik zunächst munter einherschritt, dann jedoch seinen Schritt verlangsamte.

»Wie ist er denn heute, der Motja?« fragte Keroptschik.

»Wie immer«, sagte Tschik.

Sie bogen in die kleine einsame Gasse ein, an deren Ende das Sportgelände lag.

»Schreibt dein Bruder aus der Armee?« fragte Keroptschik.

»Ja, er schreibt«, sagte Tschik und fühlte plötzlich einen Stich. Ihm fiel ein, daß sich sein Bruder nach jenem Fußballspiel noch oft mit Keroptschik getroffen und sich friedlich mit ihm unterhalten hatte. Vielleicht war die seinem Bruder damals zugefügte Kränkung doch nicht so schlimm gewesen?

»War ein prima Kerl, dein Bruder«, sagte Keroptschik.

Tschik sagte nichts.

»Überhaupt nicht habgierig«, fügte Keroptschik nach einiger Zeit hinzu. Sie befanden sich bereits vor dem Eingang zu dem Sportgelände.

Als sie das Gelände betraten, saß Motja auf der Erde im Gras und wartete auf sie.

»Grüß dich, Motja«, sagte Keroptschik, und seine Stimme klang relativ munter. Motja erwiderte nichts und blieb in der bisherigen Stellung sitzen. Hob nicht einmal den Kopf. In seinem Mund qualmte eine Zigarette. — »Du hast mich gerufen?« sagte Keroptschik.

Motja ließ auch das unerwidert. Er stand schwer und träge auf und sagte, ohne die Zigarette aus dem Mund zu nehmen:

»Zieh dich aus . . .«

»Weswegen denn, Motja?!« sagte Keroptschik verblüfft.

»Wegen Senf und Eierkuchen«, erwiderte Motja mit ruhiger Stimme, holte danach träge aus und schlug Keroptschik ins Gesicht. Keroptschiks Kopf zuckte zurück.

»Weswegen, Motja?!« fragte Keroptschik wieder.

»Wegen Senf und Eierkuchen«, erwiderte Motja, gleichbleibend ruhig, und befahl wieder: »Zieh dich aus . . .«

Tschik fühlte sich unbehaglich. Er verstand nicht, warum Motja Keroptschik nicht sagen wollte, worum es ging. Noch sinnloser war der an Keroptschik gerichtete Befehl, sich auszuziehen.

Keroptschik zog wortlos sein Jackett aus und hielt es Motja hin. Tschik mußte daran denken, mit welch nachlässiger Geste Keroptschik vorhin das Papiergeld in die Innentasche des Jacketts gestopft hatte.

»Halt das mal«, sagte Motja zu Tschik. Dem war jetzt richtig unwohl zumute, aber er wagte nicht zu widersprechen. Bisher war er Zeuge jener Vergeltung gewesen, die er so herbeigesehnt hatte, doch jetzt war er fast zum Komplizen geworden. Keroptschiks Jackett lag auf

Tschiks angewinkeltem Arm, Tschik bemühte sich, es so wenig wie möglich zu berühren.

»Zieh dich aus«, sagte Motja wieder und spuckte den Zigarettenstummel aus.

»Aber weswegen denn nur, Motja?!« fragte Keroptschik verzweifelt.

»Das hab ich dir schon gesagt«, sagte Motja und schlug Keroptschik wieder ins Gesicht.

Keroptschik zuckte wieder zurück. Er knöpfte sein Hemd auf, zog es aus und stand jetzt mit nacktem Oberkörper da.

Auf der Brust war ein Adler eintätowiert, der in seinen Krallen ein Mädchen davontrug.

Keroptschik legte das Hemd aufs Jackett.

»Jetzt die Latschen«, befahl Motja.

Keroptschik zog behend seine Schuhe aus, war sich aber offenbar nicht schlüssig, ob und auf welche Weise er sie Tschik aushändigen sollte.

»Binde die Schnürsenkel zusammen«, riet Motja, und Keroptschik begann, mit zitternden und versagenden Fingern die Schnürsenkel zusammenzubinden. Endlich war er soweit. Die an den Schnürsenkeln zusammengebundenen Schuhe hing er oberhalb von Hemd und Jackett über Tschiks angewinkelten Arm.

Je schwerer die Last auf Tschiks Arm wurde, desto heftiger und schmerzlicher spürte er seine Verstrikkung in das, was Motja tat. Tschik wurde die Sache immer unangenehmer. Zu allem Überfluß bekam er auch noch Angst, daß unter den wenigen Passanten auf dieser Straße zufällig ein Bekannter seiner Tante sein könnte. Der würde der Tante brühwarm berichten, daß Tschik in einen Straßenraub verwickelt sei.

Doch die wenigen Passanten ließen die Vorgänge unter dem Maulbeerbaum völlig unbeachtet.

Am anderen Ende des Sportgeländes stand ein Haus, dessen Fenster auf das Gelände hinausgingen. Dort lebte der nervöse Aserbeidschanier, der Sport und Sportgelände glühend haßte, weil ab und zu ein Ball durchs Fenster in sein Haus flog. Da das ziemlich selten geschah, wartete er manchmal stundenlang darauf, daß ein Ball angeflogen käme und durchs offene Fenster ins Haus gelänge.

Auch jetzt stand dieser Mann wieder am Fenster, und selbst aus der weiten Entfernung konnte man ihn noch deutlich glotzen sehen. Der Mann glotzte aber nicht nur, sondern er traf offenbar Anstalten, aus dem Fenster zu springen. Seine Frau stand hinter ihm und versuchte, ihn zurückzuhalten. Tschik begriff jedoch, daß den Mann weniger die Frau als die eigene Angst am Springen hinderte.

Als Keroptschik seine an den Schnürsenkeln zusammengebundenen Schuhe über Tschiks Arm gehängt hatte, dachte Tschik mit Schrecken, ob Motja dem Keroptschik jetzt wohl auch noch das Ausziehen der Hosen anbefehlen würde.

»Jetzt die Beinkleider«, kommandierte Motja, als hätte er Tschiks Gedanken erraten.

»Sag doch wenigstens, weswegen du das mit mir machst!« bat Keroptschik noch verzweifelter als zuvor. Er war im Gesicht ganz bleich geworden, und nur an der Stelle, die Motja zweimal getroffen hatte, prangte inmitten der Blässe ein roter Fleck.

»Ich hab es längst gesagt«, erwiderte Motja, wieder sehr ruhig. »Ich kann's aber auch wiederholen.«

Keroptschik öffnete den Gürtel und begann mit zitternden Händen die Hose auszuziehen. Der eine Fuß wollte aus dem Hosenbein lange nicht heraus. Endlich gelang auch diese Operation. Keroptschiks Hose war erfolgreich ausgezogen und lag über Tschiks immer fühlloser werdendem Arm.

Keroptschik stand da wie ein Häufchen Unglück, er hatte nurmehr Socken und Unterhose an. Der auf seiner Brust eintätowierte Adler wirkte momentan denkbar deplaziert.

Tschik bekam plötzlich furchtbares Mitleid mit Keroptschik. Er schämte sich, daß durch sein Zutun alles so gekommen war. Um sich nicht so sehr schämen zu müssen, versuchte Tschik, in seinem Gedächtnis das Bild heraufzubeschwören, wie Keroptschik seinen älteren Bruder gehänselt hatte, wie widerwärtig damals Keroptschiks Lästerworte in Tschiks Ohren geklungen hatten. Er versuchte sich vorzustellen, auf wie gemeine Art und Weise Keroptschik Onkel Alichans Verkaufsstand umgestoßen hatte. Doch es half nichts, dies alles erschien Tschik im nachhinein nicht so schlimm wie die Demütigungen, die Keroptschik jetzt über sich ergehen lassen mußte.

Wird Motja den Keroptschik vielleicht zwingen, in *diesem* Aufzug durch die Stadt zu ziehen, werde ich womöglich neben Keroptschik hergehen und seine Kleider tragen müssen, dachte Tschik voller Bestürzung.

Als Keroptschik seine Hose auf Tschiks angewinkelten Arm gelegt, eigentlich über denselben gehängt hatte, hielt es der nervöse Aserbeidschanier offenbar nicht länger aus. Er faßte sich an den Kopf und streckte entschlossen den Oberkörper zum Fenster hinaus, als wolle er nun endlich springen. Aber auch diesmal hielt ihn seine Frau zurück. Durch das andere Fenster beäugten drei schwarzäugige Kinder die Vorgänge auf dem Sportgelände mit lebhafter Neugier.

»So, und jetzt noch die Unterhose«, sagte Motja, »die Socken kannst du anbehalten.«

»Die Unterhose zieh ich nicht aus«, sagte Keroptschik und wurde noch bleicher. In seinen durchsichtigen Augen war jetzt der Ausdruck des tödlich entschlossenen Starrsinns einer in die Enge getriebenen Ziege. Er hob den Kopf und sah Motja in Erwartung eines Schlages starr und direkt in die Augen.

Motja unterließ es jedoch, Keroptschik wieder ins Gesicht zu schlagen. Er nahm aus der Seitentasche seiner Matrosenjacke ein finnisches Messer. Tschik wurde von Angst und Entsetzen gepackt. Er wird ihn doch nicht töten wollen, zuckte es in seinem Hirn auf.

»Runter mit der Unterhose«, sagte Motja und maß Keroptschik mit seinem angeekelten Blick.

»Tu ich nicht«, sagte Keroptschik starrsinnig und totenbleich.

Motja faßte sein finnisches Messer vorn an der Schneide, so daß die Messerspitze etwa drei Finger breit freiblieb. Dann beugte er sich herab und stieß das Messer in Keroptschiks nackten behaarten Oberschenkel.

Tschik war, als müßte er sich übergeben. Keroptschik stand unbeweglich da und zuckte nur leicht zusammen, als sich das Messer in seinen Schenkel bohrte. Motja richtete sich wieder auf, musterte Keroptschik mit seinen eiskalten Augen, und Tschik glaubte plötzlich, den Sinn dieses Augenausdrucks begriffen zu haben; der menschliche Körper ist dem Messer und der Kugel schutzlos preisgegeben, und deshalb ist der Mensch ein der Verachtung würdiges Geschöpf.

Ein dicker tiefroter Blutstropfen hatte sich dort gebildet, wo Motja sein Messer in Keroptschiks Schenkel gebohrt hatte, und kaum hatte sich Tschik darüber gewundert, daß nicht mehr Blut nachfließt, als Keroptschik von einem Fuß auf den anderen trat und aus der Wunde am Schenkel ein dünnes rasches Blutrinnsal zu fließen begann. Das Blut floß am Fuß entlang und in den Socken hinein.

»Runter mit der Unterhose, sag ich«, sagte Motja.

»Mach ich nicht«, erwiderte Keroptschik, und seine Augen glichen jetzt zwei Haß verströmenden Wunden.

Motja preßte das Messer wieder in der Hand zusammen, jetzt war die Spitze ungefähr vier Finger breit frei, beugte sich herab und stieß das Messer in Keroptschiks anderes Bein. Keroptschik zuckte zusammen, rührte sich aber auch diesmal wieder nicht vom Fleck, Tschik hörte nur, wie Keroptschiks Zähne knirschten.

Wieder wunderte sich Tschik, dem das Ganze unterdessen wie ein Traum vorkam, daß aus der Wunde kein Blut floß, und wieder trat Keroptschik von einem Fuß auf den anderen, und wieder floß Blut aus der neuen Wunde, stärker noch als aus der ersten, schlängelte sich an Keroptschiks Bein herab, bahnte sich ein Bett durch das dichte krause Beinhaar.

»Was machst du da, du Schuft!« rief plötzlich von der Straße her eine kehlige Stimme, und eine Sekunde später tauchte ein hochgewachsener Mann in einer Offiziersuniform auf. Die Augen furchtlos auf Motja gerichtet, kam er rasch näher. Tschik fand gerade noch

Zeit zu bemerken, daß Motja den Offizier mit unverändertem Gesichtsausdruck anblickte, in seinen Augen war weiterhin jene lichte ruhige angeekelte Kälte. Zugleich bemerkte Tschik, daß Keroptschik keinerlei Freude über diese neuerliche Wendung zu empfinden schien, die ihm Hilfe zu bringen versprach. Im Gegenteil, er warf dem rasch auf sie zugehenden Offizier einen gereizten Blick zu.

Als sich der Offizier etwa auf halbem Weg zwischen Eingangstor und Maulbeerbaum befand, gab sich der Mann im Fenster jenes Hauses einen Ruck und sprang hinaus. Laut schreiend rannte er auf die Gruppe zu.

»Miliz! Miliz!« rief er mit häßlich blökender Stimme. »Ich alles haben gesehen! Ich sein Zeuge! Miliz! Miliz!«

Der Offizier und der mit seinen Wahnsinnsaugen rollende Aserbeidschanier erreichten Motja, Keroptschik und Tschik fast zu gleicher Zeit. Der Offizier begann, mit empörter Stimme auf Motja einzureden, doch seine Worte wurden von der Stimme des Hausbesitzers übertönt.

»Du sein Schakal! Du sein Hitler!« rief der Aserbeidschanier. »Wir jetzt gehen Miliz! Ich sein Zeuge!«

Motja steckte unterdessen sein finnisches Messer seelenruhig in die Seitentasche seiner Matrosenjacke.

»Du Messer verstecken, du Messer verstecken!« rief der nervöse Hausbesitzer mit triumphierender Schadenfreude. »Du mir sagen, wohin du verstecken Blut!«

Er bekräftigte seine rhetorische Frage, indem er mit dem Finger auf Keroptschiks blutverschmierte Beine zeigte.

Plötzlich holte Motja aus der gleichen Jackenseitentasche, in die er gerade das Messer gesteckt hatte, eine

Pistole heraus und gab mit dem Ruf: »Alles hinlegen!« zwei Schüsse ab.

Einen Moment lang glaubte Tschik, Motja hätte Hausbesitzer und Offizier erschossen, denn beide waren wie hingemäht zu Boden gestürzt. Erst eine Sekunde später begriff Tschik, daß Motja in die Erde geschossen hatte.

Gleich nach den beiden Schüssen ertönte die laut kreischende Stimme der Ehefrau des aserbeidschanischen Hausbesitzers. Tschik sah, daß die Frau auf sie zurannte, wobei sie sich die Haare raufte und wie ein orientalisches Klageweib zeterte. Tschik hatte nicht bemerkt, ob auch die Frau wie vorhin der Mann durchs Fenster gesprungen war oder ob sie das Eingangstor am anderen Ende des Sportgeländes benutzt hatte, das in unmittelbarer Nähe ihres Hauses lag.

Als der Hausbesitzer die Klagerufe seiner Ehefrau vernahm, hob er, noch auf der Erde liegend, den Kopf zum Zeichen, daß er gesund und munter sei und das Verhalten seiner Ehehälfte reichlich übertrieben fände.

Als die Frau sah, daß ihr Mann noch lebt, rannte sie auf Motja zu.

»Du ihn nicht töten! Mann nicht schade, Kinder schade! Du ihn nicht töten, nein, nein!«

Tschik glaubte zu bemerken, daß Motja etwas verlegen wurde.

»Schon gut, ich will ihn gar nicht töten«, sagte er und schob die Frau sacht beiseite. Dann wandte er sich an den Offizier und kommandierte: »Aufstehen!«

Seine Hand, die die Pistole bisher locker gehalten hatte, umspannte sie jetzt fest.

Der Hausbesitzer betrachtete den neben ihm am Boden liegenden Offizier mit Aufmerksamkeit, als wunderte er sich, daß dicht an seiner Seite dies keineswegs hierher gehörende Geschöpf lag.

Der Offizier stand wortlos auf.

»Rechts um, Abteilung marsch!« kommandierte Motja, und der hochgewachsene athletisch gebaute Offizier drehte sich, während er Motja einen haßerfüllten Blick zuwarf, tatsächlich um und entfernte sich mit auf den Boden gerichteten Augen.

Tschik schämte sich für diesen Offizier, aber er entschuldigte ihn zugleich auch, denn der Offizier war offensichtlich ohne Waffe, während Motja ein finnisches Messer und eine Pistole besaß.

»Komm, steh auf«, wendete sich Motja an den Hausbesitzer und steckte die Pistole ein. Während er das tat, versuchte er den Hausbesitzer zu hänseln, indem er ihn nachmachte: »Wir jetzt gehen Miliz, wir jetzt gehen Miliz, hahaha ...«

Der Aserbeidschanier sprang auf und wischte sich den Staub von den Kleidern. Mit jeder Bewegung schien er sagen zu wollen: Welch ein Segen, daß das Mißverständnis endlich ausgeräumt ist! Im Grunde war es doch eine Lappalie!

»Wozu gehen Miliz, hahaha!« sprach er zu Motja. »Und wo Miliz jetzt sein, haha! Statt Miliz du kommen zu mir in Haus, ja? Dort wir trinken Wein von Guduaty, ja?«

»Los, gehen wir«, sagte Motja und ließ seinen Blick über die Versammelten schweifen.

»Großen Dank, daß du ihn nicht töten«, nahm die Frau jetzt wieder ihre Litanei auf.

»Du Maul halten«, herrschte ihr Mann sie an und

drohte ihr mit dem Finger. »Du gehen in Haus, du machen zu essen!«

Die Frau setzte sich im Laufschritt in Bewegung, die vier Männer folgten ihr nach. Vornean gingen Motja und der nun nicht mehr nervöse Hausbesitzer, dann kam Keroptschik in Unterhosen und Socken, neben Keroptschik schritt der von den Geschehnissen wie betäubte Tschik, auf dessen längst steif und taub gewordenem Arm weiterhin Keroptschiks Kleider hingen.

Während sie das Sportgelände überquerten, die dahinter gelegene Straße erreichten, in sie einbogen und das Haus des Aserbeidschaniers betraten, wurden sie von Leuten beobachtet, die sich stumm in den Toren der Häuser auf der anderen Straßenseite drängten. Tschik wußte, daß diese Leute in dem Moment aufgetaucht waren, als die zwei Schüsse ertönten, jedenfalls nicht später. Er wußte auch, daß keiner von diesen Leuten sich bei der Miliz beschweren oder anderen Leuten von den Vorgängen erzählen würde.

Tschik prägte sich den Gesichtsausdruck des Hausherrn ein, als dieser mit weiter gastfreundlicher Geste die Haustür aufstieß, die anderen ins Haus hineinließ und zugleich zu den Nachbarn hinübersah, als wollte er ihnen zurufen: »Wenn ich will, dann hol ich die Miliz, wenn ich anders herum will, lad ich Gäste in mein Haus ein. Das ist meine rein private Angelegenheit.«

Die Gäste gingen einen dunklen Flur entlang, dann öffnete der Hausherr wieder eine Tür, und alle traten auf eine helle, verglaste Veranda hinaus, wo einige große Fässer herumstanden. Tschik begriff, daß die Fässer leer waren. Auf einem dieser großen Fässer stand ein kleineres Faß, dessen feuchtem Spund anzusehen war, daß es im Gegensatz zu den großen Fässern mit Wein gefüllt war.

Der Hausherr nahm einen an der Wand hängenden Gummischlauch, stellte neben das kleinere Faß eine Fünfliterflasche, öffnete das Faß, steckte ein Ende des Schlauchs in das Faß hinein, steckte sich das andere Schlauchende in den Mund und begann, Wein aus dem Faß herauszusaugen. Als er den Wein spürte, nahm er das Schlauchende aus dem Mund und steckte es in den Hals der Fünfliterflasche. Die Flasche begann, sich mit rosigem Isabellawein zu füllen. Auf der Veranda duftete es plötzlich nach Weintrauben. Der Hausherr hatte diese Operation mit unglaublicher Flinkheit vollzogen und dabei kurze Blicke auf Motja geworfen: als wollte er sich vergewissern, daß Motja seine Tätigkeit auch gutheißt. Als der Wein in die Flasche zu fließen begann, blickte der Hausherr Motja nicht mehr prüfend, sondern triumphierend an. Er war sich nun sicher, daß er das Rechte tat.

Motja blickte seinerseits Tschik an, zeigte auf eines der großen Fässer und sagte: »Leg die Kleider dort ab . . .«

Tschik ging zum Faß hinüber und legte Keroptschiks Kleider darauf. Er verspürte eine große Erleichterung wegen seines nun freigewordenen Armes. Keroptschik blickte Motja an, vielleicht in der Hoffnung, Motja würde ihm nahelegen, sich wieder anzukleiden. Doch Motja ließ Keroptschiks Blick unbeantwortet.

Tschik ließ seine Augen umherschweifen und entdeckte auf der gegenüberliegenden Wand der Veranda ein über einer Ottomane hängendes Bild von Lomonossow. Genau das gleiche Bild hing bei ihnen in der

Schule. Tschik war verblüfft: Was hatte dieses Bild in diesem Haus zu suchen?

»Lomonossow schöner Mann gewesen«, sagte der Hausherr, dem Tschiks Interesse an dem über der Ottomane aufgehängten Porträt nicht entgangen war. Er sagte das, als wolle er erklären: Wenn ein Klassiker so schön von Angesicht wie Lomonossow ist, dann kann man sein Porträt nicht nur in öffentlichen Gebäuden, sondern getrost auch in bescheidenen Privathäusern aufhängen.

Tschik wollte das nicht einleuchten. Lomonossows etwas weibisches Rundgesicht unter der Allongeperücke war ihm noch nie schön vorgekommen.

Die Hausfrau kam herein und brachte eine große Schüssel mit aufgeschnittenen Tomaten und Gurken. Sie stellte die Schüssel neben die Fünfliterweinflasche und ging wieder hinaus.

»Jetzt wir trinken zwei, drei Gläschen, bis das Huhn ist gar geworden«, sagte der Hausherr, indem er den Wein einschenkte.

Man trank den Wein aus Halbliterbechern.

Der Hausherr schlug vor, zunächst auf Motjas Wohl zu trinken. Er redete lange mit immer höherer Stimme. Je länger er redete, desto trunkener wurde er, vorerst nicht vom Wein, sondern von der Freude, einer tödlichen Gefahr entronnen zu sein. Endlich sagte er, die Bewohner der Stadt würden beim Anflug eines feindlichen Flugzeuges nicht so zittern wie bei einem Spaziergang Motjas durch die Stadt. Motja hielt seinen mit Wein gefüllten Becher in der Hand und lauschte dem Trinkspruch mit mürrischer Gelassenheit.

Tschik überlegte sich die ganze Zeit, wie er von hier

fortkommen könnte, aber ihm fiel nicht ein, wie das anzustellen wäre. Er fürchtete, daß sich die Zechenden betrinken und weggehen würden und daß er Keroptschiks Kleider durch die ganze Stadt tragen müßte, falls Motja bis dahin nicht Gnade walten ließe.

Als der Hausherr beim Vergleich Motjas mit einem feindlichen Flugzeug angelangt war, versuchte Motja, ihm Einhalt zu gebieten.

»Schon gut, du hast genug geredet«, sagte er und hob den Becher mit dem Wein in die Luft zum Zeichen, daß selbst der schönste und längste Trinkspruch einmal ein Ende nehmen muß.

»Du halten Maul«, erwiderte der Hausherr ziemlich unwirsch. »Wenn ich auf dich sagen Trinkspruch, du zuhören und schweigen.«

Motja mußte wohl oder übel verstummen.

»Jetzt wird Keroptschik sagen Trinkspruch!« schloß endlich der Hausherr, trank den Wein aus seinem Becher aus und stellte ihn mit der Öffnung nach unten auf den Tisch: zum Zeichen, daß er den Becher auf das Wohl des großmächtigen Motja von ganzem Herzen bis auf den letzten Tropfen geleert hatte.

Jetzt war die Reihe an Keroptschik, und auch er machte den Vorschlag, auf Motjas Gesundheit anzustoßen. Er versuchte, die unterdessen eingetrockneten Blutrinnsale auf seinen behaarten, muskulösen Beinen durch Tonfall und Gehaben Lügen zu strafen oder wenigstens zu neutralisieren. Er stand zwar weiter in der Unterhose da, doch er gab sich so, als sei er über die ihm von Motja — möglicherweise irrtümlich — zugefügte Kränkung erhaben.

Als Keroptschik seinen Becher leergetrunken hatte,

machte er einige Schritte auf eines der großen Fässer zu, stellte seinen Becher ab und nahm sich aus der Schüssel eine halbe Tomate.

Tschik bemerkte, daß Keroptschiks Füße auf dem Fußboden eine schmutzigrote Blutspur hinterließen. Auch Motja bemerkte das.

Tschik nippte lustlos an seinem Wein. Der Hausherr wollte ihn zum Austrinken ermuntern, aber Motja griff ein und gab durch ein Zeichen zu verstehen, daß man Tschik in Anbetracht seines kindlichen Alters vom Weinkonsum lieber dispensieren sollte.

Nachdem auch Motja ausgetrunken hatte, nahm er jetzt ebenfalls ein Stück Tomate und dazu einen Gurkenring aus der großen Schüssel, ließ beides im Mund verschwinden und sprach im Kauen zu Keroptschik: »Wasch dir die Beine ab, Keroptschik . . .«

»Draußen steht ein Faß mit Regenwasser«, sagte der Hausherr, als hätte er Keroptschiks Fußwaschung von Anbeginn an einkalkuliert und nur auf den für die Waschung günstigsten Moment gewartet. Er stieß die Verandatür auf und zeigte auf ein großes Faß, das unter dem Regenabflußrohr stand.

»Darf ich mir eine Zigarette nehmen?« fragte Keroptschik und zeigte auf sein eigenes Jackett. Motja antwortete nicht sofort. Er blickte Keroptschik lange prüfend an. Dann steckte er die Hand in seine Matrosenjackentasche und nahm eine Packung *Riza*-Zigaretten heraus. Er nahm zwei aus der Packung, zündete sich die eine selber an und gab die andere brennend an Keroptschik weiter.

Mit der qualmenden Zigarette zwischen den Zähnen ging Keroptschik selbstbewußt in den Hof hinaus.

»Tschik, bitte die Hausfrau um einen Krug«, rief er von draußen hinein.

Tschik ging in den dunklen Korridor und betrat die Küche, wo die Hausfrau gerade damit beschäftigt war, ein Huhn abzubrühen, um es anschließend zu rupfen. Tschik dachte trostlos, daß sich die ganze Prozedur noch sehr lange hinziehen würde. Außerdem fiel ihm auf, daß die Kinder nirgends zu sehen waren. Vermutlich hatte die Mutter sie fortgeschickt oder in einem anderen Zimmer versteckt. Sie gab ihm einen Krug und dazu einen großen sauberen Lappen, mit dem sich Keroptschik die gewaschenen Beine abtrocknen konnte. Die Hausfrau wirkte sehr bedrückt. Gegenüber Tschik brauchte sie nicht Gastfreundschaft zu mimen.

Als Tschik die Küche wieder verließ und über die Veranda ging, waren Hausherr und Motja dabei, den zweiten Becher Wein zu trinken.

Tschik trat auf das Regenabflußrohr zu, neben dem das Faß mit dem Regenwasser sowie Keroptschik standen. Keroptschik hatte seine Socken bereits ausgezogen. Jetzt machte er noch ein paar tiefe Züge und warf die Zigarette fort.

Tschik goß Wasser auf Keroptschiks Hände, der erst die Socken und dann seine Beine wusch. Die Socken hängte er auf den Rand des Fasses zum Trocknen und Abtropfen auf. Keroptschik wusch die Beine sorgfältig. Das eingetrocknete Blut kratzte er mit fieberhafter Eile weg, jedoch in den eigentlichen Waschvorgang legte er Ausdauer und Bedeutung. Man hätte meinen mögen, daß er nicht nur das Blut von den Beinen, sondern den ganzen Vorfall auf dem Sportgelände wegwaschen wollte. Er hoffte wohl, daß alles der Vergessenheit anheimfiele und seine Kleider ihm zurückerstattet würden.

Die Stellen, in die Motja sein finnisches Messer gebohrt hatte, hatten sich mit einer Blutkruste bedeckt, diese Stellen rührte Keroptschik nicht an, damit das Blut nicht wieder zu fließen begänne. Während des Waschens bekam Keroptschik Schüttelfrost. Tschik fand nicht heraus, ob das kalte Regenwasser oder Keroptschiks Erregung die Ursache waren. Als Keroptschik mit dem Waschen fertig war, zog er seine noch feuchten, aber sauberen Socken wieder an und stieg zusammen mit Tschick auf die Veranda hinauf.

Der Hausherr schenkte den dritten Becher ein. Motja rauchte.

Tschik ging mit dem Krug in die Küche. Er stellte den Krug auf den Küchentisch. Die Hausfrau bemerkte ihn nicht. Er betrat wieder den Korridor, ging aber nicht zur Veranda durch, sondern direkt auf die Haustür zu. Er stieß die Haustür auf und trat auf die Straße hinaus. Er konnte nicht recht glauben, daß er wieder frei war. Er machte einige Schritte und begann zu rennen. Er rannte bis zu seinem Haus. Ihm war, als würde er aus einem Wasserstrudel hochtauchen oder ruckweise aus einem Alptraum erwachen.

Zu Hause wußte man nichts von den Geschehnissen auf dem Sportgelände, die Leute ahnten nichts von dem, was sich vor ihrer Nase abspielte. Oder war vielleicht gar nichts gewesen? Wie auch immer, Tschik mied künftig das Sportgelände. Im Winter wurde Motja verhaftet. Die Leute erzählten, man hätte ihn zu einer hohen Haftstrafe verurteilt. In der Stadt tauchte er nie wieder auf.

An jenem Tag hatte Tschik seine Vorliebe für Menschen mit stählernen Augen verloren. Eine Zeitlang verfiel er sogar ins andere Extrem. Wenn er einen Menschen mit solchen Augen sah, verdächtigte er ihn krimineller Neigungen, obwohl es unter den Besitzern solcher Augen durchaus friedliche Personen gibt.

Was Keroptschik betrifft, so wurde auch der ein paarmal verhaftet, immer wegen Bagatellsachen. Doch dann kam er zur Vernunft und wurde Schuster. Er fertigt Damenmodellschuhe an. Sein Arbeitsort ist jener Bazar, wo diese Geschichte ihren Anfang nahm. Keroptschik hat seine eigene Verkaufsbude, die er mit den Fotos von Filmstars und Fußballgrößen tapeziert hat.